法華玄義

はしがき

天台大師智顗の思想は、中国・日本の仏教に非常に大きな影響を与えたのである。その天台智顗の思想を研究しようとするには、天台三大部を読破することを避けて通ることは出来ない。

しかし現在のところ、これを手軽に成し遂げようとすることは非常に困難なのである。テキストとして漢文書き下しのものが二種類（国訳一切経　大東出版社、昭和新纂国訳大蔵経　名著普及会）あるが、それすら読んで直ちに理解しようとするには難かしすぎるのである。

それを乗り越えて更に研究を進めようとする時、また色々な困難な事情に行き当る。

外的な事情の第一は、智顗の思想を天台三大部によって学ぼうとするに当り、この天台三大部は、弟子の章安灌頂の筆録したものを数度の改治を経て出来上ったという点にある。従来はこれを智顗のものとして扱って来たのであるが、研究の進展に伴って、簡単にそのように扱うことが出来にくくなって来ているのである。厳密には三大部は智顗と章安との思想が混然一体となっていて、これが智顗の思想であると指さしたものが果して確実なものであるかどうかという不安を常に持たせることになる。

その二は、三大部を学ぶに当り、六祖荊渓湛然の註釈書によって理解を深めようとするのが、伝統的学習態度であったのであるが、この方法は知らず知らず湛然の独特の見解に引き込まれてしまって、智顗の真意を見失ってしまうということである。

内的な事情については、例えば法華玄義についていうならば、従来、興味の中心が、五重玄義各釈の釈名段の一部とか、いわゆる一巻教相・十巻教相の教相判釈の比較とかにおかれていて、玄義の名所の文々句々をいかに理解するかに焦点が絞られていたような傾向を持つのであるが、天台三大部は智顗の実践的宗教体験に裏打ちされた、整然とした理論体系と組織とを持つものであって、その体系組織の上で法華思想を明らかにしようとしたのであるから、その体系を度外視して、法華円教に当る箇処のみを引いて天台思想を論ずるということは、智顗の思想の正鵠を得ることにはならないと思われるのである。

そのような訳で、当然、非常に時間の掛ることではあるが、残されたものを正確に初めから終りまで研究を積むことによってのみ、天台思想の何たるかを理解することが出来ようし、その上に立って初めて批判的研究の成果も得られると信ずるのである。

本書は入門書的性格を持つものであるから、出来うるかぎり原典の組織・文章を省略せずにと考え、紙数の制約も考慮し、法華玄義の七番共解について註釈をほどこしたものである。

法華玄義は五重玄義によって組織立てられているのであるが、五重玄義を纏めて全仏教と関係づけ七つの方面から論じた部分と、五重玄義の一一の項目を全仏教と関係づけて論じた大部分の、二つの部分に分けることが出来るのであって、前者は七番共解といい総論に当り、後者は五重各説といい各論に当るものである。

智顗が仏教をどのように捉えていたかという基本線を知る上では、この総論に当る七番共解をまず読み込んだ方が、五重各説の細分化された理論の山に踏み込んでしまうより、より的確なものを得ることが出来るようにも思われるからである。

原典テキストは、大正大蔵経所収のものを用い、慧澄和尚癡空の朱筆書入れ本を座右の参考書とさせて頂いた。現代語訳するに当り出来るだけ原典に忠実にと努力したが、筆者の力の及ばぬ所だらけであるから、大方の指弾を受けるであろうことはもとより覚悟の上であるし、遅々として進まぬ学問を終始暖かく見守って下さっている諸先生方には、いつも御期待に添い得ぬことを深くお詫びいたしたいと思います。

本書の註作成に御助勢を頂いた大正大学綜合仏教研究所研究員、秋田光兆氏に厚くお礼申し上げ、非常に乱雑な原稿を整理し、このような形に纏め上げて下さった大蔵出版の武本武憲氏に厚い感謝の意を捧げます。

多田孝正

法華玄義　目次

目　次

題字　谷村憙齋

解題

一　はじめに

『妙法蓮華経玄義』、略して『法華玄義』は、いうまでもなく『妙法蓮華経』、特に羅什の訳出になる“Saddharma-puṇḍarīka-sūtra”に対する、天台大師智顗の独自の見解を表明したものである。

『妙法蓮華経』一部八巻は二十八品に分章されているが、説かれる主題は終始、諸法実相の理を本体としているのであって、天台大師によれば、釈尊が成道の最初に『華厳経』を説かれてから、次第に鹿苑・方等・般若と四十年あまりの教化活動を経て、ごく普通の能力をもつ人々の理解能力が漸次に高められ程よく調和し成熟された状態において、一乗円教の悟りを開く、最後の仕上げの八ヶ年の教説として説かれたものと理解されたのである。

天台宗の開祖である天台大師智顗は、この『法華経』の真髄を深く極わめ、『法華玄義』十巻によって、経題の解釈を主題として『法華経』に示される諸法実相の玄旨を顕らかにし、『法華経』の総論、天台大師の仏教概論ともいえるものを展開したのであり、『法華文句』十巻において、法華経の文々句々、逐次の入文解釈を行い、また『摩訶止観』によって『法華経』の実践的行動規範を説くのである。

古来『法華経』を講讃し、註疏書を著した学者は非常に多いのであるが、『法華玄義』『法華文句』の主として『法華経』を理論的に追究した教相門と、『摩訶止観』の主として『法華経』によって体験修悟する実践修行の要道を述べる観心門の二門が完備された、教観双美といわれる法門は、他の追随を許さず、あたかも車の両輪、鳥の双翼のようにたがいに傍となり正となって構成されている、中国仏教史上の一大思想体系である。

その故に、以上の天台大師の三部作を、特に天台三大部・法華三大部と呼びならわしているのであるが、この三大部はすべて智顗が親しく講説したものを、弟子の章安大師灌頂が筆録し編纂したものであり、その功績は多大なものがある。

『法華経』はきわめて多種の要素を包含し、大成されていった経典であるが、これを実相の原理という点から眺めるならば、「一切法を観ずるにみな空にして所有なし」とか、「諸法は本よりこのかた常に自ら寂滅の相なり」などと述べて、使用される言葉は「般若経典」に見られるものとほとんど大差がないのであり、それ故にインドにおいては、この経典については讃仰の対象とはなれ、学問的な見地からの研究の対象としてはあまり注目を集めなかったようであって、わずかに世親の『法華経論』が現存しているのみである。しかし、この経が中国に翻訳されるにいたって俄かに仏教学者の注目を集めるようになったのであるが、『妙法蓮華経』の訳者である羅什の訳場に列し、この経の後序を製作した僧叡の見解を見ても、まだこの経に説かれる諸法実相と「般若経典」の空とを同等位に理解しているように考えられ、恐らく、この見解は羅什の見解を継承しているものと考えられるところから、文字の上からだけでは、実相と空との隔たりを明確にすることは非常に困難である。

『法華経』はインドにおける進歩的な、信仰心の強い菩薩教団が紀元前後から新しい立場を求めて新経典結集という宗教文学運動に立ち向った結果の最大の産物であり、仏教文学として非常にドラマチックであり、数多くの譬喩に満たされ親しみやすく、首尾一貫した雄大な組織をもつ経典である上に、羅什の翻訳が闊達な意訳と見られるほど、流麗な名文であったため、中国の仏教界に非常な新風を吹き込んだのである。さらに、この経は大乗の大転法輪経とも見られ、釈尊一代の教化説法の帰結とも考えられ、奥蔵の実相を内証の自意のままに披歴して諸経典との関連を明らかにしている点などに、注目が集まったのである。

仏典の成立年代の順序に関りなく、大乗・小乗の経典が前後錯綜してインドより持ち込まれ翻訳されてきた中国の仏教界は、膨大なこれら経典に一貫した秩序を見出そうとする空気が高まって来ており、この経の羅什の翻訳を契機として、中国仏教の特色ともいうべき教判（教相判釈）、種々の観点から釈尊一代の所説の前後・浅深・優劣等を定め、諸経典全体を有機的統一関係に秩序づける研究が、盛んに行われるようになったのである。

羅什の門下である竺道生は『法華経疏』において、一代の説法を善浄法輪・方便法輪・真実法輪・無余法輪の四種に区分し、また同門の慧観は、一代の教説の形式（化儀）から頓漸の二種を立て、頓教に『華厳経』を配当し、漸教を有相教・無相教・抑揚教・同帰教・常住教の五時に区分するという、後代の教判思想に重大な影響を及ぼした学説を立てたのである。その後、南三北七といわれるほど数多い教判が主張されたのであるが、ついに天台大師智顗に至り、インド・中国を通じても、まったく前人の考えも及ばない教相判釈がなされ、これより以後『法華経』は、数多い釈尊一代の諸経典の中で王座の地位を占めるにいたるのである。

二　玄義について

趙宋天台の学者四明尊者知礼は、『観音玄義』を解釈するに当って「玄義とは能釈の義門である。玄というのは幽微であり難見であるという称であり、義というのは深い所以があるということである」と述べている。智顗の著作の中では、この玄義の語義そのものを解説するものは見当らない。『法華玄義』も、表題に続いて直ちに五重玄義通釈へと進んでいるのである。

この玄という思想は、『老子』の巻頭、体道第一の文章の中、「玄之又玄」と示されることによってよく知られている。

「道の道とすべきは常道に非ず。名の名とすべきは常名に非ず。名無し、天地の始には。名有れ、万物の母にこそ。故に常無を以って其の妙を観んと欲し、常有を以って其の徼《さかい》を観んと欲す。此の両者同じきより出でて名を異にす。同じきものを之を玄と謂う。玄の又玄、衆妙の門なり。」

と述べられているのである。玄の又玄というのは、幽遠なる上にも幽遠な所、の意味であり、玄を強めている語法である。ここでは玄とは、結局、天地や万物を産み出すもととなる不思議な働きをしているもの、天地・万物の生成の根元、という程の意味をもっている。これによると、仏教伝来以前から、玄をもって思索上の根源的なものを理解しようとする見解が存在していたことが判る。

『弘明集』には、「神不滅論」の別名をもって宗炳《しゅうへい》の「明仏論」が集録されている。宗炳（三七五—四四三）は劉宋時代の隠士で、敬虔な仏教徒であり、廬山の慧遠に師事した居士である。その「明仏論」に、

「或るひと問うて曰く、神は本《も》と至虚、何の故にか万有を沾受《てんじゅ》して、之に与《よ》りて縁を為すか。又、本と虚ならば既に均し。何の故にか分れて愚聖と為るか。又既に云う、心万有を作ると。未だ万有あらざるの時、復た何を以てか心を累し、感じて万有を生ぜしむるか。

答えて曰く、今神は妙に形は麁《そ》なり。而も相与に用を為す。妙を以て麁に縁ずれば、則ち虚を以て有に縁ずるを知る。今、愚者は鄙《ひ》なりと雖も、要《かなら》ず能く今に処りて昔を識り、此に在りて彼を憶うは、皆神功有ればなり。則ち、練り尽くせば、其の本の均しく虚なることを知る可し。心万有を作るは前論に備われり。見に拠りて実を観れば、三者固《もと》より已に信然たり。但だ然る所以の者は、其の来るや始め無し。無始の始、豈《あ》に始め有らんや。亦玄の又玄なり。」

（大正五二・一一・b）

と、老子の「玄の又玄」が明らかに引用せられて、仏教の意味を示そうとしている。

このように、玄というのは中国思想史上の用語であったものが、次第に仏教の中に用いられて来たと考えられるのである。

『文心雕龍』は五世紀の末ごろ劉勰《りゅうし》によって作られた、現存する中国の最も古い体系的な文学論書である。この巻四論説に、造論の歴史を述べる一段がある。その一部の要旨は、正始年間になると、何《か》晏《あん》やその一派が始めて形而上学的な議論（玄論）を盛んにした。そして老荘の説が思想界に重要な位置を占め、孔子の教えと競争することになった。いずれも自己の思想を主体として独自の見解に立っており、文章は精密で、議論文の傑作である。しかし、有に拘泥する者は、目に見える現象やその作用に気をとられ、無を主張する者は、現象否定の消極的立場を専ら守り、共に偏向した解釈に力を入れるばかりで、正当な道理に達していない。積極的に神秘の実在を把握できるのは、般若とよばれる絶対的智慧に於いてのみであろう、と述べられていて、そこに玄論の語がはじめて見られ、般若と関係づけて語られているのである。

隋代に入り、天台智顗は『法華玄義』『観音玄義』『維摩玄疏』等の表題を持つ著作を盛んに世に問い、また嘉祥大師吉蔵も『三論玄義』『浄名玄論』『大乗玄論』『法華玄論』等を著述し、各々が証得した幽玄なる教義を玄論・玄義・玄疏の名を付して表わすことが盛んになったのである。

三　中国仏教の特性

中国仏教の一つの特徴は、種々なる仏教の中に存する根本本質を意味する宗を求める点にある、といってもよいであろう。仏教伝来の事情より、中国仏教徒の関心事は宗への模索へと集中せざるを得なかったのであって、晋における六家七宗と呼ばれるものも、それを踏まえて般若皆空の思想を中心として、格義的な種々相を展開したと見られるのである。

しかしながら、これは困難な道程であった。というのは、大乗仏教は般若思想を出発点としてはいるが、それが織りなす種々相は複雑多岐に亘り、それを統べる原理は次々変化して行くように見えるからであり、しかも発生順序の次第をとらず次々と伝入して来たからである。

そこで、中国仏教者達にとっては、次々と伝入し、錯雑であるままの仏教の諸思想について、どのような意義を持ち、いずれを正とし傍とし、いずれを真の中枢に置くべきかを判定するという作業にも、とりくまねばならなかったのである。

「教は一途に非ず、物に応じて万方たり。」と、これは支道林（遁）（東晋代 三一四—三六六）が『大小品対比要抄序』に述べた言葉である。

「世雄《せそん》、薬を授くるには、必ず本の病に因れり。病は均しきこと能わず。是の故に衆経相俟《ま》ちて乃ち備わる。彦《さとりすぐれたひと》に非ず、聖に非ざれば能く綜練《じゅくたつ》すること罔《な》し。茲《こ》れより以後、神通の高士各々訓釈を為り、或は諸経を覧撰して以て行式《もはん》と為す。」

とこれは、『陰持入経序』に見られる釈道安の言葉である。このように、錯雑して伝入した仏教をすべて釈尊一代の所説と考え、そこに見られるすべての矛盾事項、種々なる教法は衆生の機根の差異に基づく仏陀の応病の施薬と解釈し、その見地より、中国仏教の理解の第一歩が始まったのである。

竺道生（　—四三四）は『妙法蓮花経疏』の初頭に、

「経を異にし、唱を異にする所以は、理あにしからんや。寔《まこと》に蒼主の機感不一なるによりて、啓悟万端なり。これをもって大聖は分流の疏あるを示し、もって参差の教を顕わす。」

と論じ、諸経の参差なる相異は、衆生の仏を感じとる能力と、その悟りへの道の一ならざるに基づき、それによって世尊は教法を種々に分け開き、経はそれぞれその任務の異なるに従ってその教相を異にするに至った、とするのである。そして道生はこれに続いて、四種法輪、すなわち善浄法輪・方便法輪・真実法輪・無余法輪を示して、彼の仏教観を整理しているのである。

浄影寺の慧遠（五二三—五九三）は、次のように指摘している。

「云う所の宗とは、釈に両義あり。一には、法に対して宗を弁ず。法門無尽なれども、宗要斯に在り。故に説いて宗となす。二には、教に対して宗を弁ず。教別して衆《おお》しと雖も、宗帰して世界等の四を顕わす。」と。

ここで慧遠は、仏教を考える上の根本的態度として、二つの方面を示している。一は、無量の法門を統一する原理は何であるかということ。二には、数多い教門を統一する原理は何であるか、という二つの方面から考察しなければならないとしているのである。この二方面は、慧遠が意識しているといないとにかかわらず、中国仏教の特性を端的に捉えていると思われる。

四　経の宗について

一般には、経典の正規な解釈は羅什とその門下生によって始まるといわれているが、ここではまずそれに先立つ東晋の般若学者支道林の意見を見てみたい。

支道林は、般若の研究者達が『道行般若経』、すなわち『小品』によってその意義を追求し、『放光（大品）』と対比しないことを歎じ、小大品般若経を比較対校し、その異同を明らかにすることによって、その根本旨趣を見出そうとして『大小品対比要抄序』を述べるのである。

ここで支道林は、般若はすべての善きものの大いなる蔵であり、群れなす智慧の根源であり、至無空豁であり、廓然として無物なものであると、老荘的発想にもとづいて語り出し、続いて、般若の智慧は、言葉として現れた教というすがたに宿って生じ、教が設けられればそこに智慧が宿る。しかし智慧そのものはすがたを離れている。理もまた名目を伴うが、理そのものは言葉を越えている。というのは、理の究極は無名に帰しているからである。無名無始こそ道の本体であり、可も不可もなきことこそ聖者の慎む所である、という。般若は名目や言葉に宿りながら、般若そのものは名目を越え、言葉を離れていることをのべている。この『抄序』では、宗と用・教と名・教と宗・体と教などの対比的思考を重ねることによって、般若の意味を明らかにしようと努めているのである。それらが体系的・組織的思考の上で進められているとは云い難いのであるが、少なくとも、後に天台智顗が使用した五重玄義、名・体・宗・用・教の言葉がすでに用いられているのである。

僧肇（三八五—四一五）は、羅什が姑蔵（涼州）にまで来ていることを知り、はるばる訪ねて師事した弟子中、最も俊敏なる弟子と称せられるが、彼の『注維摩』に次のように述べている。

「維摩詰不思議経とは蓋しこれ微を窮め化を尽す、絶妙の称なり……。此の経の明かすところ、万行を統ぶるときは則ち権智を以って主と為し、徳本を樹《うう》るときは則ち六度を以って根と為し、蒙惑を済うときは則ち慈悲を以って首と為し、宗極を語るときは則ち不二を以って門と為す。凡そ此の衆説は、皆不思議の本なり。座を燈王に借り、飯を香土に請い、手に大千を接し、室に乾象を包むがごときに至りては、不思議の迹なり。然れども、幽関は啓き難く、聖応は同じからず。本に非ざれば以って跡を垂ることなく、跡に非ざれば以って本を顕すことなし。本跡は殊なると雖も、不思議一なり。故に侍者に命じて、標して以って名となせり」と。

彼は、羅什が『大品般若経』と『大智度論』の訳了の前後に『般若無知論』を著し、羅什にそれを示したと云われる。般若に関心をもち、また格義に花を咲かせている江南の仏教に、正しい般若の理解を示すためであったのであろうか、四〇七年、江南に向う道生にこの書を与えた。また『不真空論』を作って、格義仏教に対し、それらはただ無を好む人たちの議論である、と云い、空思想を究明する画期的な考え方を示し、その上にたって、『維摩経』の根本思想を「宗極」と名づけて、これを「不二」に見出し、不思議をもって名づけたのである。僧肇における経疏の第一目的は、未分化の状態ではあるが、この宗極（宗）を極わめることにあった。

僧肇と同門の道生（ ―四三四）は、『妙法蓮花経疏』を著した。これは『法華経』の註釈書の中で現存する最も古いものである。この疏は、単なる序文より少し進んだ、『法華経』を総体的に論じるところの、いわゆる玄談に属するものと、本文の解釈の二つの部分から構成されている。

玄談に属する部分は、一、仏教が種々に分流する理由と、四種の法輪について。二、『法華経』の根本本質、すなわち経の宗を明らかにする。三、妙法蓮華経の経名の解釈。の三段から構成され、二では次のように云われる。

「この経は大乗をもって宗となす。大乗とは、平等の大慧をいう。一善に始まり極慧に終る、これなり。平等とは、理として異趣なく、同じく一極に帰すをいうなり。大慧とは、終について称をなすのみ。もし始末を統論すれば、一毫の善、皆これなり。乗とは、理運弥載にして、苦に代るを義となすなり。」

というのである。その意味するところは、この経典は、大乗ということを以って宗としているのである。大乗というのは、平等なる大慧をいうのである。それは、一つの善から始まって究極の智慧に終る、ということこれである。平等とは、この一善も極慧も、その本質は異なる方向に向いているのではなく、同一の一つの極みに帰着することをいうのである。大慧というのは、仏果に到達するという点から、このように称するのである。もし始めから末までを総論すると、ごく微細の善も皆、この大慧と同じなのである。乗とは、苦しみに代えて、このような本質をのせはこぶものという意味である、というのであろう。

この経の宗というものは、微小なる一善から仏果の極慧まで、高下浅深の差があるはずにかかわらず、そのすべてを同一仏果の道程として、絶対性の前に平等ならしめるのである。その平等である根源、それが平等大慧であり、差別は差別のまま絶対的価値において平等であるとする、そのような大乗というものが宗であるとしている。

三の経題を解釈するという点については、「妙」とは、如来の言教の妙にあらざるなく、「蓮花」とは、誠言すでに播けば、帰一の実その中に顕われることを喩《たた》え、「経」とは行者真光の緜を顕わす、と中国的経題解釈の特徴を既にあますところなく示している。

この経疏の玄談部分を見ると、二つの重要な点が指摘される。一つは、この経が仏教の中において位置すべき優越せる立場を示すところの四種の判教であり、他は、この経の宗を示し、その宗によって経題の解釈を進めているという点である。

中国仏教は、格義仏教をぬけ出すとともに、まずその関心を重要な経典の本質を求むることに注ぎ、その産物としての経疏は、劉宋（四二〇—四七八）以後、次第に一定の形を整えるようになった。それは、経疏の初めに序を附して、経の大意やその経の勝れた特長を明らかにし、その後、本文の註釈に入る、という形である。このような経の大意や本質を示すための経の序は、次第に疏から独立し、一篇の著作となって、玄義・宗要・遊意・玄論と呼ばれるようになってくるのである。

梁の武帝の時代、『涅槃経』を八十四遍も講経したといわれる宝亮が、勅命を承けて天監八年(五〇九)に編纂したといわれる『大般涅槃経集解』七十一巻が存在する。この書は「集解」といわれることから判るように、五世紀中葉における『涅槃経』の経序および本文解釈を類集したものであり、特に経序の部分は、一定の範疇形式に諸師の経序を分析配当したものである。採用された諸師は、道生(—四三四)・僧亮(五世紀中葉)・法瑤(四〇〇—四七五)・曇済(四一一—四七五)・僧宗(四三八—四九六)・宝亮(四四四—五〇九)・智秀(四四〇—五〇二)・法智・法安(四五四—四九八)・曇准(四三九—五一五)の十師である。

「此の十法師の経題の序を今、具さに載す。略して序の中の要義、八科を標す。」

として、釈名第一・弁体第二・叙本有第三・談絶名第四・釈大字第五・解経字第六・覈教意第七・判科段第八、の八項目によって経序を分析するとしている。

この八科は、もちろん宝亮によってなされ、また特に『大般涅槃経』に適用されるものと見られるから、当時、一般的に行われていた経題の解釈の普遍的な形式であるとはしがたいけれども、一経の経題の解釈、主として経の宗を明かそうとする議論、これを宗の学と呼ぶならば、宗学のありかたの一端をうかがうことができる訳である。

八科の内容は、

第一釈名は、経の題号「涅槃」の名を解釈する。智顗も吉蔵もこの科を設け、永く後世に使用され、一定の形式をもつに至るものである。

第二弁体は、涅槃の本体を論ずるものである。道生は、

「夫れ真理は自然にして、悟れば冥く符するなり。真なれば則ち差う無く、悟るは豈に容易ならんや。不易の体は湛然として常に照す、但だ迷に従って之に乖《そむ》く。」

と述べている。宝亮は旧来の所説をまとめて二種の解を示している。その一は「円極の果体は真実にして妙有であり、仮名の如くに非ず、但だ有用を以って而も体無きなり。」であり、その二は「涅槃は無体なり、仮りに衆徳を以って成ずとも、豈に不空なるを得るや。」というのである。結局、本体論的に見たところの涅槃の体であり、後世の経の体の概念の萠芽を見ることが出来る。

第三叙本有は、仏性論として展開する要素をもつものであり、涅槃が衆生に本有であり今有でないこと、その本有を論ずるのである。

第四談絶名は、涅槃が名字・言説を超えたものであることを論ずるのである。

第五釈大字は、大涅槃の大を解釈する。

第六解経字は、修多羅の字義を解釈する。

第七覈教意（教意を覈《しら》べる）は、ほぼ判教と経宗とが示されている。例えば、智秀は次のように云う。

「今、此の経は、至極の妙有を以って指南とし、常住の仏性を宗致と為す。闡提を明かすに正しき因にして、改めること無く、法身を弁ずれば則ち円果は嶷然たり。所謂、無余の至教、究竟の極説なるなり。」と。

第八判科段は、本文の段落分科を示している。

これらの八科をその内容の上から、一般経論に適用できるように見直すと、第一釈名には第五釈大字、第六釈経字とが含まれる。第三の叙本有と釈大字の一部は第二の弁体に含まれるものであろうから、全体としては、釈名・弁体・覈教意（経宗・判教）と、科段という要素から構成されていることになる。

梁の三大法師の一人である光宅寺法雲（四六〇―五二九）は宝亮の弟子であり、その学問を受けている訳であるが、彼は『法華経義記』八巻を著している。その序品において、非常に明瞭に経宗を論じている。

「諸経の宗旨を尋ね、要略すると三あり。一には、因を以って宗と為す。二には、果を以って宗と為す。三には、因果を以って宗となす。」

と述べ、一には『勝鬘』を、二には大小両本の『涅槃』を配当している。

「今、此の法花は則ち因果を以って宗と為す。安楽よりの前は、開三顕一を以って因の義を明かし、踊出よりの後は、開近顕遠を以って果の義を明かす。」

といって、三には『法華』を配当して、その宗を明らかにしているのである。諸経の宗を求めて、それを因果という原理によって統一し、さらに教判的段階配列をするという点に特色が見られる。また、

「今、此の経の因を明かす処に亦た果の義あり、即ち開仏知見と言う。果を弁ずるの中亦た因の義あり、即ち久修業所得と言う。前は則ち因の為の故に果を明かす。後は即ち果の為の故に因を明かす。故に知んぬ、因果を双び説く、是れを経の正宗となす。」

と、因果をもって『法華経』の正宗とする意義を明確にしている。この説自体は智顗によって破折されるのであるが、因果を宗とすることは智顗に継承されるのである。

五　『法華玄義』梗概

天台大師智顗の講録や論著は、五重玄義によって構成されていることが特色である。五重玄義とは、釈名・弁体・明宗・論用・判教、の五種の主題を中心として経典を解釈することである。

釈名とは、ただちに経典の意義を解釈することであり、弁体とは、経の法体を追求し、明宗とは、経の宗旨を論証し、論用は、経説の効用を論究し、判教は、一経の地位を判釈することである。

このように経典の題名を五重玄義によって解釈することによって、はじめて『法華経』の深義を明確にすることが可能となったのである。智顗の教学は非常に雄大深遠で、思想体系がつねに新しい生命を維持しているのは、非常に合理的に組織された近代的性格によるのである。例えば、『法華文句』における文々句々の解釈においても、『大智度論』の四悉檀を手本とした解釈法、因縁釈・約教釈・本迹釈・観心釈の四種釈によって見ることも出来る。

しかし、それであるからこそ、天台の教学は、その合理的・組織的構造を確実に理解した上で学ばなければ正鵠を失うことになるのであって、いわゆる「法華円教」といっても、その円教に当るものばかり理解しようとしても、蔵教・通教・別教の組織・構造を知らないものにとっては理解し難いものとなるのである。

『法華玄義』は通釈と別釈の二釈から成り立っている。通釈とは、名・体・宗・用・教の五重を共合して解釈する総括的な略釈であって、その説明を七番に分けて行うので、これを七番共解と呼ぶ。

一、標章　五章（五重玄義）を標榜する。経の題名は、権実不二諸法実相の妙法を華果同時の蓮華をもって喩え顕わした絶妙の法譬である。

経の詮わす所の理体は皆一実であると開顕する実理の妙理であると顕わす。宗は実相の因を修して実相の果を得る一乗の因果である。用は本迹二門の断疑生信にあり、教は諸経を超絶する無上の醍醐であるとして教相の三意を掲げる。

二、引證　五重の名義に対し聖句を引用して証明する。

三、生起　五章の前後次第の関連を明確にする。

四、開合　事理・教行・因果・自他・説黙の五種、十種、譬喩に分解あるいは結合して、広略無礙の関係を示す。

五、料簡　十二の問答によって、蓮華・因果・智断などについて、玄義の内容を一層明確にする。

六、観心　以上述べた一切の文句や義理を実践的観点から説明する。

七、会異　種々な異名を会同し、理に約して実相の一理に、義に約して異種の名目に、四悉檀について十重として註釈する。

別釈とは、五重玄義の各説である。

一、釈名　妙法の二字を釈するに当り、法を先にし、旧師光宅の説を出し、これに寄せて略釈し、南嶽禅師の意に準じて、心・仏・衆生の三法を解釈する。衆生法の解の中、十如是・十法界の三転読文によって、三諦の円融を示し、十如十界に約して権実平等の理を明かして、これが法華全体の趣旨であり、天台の根本思想であることを述べる。

〔参考〕妙法蓮華経玄義略科

（各項の下は 会本の巻・頁／大正蔵第33巻の頁）

- 通釈（共七番解）
  - 一、標章 …… 会本一上　三　六八二a
  - 二、引証 …… 同　四三　六八四a
  - 三、生起 …… 同　五二　〃c
  - 四、開合 …… 同　五四　六八五a
  - 五、料簡 …… 同　五六　〃b
  - 六、観心 …… 同　六二　〃c
  - 七、会異 …… 一下　一　六八六b
- 別釈（各五種釈）
  - 一、釈名
    - 一、妙法
      - 一、判通別 …… 同　四五　六九一a
      - 二、定前後 …… 同　五四　〃b
      - 三、出旧 …… 同　五五　〃b
      - 四、正解
        - 一、略示 …… 二上　一　六九二c
        - 二、正釈
          - 一、法（三法妙） …… 同　四　六九三b
          - 二、妙
            - 一、通釈（待絶二妙） …… 同　四五　六九六b
            - 二、別釈
              - 迹門
                - 一、境妙 …… 二下　一　六九八b
                - 二、智妙 …… 三上　三三　七〇七a
                - 三、行妙 …… 三下　二五　七一五b
                - 四、位妙 …… 四下　二二　七二六b
                - 五、三法妙 …… 五下　一一　七四一b
                - 六、感応妙 …… 六上　一　七四六c
                - 七、神通妙 …… 同　三二　七四九c
                - 八、説法妙 …… 同　四九　七五一c
                - 九、眷属妙 …… 六下　一四　七五五b
                - 十、利益妙 …… 同　三八　七五八a
              - 本門
                - 一、本迹 …… 七上　三〇　七六四b
                - 二、十妙 …… 同　三六　七六五a
    - 二、蓮華
      - 一、定法譬 …… 七下　三一　七七一c
      - 二、引旧解 …… 同　三四　七七二a
      - 三、出経論 …… 同　三七　〃b
      - 四、正解 …… 同　四一　七七三a
    - 三、経 …… 八上　一　七七五a
  - 二、顕体 …… 同　二八　七七九a
  - 三、明宗 …… 九下　二二　七九四b
  - 四、論用 …… 同　三二　七九六b
  - 五、判教相 …… 十上　一　八〇〇a～八一四a

次に妙の字の解釈であり、通釈は相待絶待の二妙を説き、別釈は迹本二門の二十妙を説く。迹門十妙は、境妙・智妙・行妙・位妙・三法妙・感応妙・神通妙・説法妙・眷属妙・利益妙である。

一、境妙　所観の七種の理境、十如・十二因縁・四諦・二諦・三諦・一諦・無諦を挙げる。

二、智妙　世俗智から妙覚智に至る凡聖一切の能観の智を二十智に分析する。

三、行妙　自行化他の一切の行を次第不次第二種の五行とする。

四、位妙　大小凡聖の全ての階位を三草二木最実位の六位とする。

五、三法妙　前の四妙の因行に酬いる三種の果徳、真性軌・観照軌・資成軌の三軌を説く。

六、感応妙　仏を動かす感と、衆生に酬いる応と、生仏感応の理を説く。

七、神通妙　仏の身業不思議の作用を説く。

八、説法妙　仏口業の正教を、九部・十二部・逗縁・所詮・円妙の法等に約す。

九、眷属妙　教の益に浴し仏の眷属となる類を理性・業性・願生・神通生・応生の五種に分ける。

十、利益妙　眷属所得の益を、果・因・空・仮・中・変易の六種とする。

この迹門の十妙によって、『法華』以前の諸経の説くところのものが開顕されて、麁法が妙法となることを顕わし、自行の因果・化他の能所の一として、一実の妙理でないものはないということを示すのである。

本門十妙は、先ず六重の本迹を開いて本迹の意義を示し、権実今爾の二種によって、一本因・二本果・三本国土・四本感応・五本神通・六本説法・七本眷属・八本涅槃・九本寿命・十本利益、の十科を説く。

この本門の開顕によって、迹門の十妙がたんに樹下近成の新仏、伽耶始成の釈尊一仏のみの説法でなく、久遠の本仏の説法内容であることが明らかとなり、迹門十妙が更に権威づけられることになるのである。

この妙法の釈に続いて、蓮華の二字を釈す。蓮華には権実不二の妙法を譬える譬喩の義と、因果微妙なる法華三昧を顕わす当体の両義があり、具さには本迹二十妙を喩顕することを示す。

最後に経の字の釈であり、梵名修多羅について、古来の有翻・無翻説を和融し、法に約し心に約して説明し、第一釈名章を結んでいる。

二、弁体　先ず六師の旧解を引用し、『法華経』の体が、一乗・真諦・一乗因果等でないことを論じた上で、一、『法華経』の経体は正しく実相であることを示し、二、広く実相の真偽を簡び、三、実相の異名を会通し、四、実相に入るべき門を論じ、五、この理が一切の諸経・諸行・諸法の体であることを説く。

三、明宗　宗と体との同異を説いて、一経の宗とすべきは、迹門においては開権顕実・迹因迹果であり、本迹においては発迹顕本・本因本果であり、所詮の一乗の因果を宗要とすべきであるとし、開麁顕妙、一切の因果は等しく妙因妙果であることを示す。

四、論用　宗と用の同異を簡び、迹門においては、三乗の権の疑いを断じて一乗の実の信を生じ、本門においては、如来近成の権の疑を断じ久遠実成の実信を生ぜしむるという断疑生信を『法華経』の力用であるとし、権実二智の断證について『法華』と諸経の同異を述べ、迹本二門十意を開いてその力用を論ずる。

五、判教　南三北三の異解を出す。両地共用する頓・漸・不定の三種教判を挙げ、一、虎丘の岌師・二、宗愛法師・三、定林柔次・四、北地師・五、流支・六、仏陀三蔵・七、五宗教・八、六宗教・九、二種大乗・十、北地一音教、の十種の教判を述べて詳細な批判を加え、検討し取捨選択して、新たに、智顗の五時教・化儀の四教・化法の四教・三種の教相等の教判を体系組織し、『法華経』が『涅槃経』とともに第五時の教に属し、円頓醍醐の教であることを論証する。

六　智顗の『法華経』解釈の基本的立場

天台大師の解釈における基本的な立場の一つは、開会の思想にあるといえるのであって、種々な特色をもつ『法華経』において、とくに開会ということが一経を貫く使命であることを強調した点であろう。もちろん、梁の光宅寺法雲等も『法華義記』においてこの開会の思想に注目している訳であるが、智顗は徹底してこの開会の思想を押し進めたのである。

開会とは、相対する二者の差別を打ち開いて和会するということであって、直接的には、『法華経』と他の経典との関係のあり方を示す言葉である。釈尊が『法華経』を説くに至るまで、衆生を教導し、能力を調熟させるために、真実をよそおって説いた種々な方便の教説を、実は方便の説であったのであると隠しなく明らかに打ち開いて、方便がそのまま方便であると知るならば、その種々な方便がそのままに一つの真実であり、方便のほかに別に真実は存在しないとして、方便を真実に和会することなのである。

また、声聞・縁覚・菩薩の三乗といわれる教は、もともと一仏乗しかないところを、衆生を教化・導引するために三と区別したものであって、本来は一乗と別のところに三乗があるのでなく、三乗といっても、それはそのまま一仏乗に他ならないのである、という。これを開権顕実・開三顕一ともいい、開会の思想を端的に述べた用語なのである。

このように、一応は一という真実の理体と、派生し来った種々な事相という区別の上で、本来の一とは、種々なる事相をそのまま体としている一であり、一切を含容し、具備している超絶の一であると、そのまま顕わし出して見せることが開会なのであるから、またこのことを法華の開顕ともいうのである。

しかし、その開会ということは、単なる理論上の観点から理解されることだけではなく、その根本には、我が身が仏口所生子としての自覚に立った上でなされなければならない、とするのが智顗の教学を知る上で最も重要な点なのであって、単に傍観者的にこれを観るならば、説かれる開会についても、まったく意味のないこととなるのである。

仏陀という最高の理想的人生を自からもきわめようとする求道心願心、いわゆる菩提心を開発すること、拘束多い現前の現実の中で行動する自己の一々の行住坐臥の中に仏に向って趣向しようとする求道心を開発することが、開会ということなのであって、それ故に、天台の法門は単に理論的法門だけでなくして、その理論によって自己を目覚めさせる観心門、実践的法門が用意されているのであり、教観双美の法門といわれる所以はここにあるのである。

七　講述者略伝

天台大師智顗、幼名は徳安、また光道ともいい、出家して智顗の名を得た。隋の統一後、南征軍司令官晋王広（のちの煬帝）より智者大師の号を賜わったが、一般には居住した天台山にちなみ天台大師と称されている。

大師の出生は、梁の大同四年（五三八）、あたかも南北朝の戦乱の間であり、父は梁の武官であったが、年十七歳の時、北魏の侵攻にあって大師の一家は分散没落し、十八歳にして荊州果願寺の法緒の下において出家した。二十三歳の時、陳朝が興り、南岳の慧思禅師が江北より江南に移り、光州大蘇山に留錫することを聞き、その下に参じて七年間修行し、『法華経』の真髄である法華三昧を承け、後世、大蘇開悟と呼ばれる悟りの境地に達した。

その後、陳の光大元年（五六七）、年三十にして南岳慧思の命を体して陳都金陵に出て、瓦官寺において教化活動に入った。時の陳都は北朝に見られたような仏教の迫害もなく、歴代の王室が仏教に帰依し、手厚く保護育成につとめていたため、『涅槃経』『成実論』の研究を中心として、各寺院において仏典の講説を中心とした学解仏教が盛んに行われ、興皇寺法朗・彭城寺宝瓊・白馬寺警韶等の諸大徳を筆頭に多くの学者が輩出した。その中に大師は、禅観の実践にもとづく新風を吹き込んだため非常な名声を博したのであるが、居ること八年、年三十八にして、陳王の慰留にもかかわらず、金陵をあとにして飄然と天台山に隠棲するのであって、一般にこの時点までを大師の前期時代というのである。

入山後、智顗はあるとき華頂峯に登って頭陀を行じ、徹夜禅定を修し、暁に強軟の二魔を降すと、忽然として出現した神僧に一実諦の法門を授けられたと伝えられる。

隠棲十一年にして、たびたびの陳の少主の招請に抗しがたく、至徳三年(五八五)下山し、年五十のとき金陵の光宅寺で『法華文句』を講じ、故郷荆州に帰って地恩に酬いんがため玉泉寺を創設し、この地に住することおよそ三年、『法華玄義』と『摩訶止観』を開演した。

玉泉寺の説法の後、揚子江を下って揚州に移り、晋王広の要請によって、『浄名疏』の初巻を献じ、開皇十五年、十二年間の星霜を経てふたたび天台山に帰山した。そして、一山衆の衣食住に関する日常生活の規定である制法を立てて、山の清規を定め、病苦と闘いつつ『浄名疏』の完成に全力を挙げ、遺言的性格をもつ『観心論』の完成を見るなど、死力を尽していたが、度重なる晋王広の下山の切望を容れて下山の途についたが、天台山の西門石城寺に至り、遂に開皇十七年(五九七)十一月二十四日未時、寂然として入滅した。世寿六十歳、僧夏四十であった。

八　『法華玄義』の註釈書

一、中国撰述

○法華玄義釈籤

天台法華玄義釈籤、法華釈籤、玄義釈籤、釈籤、妙法蓮華経玄義釈籤。二十巻。大正三三・八一五、卍三

一・八〜一〇、縮蔵—呂・一〇。著者、湛然（七一一—七八二）

本書は、智顗の『法華玄義』を六祖の荊渓湛然が全力を傾けて解釈した力作。『止観輔行傳弘決』と並び天台教義の奥義を究めた名著で、「十不二門」の挿入によって、理論と実践との帰趣を示した。

著者湛然は江蘇省の儒家に生まれ、天台の門に入り、律・禅・華厳・唯識にも深い理解があった。江南の各地で天台智顗の著述の研究とその発揚に努め、晩年は天台山に帰った。智顗の三大部に対する註釈その他、著作は多数あり、中国天台中興の祖と称せられる。

○天台法華玄義科文

五巻、卍続一・四三・二。著者、湛然。

本書は、天台智者大師述の法華三大部、即ち『摩訶止観』『法華玄義』『法華文句』に就き、六祖荊渓大師が詳細に章科を分けたもの。十六巻の内、初めの五巻は玄義、次の六巻は文句、次の五巻は止観を分けたものの一部である。

○法華経玄籤備検

法華玄義釈籤備検。四巻。卍続一・四四・四。著者、有厳（—一一〇二）

本書は、『法華玄義』の本文及び荊渓湛然の註釈（釈籤）両部にわたり、註釈したものである。

著者有厳については、台州の赤城崇善寺の法師とあり、詳細は判然とせず。

○三大部妙玄格言

妙玄格言、三大部格言。二巻本。卍続一・四四・四。著者、善月（一一四九―一二四一）

本書は、現存するのは『法華玄義』巻四までの註疏であるが、『仏祖統紀』には三部格言という。恐らくは天台三大部に準じたものであったのであろう。

著者の善月は、栢庭と号して、四明門の広智系の末資にて四明学の造詣深く、四明教学の爛熟期に現われた人。この書は宋朝天台教学の研究資料としても重要である。

○法華三大部読教記

天台三大部読教記、読教記。二十巻（玄義記七巻、文句記七巻、止観記四巻、諸部記二巻）。卍続一・四三・四―五。著者、法照（一一八五―一二七三）

本書は『玄義』『文句』『止観』の三大部の中の重要なる問題百五十二項を挙げて、嘉定の初年（一二一一）から宝祐四年（一二五六）に至る四十五年間にわたって記したものである。法照は趙宋天台の四明系の流れを汲む南屏派の学者である。

○天台三大部補註

法華三大部補註、三大部補註。十四巻。卍続一・四三・五～一・四四・三。従義（　―一〇九一）撰

本書は、天台の三大部、即ち『玄義』『文句』『止観』に於いて天台智顗の釈せざるところ、或は

六祖荆渓の残して註せざるものを指摘拾集し、その註釈を試みたるものである。その十四巻の内、一―三は玄義、四―十は文句、十一―十四は止観となっている。

撰者従義は、四明教学の正統の広智系より出ているが、観門は山家派に従っているも、教理は山外派に同じであった。

○妙法蓮華玄義輯略

法華経玄義輯略、法華玄義輯略。一巻。卍続一・四四・五。伝灯録。

本書は、『法華玄義』の七番共解、五章各説の内、通釈の七番共解は極略の義を出し、別釈の五章の大略を記述したもの。天台山幽渓沙門伝燈録と著名があるが、録した年代場所等は不明である。

○妙法蓮華経玄義節要

法華経玄義節要、法華玄義節要。二巻。卍続一・四四・四―五。著者、智旭（一五九九―一六五五）

本書は、『法華玄義』の要旨を適当に限り定めたる書、という意味である。天台の玄義の広汎なるのを凝縮したものである。

著者智旭は、明代末の天台の僧であり、八不道人と号した。博学、宏聞、内外の典籍に通じ、特に天台・華厳・唯識などを学んだが、念仏を実践した。

二、日本撰述

○玄義略要

法華玄義略要。一巻。大日本仏教全書第二六、智證大師全集第二。著者、円珍（八一四―八九一）

智證大師円珍が在唐中、大中十年及び十一年の二ヶ年にわたって天台山国清寺と五峯とで著作した『法華玄義』の略要である。趙宋天台以前の唐の天台学によって記してあり、この点において、荆渓湛然以後、四明知礼に至る中間の中国天台教学研究上、主要なる著述の一つといえる。天台の教判論を五時八教とする天台四教儀、その他の多くの説に対して、三種教相によって教判論を述べるという特徴を持っている。

著者円珍は、延暦寺第五世座主、寺門派の祖であり、義真に師事して二十歳で得度受戒。仁寿三年（八五三）入唐し在留五年、経疏一千巻を請来した。五十五歳で座主になり、寛平三年（八九一）寂（七十八歳）。著作の多くは「智證大師全集」に収められており、良源が出てくるまでの長きにわたって、座主は円珍派より輩出した。

○天台円宗三大部鈎名目

鈎物、三大部鈎名目。三巻。大日本仏教全書第三一、恵心僧都全集二。著者、源信（九四一―一〇一七）

本書は、源信すなわち恵心僧都が、『法華玄義』『法華文句』『摩訶止観』の説述の組織および他所の説との相違点、所説の法相数目、合成要語の内容、一名目に関連する諸多の名目等を、智顗説述の順序を逐い、鉤線に括った図をもって示したものである。三大部説相とその所用名数の複雑な構成を鳥瞰図式に、一目のもとに理解し記憶しやすいようにしたものである。従って、内容は論述の文章ではなく、鉤型図示のみである。上・中・下の三巻よりなり、上に『法華玄義』関係が収められている。

著者源信は、天台宗の僧、恵心流の祖。良源に師事し、横川の恵心院に住んだだめに、恵心僧都の名が出た。著作は七〇余部一五〇巻という。中でも『一乗要決』は天台の宗義を高揚した名著であり、『往生要集』は後に浄土教祖と仰がれるに至る浄土教の聖典である。

○天台法華玄義釈籤要決

法華玄義釈籤要決、玄義要決、法華玄義要決。一〇巻。大日本仏教全書第一五。著者、道邃(―一一五七)

本書は、『天台法華疏記義決』『摩訶止観論弘決纂義』と共に三部作の一であり、荊渓大師の『玄義釈籤』の解釈を中心とし『法華玄義』の真意を窮め、観心修行にも役立つよう、天台仏法の弘通を目的とした註釈書である。

著者道邃は、播磨の正覚坊道邃とする説と、伝教大師の中国における師、興道道邃とする説とがあって、常盤大定氏は中国撰述説であり、大野法道氏らが日本の播磨道邃説であり、まだはっきりとしていない。

○法華玄義私記

十巻。大日本仏教全書第二一、仏教大系。著者、証真。

本書は、『法華玄義』に対する註釈であり、同じ『文句』に対する『法華疏私記』、『止観』に対する『止観私記』と共に三大部私記とよばれる。従来の学者による諸註釈書を一応参考にしながら、それらに対し鋭い文献批判や、解釈上の批判を行ない、非常に厳密な諸経論章疏からの原文の引用を典拠として、自分の意見をはっきり出している。異義、異説に対しての簡択・批判に優れたものがあり、法華三大部研究には欠くことができない。

著者証真、一般に宝地房法印という。鎌倉時代初期の人、年寿は不明である。証真は恵心流を隆恵から、檀那流を永弁から学び、自からその両者を併合して宝地房流という一派を起こした。『大論私記』等、数多くの著作がある。

○玄義見聞

玄義聞書。十巻。天台宗全書第一九。著者、明導照源(一一三六八)

本書は、盧山寺第三世明導上人照源が、観応元年七月十六日から文和二年六月二十六日までの四ヶ年にわたり、毎年夏安居の講会をもって、叡山東塔南谷西尊院に於て『法華玄義』を講ぜられたのを、顕幸が筆録したものである。

著者明導は、貞和元年(一三四六)より入滅する応安元年に至るまで、毎年、夏安居に法華三大部を講じ、それが『法華三大部見聞』及び『述聞』として現存している。これはその一部である。

○玄義私類聚

玄義大綱見聞、玄義見聞、法華玄義大綱見聞。六巻。大日本仏教全書第一七。著者、尊舜（一四五一—一五四一）

本書は、『法華玄義』『法華玄義釈籤』に対する日本中古天台諸流の釈義を、尊舜が集めて講談したものの筆録である。内容は必ずしも『玄義』本文の字句への註解を忠実に施したものとはいい得ないが、恵心・檀那諸流の考えも豊富に援用し、『玄義』一部の玄意と旨趣の究明を主眼とし、『玄義』本文の片言隻句に寄せて深い洞察を加えている。

著者尊舜は、幼くして月山寺尊叡の弟子となり、のちその師跡をついだが、晩年、千妙寺に移り、永正十一年（一五一四）十月、六十四歳で入滅した。著作としては、一流の『相伝法門』並びに、法華経および天台三大部に関するもの等十数部が伝えられている。

○法華玄義復真鈔

六巻。大日本仏教全書第二三。著者、普寂（一七〇七—一七八一）

本書は、徳川中期に普寂徳門が自家華厳学研究の立場より、天台三大部の解釈を試みた中のそれである。天台三大部の註釈書に「復真鈔」の名をつけたのは、古来註釈家の不当な解釈を排除して、原講者智顗の真意を復元する趣旨に由来するものと思われる。智顗の法華三大部は教観双美の勝れた教説であるが、唐の湛然、趙宋の四明知礼、日本近代の天台学者の説は、智顗の真意を逸脱したところが多いと述べている。

著者普寂は、浄土宗の人にて、浄土教義はもちろん、倶舎・唯識・天台・真言等に通じて、自由討究の先駆者となった。著書は四〇部一四三巻にのぼる。

○法華玄義釈籤講義

十巻。仏教大系天台三大部講義之内。著者、慧澄（一七八〇—一八六二）

本書は、湛然の『法華玄義釈籤』を講義せるもので、慧澄律師が東叡山等各処において行った講義ノートを上梓し出版した講義録である。安楽系の学風に立ち、用語の解釈を初め、難解な箇処も理解し易く解明した克明な講義で、華厳と真言に対する見解にも見るべきものがある。

著者慧澄は、安永九年に近江に生まれ、安楽律院覚忍に就いて祝髪する。その後文久二年八十歳で寂するまで、各処で天台を講ずる。著書は三大部講義各十巻など多数である。

○法華玄義釈籤講述

十巻。仏教大系。著者、大宝（一八〇四—一八八四）

本書は『法華玄義釈籤』を解釈せるものである。師の慧澄律師の華厳・真言を批判せるに準じて大宝もまた、法相・華厳・真言三家の教相を痛破するは、師以上のものがある。慧澄師の講義に比べ、玄義そのものの性質に則って教判に対し留意し、法華の高調につとめた。

著者大宝は、真宗大谷派の生まれであるが、後に叡山に登り、慧澄律師につくも、後に寺門派の日光院に住する。著書には『妙宗鈔講述』『摩訶止観講述』等がある。

本文解説

序論

私記縁起

天台三大部の筆録者である章安大師灌頂は、姓は呉氏、字は法雲、臨海章安の人である。陳の至徳の始め（五八三）、二十三歳にして始めて大師に謁してより常に大師の講席に列なり、講演を筆録し、幾多の艱難の末、膨大な大師の講義を世に残した。この間の隋末唐初における灌頂の苦労については、灌頂の『涅槃玄義』に詳細に語られているところである。

この「私記縁起」は、灌頂自身が師に対する十徳と、『法華玄義』に関する伝述の意とを序したものである。

天台十徳

大法東漸僧史所載。詎有幾人不曾聽講。自解佛乘者乎。

縱令發悟。復能入定。得陀羅尼者不。

縱具定慧。復帝京弘二法不。

縱令盛席。謝遣徒衆隱居山谷不。

縱避世守玄。被徵爲二國師不。

縦帝者所尊。太極對御講仁王般若不。

縦正殿宣揚。爲主上三禮不。

縦令萬乘屈膝。百高座百官。稱美讃歎。彈指喧殿不。

縦道俗顒顒。玄悟法華圓意不。

縦得經意。能無文字以樂説辯晝夜流瀉不。

唯我智者具諸功德。


大法東漸してより僧史に載する所、詎《あ》に幾人か曾て講を聴かずして自ら仏乗を解する者あらん。

縦《たと》令い悟を発すとも、復《ま》た能く定に入りて陀羅尼を得る者あるや不《いな》や。

縦《たと》い定慧を具すとも、復た帝京にして二法を弘むるや不や。

縦令い席を盛んにすとも、徒衆を謝遣して山谷に隠居するや不や。

縦い世を避けて玄を守るとも、徴《め》されて二国の師と為るや不や。

縦い帝者に尊ばるとも、太極に御に対して仁王般若を講ずるや不や。

縦い正殿にして宣揚すとも、主上の為に三たび礼せらるるや不や。

縦令い万乗膝を屈すとも、百の高座百官称美讃歎して、弾指、殿に喧《かまびす》しきや不や。

縦い道俗顒顒《ぎょうぎょう》たりとも、法華の円意を玄悟するや不や。

縦い経意を得るとも、能く文字無くして楽説弁《ぎょうせつべん》を以て昼夜に流瀉するや不や。

唯だ我が智者のみ諸の功徳を具す。

中国に仏教が伝来して以来、高僧伝等に記載されている人師達のうちの幾許《いくばく》の人達が、他師から講義を受けないで、自分自ら諸乗を開いて一仏乗に帰するという仏乗を解得した者があるであろうか。（自解仏乗の徳）

たとえ悟を発し得たとしても、大師がかつて大蘇山の慧思のもとにおいて法華三昧を證得し、初旋陀羅尼を得たというような体験をした者があるであろうか。（深入定慧の徳）

たとえ、そのような禅定・智慧を具えたものがあるとして、しかも帝王の都（金陵）において、この定と慧の二法を弘めたものがあったであろうか。（帝京弘法の徳）

また、講演の席に沢山の聴者が集まり、その名声四方に聞えたとしても、それらの徒衆に別れを告げ後に遺したまま、一人忽然として人里離れた深山である天台山に隠棲してしまう（陳大建七年〈五七五〉）というような者があったであろうか。（謝衆隠棲の徳）

世の名聞を避け、幽玄の境地を悠々としていたが、しかも陳の少主がしきりに迎えんことを願い（国清百録第十一）、隋文帝が敕を下して光宅寺に住せんことを請うなど（国清百録第二十二）、手厚い招請に徴されて、陳・隋二朝に亘って国の師となるような出来事があったであろうか。（二朝国師の徳）

たとえ帝王に尊敬されるようなことがあっても、陳朝の正殿たる太極殿において、天子に対し、仁王般若経を講義する（至徳三年〈五八五〉の出来事。国清百録第十二）ようなことがあったであろうか。（正殿講経の徳）

たとえ正殿において仏教を宣揚することがあっても、法筵を開くにあたり、主上が講演者に対し三たび礼するというようなことがあったであろうか（国清百録第十二）。（主上三礼の徳）

たとえ万乗の主である天子が膝を屈し敬礼をしたとしても、度重なる講演の会座において、あまたの在俗の高官達から称美され、讃歎され、歓喜のさまを示す弾指の音によって、殿中が騒然となる程のことがあったであろうか。(称美讃歎の徳)

たとえ道俗から瞻仰《せんごう》されるというようなことがあったとしても、自ら深く五重玄義を開いて経の意に達し、法華経の円満なる深意を悟るものがあったであろうか。(玄悟法華の徳)

たとえ深く経意に達したとしても、手に講義録等を一切持たず、一法の中に一切法を説き、一字の中に一切の字を説いて、皆実相に入りていささかの差謬もなく、昼夜をわかたず流れるように演説するというようなことがあったであろうか。(昼夜流瀉の徳)

唯々、我が師天台智者大師のみがこのような功徳を具足していたのである。

《東漸》 中国に仏教が伝来することを云う。仏教伝来に関する諸説については、『中国仏教史』(道端良秀著8〜10頁)に、大別して次の八説を述べる。一、西周穆王の時とする説。二、孔子仏教を知る説。三、阿育王の仏塔建立説、東周二十六年。四、釈利房伝来説、秦始皇帝四年(BC.二四二)。五、前漢武帝の金人礼拝説、前漢武帝元狩二年(BC.一二一)。六、劉向仏典を見る説。七、伊存の仏教口授説、前漢哀帝、元寿元年(BC.二)。八、後漢明帝永平十年(AD.六七)の説をあげる。

《仏乗》 仏に成ることができる教え。乗は乗り物。悟りに趣かせる教を喩う。大乗仏教徒は自らの立場を菩薩と称し、真に仏になるための教の意を仏乗と称し、部派仏教を小乗、二乗・声聞乗等と貶するに対した。大乗の中でも、成仏の可能性について、機根つまり人の資質や能力は固有であり、それらに応じて声聞・縁覚・菩薩に固有な三種の悟りの道があるという三乗の立場と、三乗は一乗に導くための手段であるという一乗の立場が分かれ、前者に立てば仏乗は仏教の一部分に過ぎず、後者に立てば仏教のすべてが仏乗となる。

《陀羅尼》　梵語 dhāraṇī の音写。能持、総持、能遮等と訳す。一つの事柄を記憶することにより、あらゆる事柄を連想し忘れない念慧の力。陀羅尼を得れば無量の仏法を忘れることがないから、菩薩には他を教化する時、衆を畏れず自在に教法を説くために必要とされる。ここでいう陀羅尼とは、初旋陀羅尼のことである。別伝に「思師歎曰。非爾弗證非我莫識。所入定者法華三昧前方便也。所発持者初旋陀羅尼也」（大五〇・一九二a）と、智顗の持つ智慧の力（陀羅尼）は初旋陀羅尼であると云う。この初旋陀羅尼の意について、大論では、陀羅尼の種類を「聞持陀羅尼。分別知陀羅尼。入音声陀羅尼」（大二五・九六a）と、三種に分けて述べるが、智顗においては、法華経普賢菩薩勧発品の「爾時受持読誦法華経者。得見我身甚大歓喜。転復精進。以見我故。即得三昧及陀羅尼。名為旋陀羅尼。百千万億旋陀羅尼。法音方便陀羅尼。得如是等陀羅尼」（大九・六一b）の文により、旋陀羅尼・百千万億旋陀羅尼・法音方便陀羅尼の三種の陀羅尼を立て、それを解釈して法華文句に「陀羅尼旋仮入空也。百千施者。旋空出仮也。方便者。二為方便道。得入中道第一義諦也」と、空・仮・中の三観にあてる。これによると初旋陀羅尼は空観となる。

《定慧》　悟りを得ようとする人の修学すべき、戒・定・慧の三学の中の定と慧で、禅定と智慧のこと。

《帝京》　天子のいる都、首都のこと。この場合は、建業、現在の南京。古くは金陵といい、南中国の中心都市であり、首都としては、三世紀、呉が建業と改め、東晋、斉、梁、陳には建康と称した。隋以後は、金陵府、江寧府、応天府、と呼ばれ、明代以後は北京に対して南京と称され現在に至る。**《謝遣》**　断わって去らせる。礼をいって帰す。**《玄》**　奥深いこと。静であること。**《二国》**　陳朝、隋朝。**《太極》**　宮殿、天子の居住する御殿。**《万乗》**　一万台の兵車、その兵車を徴発することの出来る君主、原則としては天子。〔老子、二十六〕奈何萬乗之主、而以レ身軽二天下一。〔列子、黄帝〕万乗之主、身労二於国一。**《弾指》**　梵語 acchaṭā の訳。拇指と食指とで強く摩擦し弾いて音をたてさせることで、敬虔の意、歓喜の意を表わす。　**《顒顒》**　仰ぎ尊ぶ意。瞻仰の意。〔後漢書、朱儁伝〕に「凡百君子、靡不顒顒」とある。

《玄悟》　奥深い悟り。

《楽説弁》　四無礙解、梵語 pratisaṃvid の中の一。菩薩と仏の理解能力と言語的表現能力を四種に分類した四無礙弁。意味を能詮する文字・文章に精通した智解弁才を法無礙、文字や文章が表わす意味内容に精通した智解弁才を義無礙、方言に精通した智解弁才を詞無礙、理にしたがって滞りなく説を述べる能力を弁無礙という。楽説弁とは、弁無礙の異称。相手の楽《ねが》い求める所に従い、自らも楽しんで説くから楽説と称する。

〔解説〕以上が天台十徳と呼ばれるものであって、大師の行跡の中の特筆すべき点を数え挙げたものであるが、詳細は天台大師別伝、および国清百録等に示されている。華厳経十地品に法師の十徳、また法華経に長者の十徳が述べられているが、灌頂がこれらに倣って作成したものであろうか、僧伝に当たるもので十徳を挙げられる最初のものであって、後世、日本において伝教大師の十徳、弘法大師の十徳等と称されるものも、皆これに見倣ったものである。

幸哉灌頂。昔於建業始聴経文。次在江陵奉蒙玄義。晩還台嶺仍値鶴林。荊揚往復途將萬里。前後補接纔聞一遍。

非但未聞不聞。亦乃聞者未了。卷舒鑚仰彌覺堅高。

猶恨縁淺不再不三。諮詢無地。如犢思乳。竝復惟念。斯言若墜將來可悲。涅槃明若樹若石。今經稱若田若里。聿遵聖典書而傳之。玄文各十卷。

或以經論誠言符此深妙。或標諸師異解驗彼非圓。後代行者。知甘露門之在茲。

幸なる哉、灌頂、昔し建業に於て始めて経文を聴き、次に江陵に在りて玄義を奉蒙す。晩に台嶺に還りて仍《な》お鶴林に値《あ》う。荊揚往復して途将《まさ》に万里ならんとす。前後補接して纔《わず》かに一遍を聞く。但だ未だ不聞を聞かざるのみに非ず、亦た乃ち聞く者も未だ了せず、巻舒鑽仰して弥《いよいよ》堅高を覚ゆ。猶お恨むらくは縁浅くして再ならず三ならず、諮詢するに地《ところ》無く、犢《こうし》の乳を思うが如し。並《ならび》に復《ま》た惟念す、斯の言若《も》し墜ちなば将来悲しむべし。涅槃には「若樹若石」と明かし、今経には「若田若里」と称す。聖典に聿《いつ》遵《じゅん》して書して之を伝う。玄と文と各十巻なり。

或は経論の誠言を以って此の深妙に符し、或は諸師の異解を標じて彼の非円を験ぶ。後代の行者、甘露門の茲《ここ》に在ることを知らん。

本当に幸いなることに、私、灌頂は年二十七歳の時、陳の禎明元年（五八七）、建業光宅寺において始めて大師が法華経の文々句々を講ずるのを拝聴し、次いで隋の開皇十三年（五九三）、江陵玉泉寺において法華玄義が講ぜられた時に、うやうやしく講受することが出来た。大師晩年に天台山に還られし時、さらにまた、釈尊の鶴林の事に比すべき遷化に遭遇した。このように大師に付き添って荊州と揚州の間、往復した途のりは、まさに一万里にも及ぶのであるが、前後を補い接しても、法華に関する講演はわずか一遍のみ聞くことが出来ただけである。

ただ次第禅門、摩訶止観、浄名疏の不説部分を聞くことが出来なかったというのみでなく、また、ここに聞くことが出来たものでさえ、いまだに理解することが出来ずにいるのであり、再治して書物となして讃仰しつつも、ますます大師の述べる義理が堅く、意趣高く、とうてい及びもつかぬことを覚えるのである。

その上、残念なことには、大師との縁が浅くて、再び三たびならず、不明の点を質問したいと思っても、すでにそのような機会がなく、あたかも子牛が乳を思うように、大師への思慕切なるものがあるのである。しかしまた、自ら惟《おも》い彼を念ずるに、この大師の言々をもし失うようなことがあるならば、将来、大いに悲しむことになると思われる。涅槃経に、雪山童子が半偈を聞いて石壁にこれを刻んで伝えたように、また、この法華経随喜品に、聞くところをおのおの理解した力にしたがって聚落田里において演説したといわれるように、このような聖典に語られたことに依従し、私もまた書物としてこれを後世に伝えたいと思い、法華玄義・法華文句各々十巻としたのである。

或いは、経論の誠言を用いて、この深妙の解釈を符合させ、或いは、諸師の異解を標じて、彼の解釈が円妙のものでないことを証拠だてたのである。後代の仏教を修行する者は、甘露の法門が玆《ここ》に在ることを知るであろう。

《江陵》 春秋時代の楚の都、現在の湖北省江陵県。《奉蒙》 蒙り受けること。《鶴林》 釈迦が入滅した時、その臥床の四辺にあった八本の沙羅樹のうち、四本が枯れたとされ、その枯れた沙羅樹の白色が、鶴の群のようであった様を鶴林という。この場合は、天台大師の入滅を喩う。《荆揚》 荆州と揚州。荆州とは、陳朝の頃は現在の湖北省公安県の東北で、江陵を指す。揚州とは、陳朝の頃は現在の南京、隋朝の頃は今の江蘇省江都県で建業を指す。《補接》おぎない合わせる。《巻舒》まくこと、のべること。才能をかくすことなく表わすこと。ここでは書物にすることをいう。《諮詢》問い謀る。意見をたずねる。〔蜀志、後主太子璿伝〕「諮二詢典礼一」《犢》牛の子。〔説文〕「犢、牛子也、从レ牛賣声」《涅槃》大般涅槃経巻十四、梵行品、「生滅滅已。寂滅為楽。……深思此義。然後処処若石若壁若樹若道書写此偈」（大一二・六九三a）による。《今経》妙法蓮華経巻六、随喜功徳品、「若城邑巷陌聚落田里。如其所聞。為父母宗親善友知識随力演説。」（大九・四六c）による。《聿遵》述べしたがう。〔後漢書、梁統伝〕「聿二遵前典一」《甘露門》梵語 amṛta の漢訳。甘く、飲用すると不老不死となる諸天神の飲料を甘露といい、最高の滋味に喩え、転じて涅槃を指し、また仏の教法は衆生の身心を養い涅槃に至らしめるものであるから、甘露の法、甘露の門と称す。

序　王

〔解説〕経典を講演する時は、初めにあらかじめ一経の旨趣を明瞭にし、説を起こす端初とするのである。この序王は、智顗の妙法蓮華経そのものに対する序であり、王とは、初め・起こすの意味に用いられている。

所言妙者。妙名不可思議也。

所言法者。十界十如權實之法也。蓮華者。譬權實法也。
良以妙法難解假喩易彰。況意乃多。畧擬前後合成六也。

言う所の妙とは、妙は不可思議を名づくるなり。
言う所の法とは、十界十如権実の法なり。蓮華とは権実の法を譬うるなり。
良《まこと》に妙法は解し難く、喩を仮《か》るに彰《あら》わし易きを以って、況の意乃ち多し。略して前後に擬して合して六を成ず。

経題・妙法蓮華経の妙とは、心をもって思い測ることの出来ない全く不可思議なるものであるということを示したものである。

この経で言うところの法とは、十界十如権実の法である。蓮華とは、この権実の法を譬えるものである。

全く、妙法というものは、解釈することが難しいのである。喩えを仮りて説明すると、幾分、顕彰し易いのであるが、その譬喩によって現し出される状況は、多くにのぼってしまうのである。今は総括して、前後（この経の本迹二門）になぞらえて、前三後三の合して六喩を挙げる。

《十界十如》　十界とは、地獄・餓鬼・畜生・修羅・人・天・声聞・縁覚・菩薩・仏界をいう。十如とは、諸法の相・性・体・力・作・因・縁・果・報・本末究竟等をいう。《権実》　実とは真実の法で蓮に譬えられ、権とは方便の法で華に譬えられる。詳しくは後に述べる。《前後》　天台においては、法華経は釈尊一代五十年にわたる教化指導の終極であって、如来出世の本懐の説法を展開するものであると見るのである。この法華経二十八品を区分して、方便品を中心とする前半の十四品を、主として諸法実相を理論的方向より説く法門であるとして迹門と名づけ、如来寿量品を中心とした後半十四品を、その諸法実相の実成されたさまを説く法門であるとして本門とする。これらの区分の内容詳細は法華文句に詳しく述べられている。今、本文の「前後に擬して合して六を成ず」というのは、蓮華によって譬えられる妙法の示し方に、迹門に三種、本門に三種ある、というのである。簡単に図で示すと次のようになる。

迹門		本門
為実施権	為蓮故華	従本垂迹
開権顕実	華開蓮現	開迹顕本
廃権立実	華落蓮成	廃迹立本

一為蓮故華。譬爲實施權。文云。知第一寂滅以方便力故。雖示種種道。其實爲佛乘。

二華敷譬開權。蓮現譬顯實。文云。開方便門示眞實相。

三華落譬廢權。蓮成譬立實。文云。正直捨方便但説無上道。

一に蓮の為の故の華は、為実施権を譬う。文に云わく、「第一寂滅を知り方便力を以ての故に、種種の道を示すと雖も、其の実は仏乗の為なり」と。

二に華《け》敷くは開権を譬え、蓮《れん》現ずるは顕実を譬う。文に云わく、「方便の門を開いて真実の相を示す」と。

三に華落つるは廃権を譬え、蓮成るは立実を譬う。文に云わく、「正直に方便を捨て但《た》だ無上道を説く」と。

迹門における妙法を蓮華に譬えるうちの第一は、為蓮故華である。これは、蓮があっての故に華がある、ということであって、実を現わさんがために権方便が施設されるということである。すなわち、法華以前において、衆生の能力の利鈍、及び種々なる状況を判断して、種々な因縁・譬喩また言辞を用いて、そのよろしきに随って方便して説き来たった、いわゆる三乗の教えというものは、実は法華経において、一仏乗の真実を顕わさんがためのものであることを譬えたものである。これは第一の寂滅、すなわち生滅変化を超えた寂静の境地のうち最もすぐれた諸法の実相を知って、智慧方便の力をもって種々な道を示すのであるが、それも実は、仏の最高の乗りものであるところの境地を明らかにするために他ならないのである、と法華経(方便品)に説かれるごとく、法華迹門の説法によって初めて了解されることである。

その第二は、華開(敷)蓮現であって、華が開き敷くことによって、蓮が現われるということで、華が敷くことを権を開くことに譬え、蓮が現れるということを、実が顕現することに譬えるのである。法華経・法師品に、方便の門を開いて真実の相を示す、と説かれるように、開権顕実とは、方便諸教三乗の権とは何のためのものであるかということを開発して、法華一仏乗の実義を顕わし示すことである。

三に華落蓮成、華が落ちて蓮が成ずるということであり、華落を権を廃すことに、蓮成を実を立てることに譬えるのである。方便品に、正直に方便を捨ててただ無上の道を説く、と説かれるが、捨てるとは廃することであって、方便はすなわち真実を顕わすためのものであると開きおわってしまえば、権方便は転じてすべて一乗の実となるのであることを示すためのものである。

《文云。知第一寂滅……》　妙法蓮華経巻第一、方便品「知第一寂滅。以方便力故。雖示種種道。其実為仏乗」（大正九・九・b）の文。　《文云。開方便門》　妙法蓮華経巻四、法師品「開方便門。示真実相」（大正九・三一・c）の文。　《文云。正直……》　妙法蓮華経巻一、方便品「正直捨方便。但説無上道」（大正九・一〇・a）の文。　《無上道》　最上無比の大道・仏道、最勝の教え。


又蓮譬於本。華譬於迹。從本垂迹。迹依於本。

文云。我實成佛來久遠若斯。但教化衆生作如是說。我少出家得三菩提。

二華敷譬開迹。蓮現譬顯本。文云。一切世間皆謂今始得道。我成佛來無量無邊那由他劫。

三華落譬廢迹。蓮成譬立本。文云。諸佛如來法皆如是。爲度衆生。皆實不虛。是以先標妙法。次喩蓮華。


又た蓮は本を譬え、華は迹を譬う。本より迹を垂る、迹は本に依る。

文に云わく、「我れ実に成仏してより来《このか》た、久遠なること斯の若《ごと》し」と。「但だ衆生を教化するに是の如きの説を作《な》す。我れ少《わか》くして出家して三菩提を得」と。

二に華《け》敷くは迹を開するを譬え、蓮《れん》現ずるは本を顕わすことを譬う。文に云わく、「一切世間皆な謂う。今始めて道を得」と。「我れ成仏してより来《このか》た無量無辺那由他劫なり」と。

三に華落つるは迹を廃するを譬え、蓮成るは本を立つるを譬う。文に云わく、「諸仏如来の法、皆な是の如し」

と。「衆生を度せんが為なり、皆な実にして虚《むな》しからず」と。是を以って先に妙法を標じ、次に蓮華に喩う。

また、本門の三喩の第一は、蓮は本に譬え、華は迹に譬えるのであって、これは本があるから迹が生じてくる、という見解に依るのである。寿量品に、私が成仏してから実に幾千万劫（非常に長い時間）の久遠の寿量を積《かさ》ねて来たことは、このようなものであって、ただ種々なる人々を教化し、人々を成熟させ、かれらに教えを悟らせようとするために、我は年若くして出家し、三藐三菩提（Samyak-saṃbuddha）というこの上なく完全なさとりをさとった、というごとき説を作《な》すのであると説かれるように、久遠の昔に実成している本仏を知らさんがために、その媒介者として、一期八十年の釈迦仏をもって、八相成道の化を現じさせることである。このことは本門の上からでないと知りえないところである。

二には、華敷くことを迹を開くことに、蓮現ずることを本が顕われることに譬える。寿量品に、一切世間の人々は皆、今の我が釈迦仏を見て、菩提樹下において始めて成道したものと謂うのであるが、実はこの我は、成仏してからすでに無量無辺の那由他《なゆた》（千億ともいう非常に長い時間の単位）の劫を経ているのである、と説かれるように、現実に目のあたりにしている釈迦仏は、久遠実成の仏であることを示すための譬えである。

三に、華が落ちることを迹を廃することに譬え、蓮が成ずることを本が立つことに譬えるのであるが、寿量品に、諸仏如来の法というものは皆このようなものであって、すべては人々を教化し度脱せしめんがためのものであって、権方便と見えるものも皆、実なのであって、虚妄、虚仮なるものはなにもないのである、と説かれるようなものである。迹を廃するといっても、釈迦仏が虚であり、権であるというのではなく、釈迦仏がそのまま久遠実成の本仏であり、本仏がそのまま釈迦仏となっているのである。およそ以上のように、妙法を標示し、次にそれを蓮華に喩えることを示したのである。

《文云。我実……》　妙法蓮華経巻六、寿量品「為是人説我少出家得阿耨多羅三藐三菩提。然我実成仏已来。久遠若斯。但以方便教化衆生令入仏道。」の文を二に分けた。《三菩提》　梵語 anuttarā-samyaksaṃbodhi の音写、阿耨多羅三藐三菩提の略。仏の悟りの智慧をいう。《文云。一切世間……》　妙法蓮華経巻六、寿量品「汝等諦聴。如来秘密神通之力。一切世間天人及阿修羅。皆謂今釈迦牟尼仏出釈氏宮。去伽耶城不遠坐於道場。得阿耨多羅三藐三菩提。然善男子。我実成仏已来。無量無辺百千万億那由他劫。」(大九・四二b) による。《文云。諸仏如来……》　妙法蓮華経巻六、寿量品「諸仏如来法皆如是。為度衆生皆実不虚。」(大九・四三a) の文。

蕩化城之執敎。廢草菴之滯情。開方便之權門。示眞實之妙理。會衆善之小行。歸廣大之一乘。上中下根皆與記莂。

又發衆聖之權巧。顯本地之幽微。故增道損生位鄰大覺。一期化導事理俱圓。蓮華之譬意在斯矣。

化城の執教を蕩《とろか》して、草菴の滞情を廃し、方便の権門を開して真実の妙理を示す。衆善の小行を会して広大の一乗に帰し、上中下根に皆な記莂《きべつ》を与う。

又た衆聖の権巧を発して、本地の幽微を顕わす。故に増道損生して位、大覚に鄰《とな》る。一期の化導、事理倶に円《まど》かなり。蓮華の譬、意《こころ》斯に在り。

迹門においては、灰燼滅智を究竟の境地であるとする一時期において、仮りに設けられた城に安着する執われた教えを洗い除き（化城喩品の説）、小果を極とするような草庵に止宿しとどまろうとする情を廃捨し（譬喩品の説）、そのよろしきに随って適宜な利益を説く方便の権門を開いて、一切の至極に会する権実不二の妙理を示し（方便品の説）て、それによって、人々のたとえ小さな行ないですら、広大無辺の一仏乗に帰結するのである。そして、上根の者、中根の者、下根の者すべての者に記莂《きべつ》を授けられるのである。

また本門においては、仏や多くの弟子達の関り合いは、伽耶始成からのものであるという迹を開いて、本地は久遠実成の仏であり、古仏であり、菩薩達であるとの幽玄微妙なるさまを顕わすのであって、その故に、人々は仏道に邁進する智慧を増進し、生死の境を越えて実相の妙理を体解して、その位は仏の位である大覚に隣りするのである。釈尊一期八十年における、人々を教化し終極にまで導くそのありさまは、久遠実成であることを示すことによって、すべての人々もその極に会することを示し、その説かれたところの内容がすべて、一仏乗の理に納まるのであって、事象の上からも義理の上からもすべて円満である。蓮華の譬えの意味合いも全くここにあるのである。

《**記莂**》　梵語 vyākarana の訳。授記・受決・記説ともいう。元来は、ある教説を分析、解説する意であったが、未来世の果報等に関する予言・証言の意に転じ、一般に仏が衆生の将来成仏を証す予言を意味する。『法華経』には、譬喩品の舎利弗受記、授記品には、迦葉・須菩提・大迦栴延・大目犍連授記、五百弟子授記品に富楼那弥多羅尼子及び五百人受記、授学無学人記品に阿難・羅睺羅・学無学二千人受記、提婆品に提婆達多受記、勧持品に憍曇弥及び六千の比丘尼・耶輸陀羅受記がある。特に他の経典との違いは、声聞授記を主張する点にある。**《増道損生》** 本門の利益であり、円教の初住の位から妙覚仏果に至るまで、中道の智慧を増進して、その智によって無明を断じられ変易生死がなくなるを損生となづける。法華文句十上、「今本門増道損生皆約円位」（大三四・一三六c） **《大覚》** 仏の覚悟。仏は実相を覚悟し源底を尽すと共に自覚覚他円満する。 **《一期化導》** 仏一代の教化。 **《事理》** 事とは差別的な現象、理とは真理、平等的な本体。


經者。外國稱修多羅。聖敎之都名。有翻無翻。事如後釋。

記者釋曰。蓋序王者叙經玄意。玄意述於文心。文心莫過迹本。仰觀斯旨。衆義冷然。

妙法蓮華卽敍名也。示眞實之妙理敍體也。歸廣大之一乘敍宗也。蕩化城之執敎敍用也。一期化圓敍敎也。六譬敍迹本也。文略意周矣。


経とは、外国に修多羅と称す、聖教の都名なり。有翻無翻、事《こと》後に釈するが如し。

記者釈して曰く、蓋し序王とは経の玄意を叙す。玄意は文心を述す、文心は迹本に過ぎたるは莫《な》し。仰いで斯の旨を観るに、衆義冷然たり。

妙法蓮華は即ち名を叙するなり、真実の妙理を示すは体を叙するなり、広大の一乗に帰するは宗を叙するなり、化城の執教を蕩《とろか》すは用を叙するなり、一期の化円《まど》かなるは教を叙するなり、六譬は迹本を叙するなり。文略に意周《あまね》し。

妙法蓮華経の経というのは、外国では修多羅（sūtra）というのであって、仏教の経典の総名である。この修多羅に関する翻訳の仕方等に関しては、後の釈（巻第八、大正四六・七七五～）を参照されたい。記録する者（章安）は解釈して次のように述べる。思うに序王というのは、一経の奥深い意味合いを述べるものである。その奥深い意味合いは経文の真の心を叙述するのであり、それは迹と本との持つ真実の姿を明瞭に示すこと以上のものはない。この旨趣をよく観察するならば、紛々たる諸種の義理は冷然と静まりかえるのである。

妙法蓮華の四文字は経典の名称を叙述している。真実の微妙なる真理を示すことは、この経の本体を叙しているのであり、すべてが広大無辺の一乗に帰結するということは経の宗要を叙し、化城に執着する教えを蕩化するということは経の力用を叙し、釈尊一代の教化の円成するさまはこの経の教相を叙するのであり、六譬は迹と本とを明らかにするのである。文章は簡略であるけれども、その意味するところは周到なものなのである。

〔解説〕これは、記者、すなわち章安灌頂の大師の序王に対する解釈である。文意は明瞭であって、解説の必要もないのであるが、大師の序王にはすでに、名・体・宗・用・教の五重玄義が用いられていることを示している。この五重玄義については後に詳説する。

私序王

〔解説〕序王は、大師の証得の法がそのまま示された、いわば自内証のものが化他を意識せずに述べられた序文であるといわれる。それに対し、この私序王は、筆録者章安が大師の真意を推し量り、広く人々に示そうとする立場に立って述べられた序文であるといわれている。

夫理絶偏圓。寄圓珠而談理。極非遠近。托寶所而論極。極會圓冥。事理倶寂。而不寂者。良由耽無明酒。雖繫珠而不覺。迷涅槃道。路弗遠而言長。聖主世尊愍斯倒惑。四華六動開方便之門。三變千踊表眞實之地。咸令一切普得見聞。

夫れ理は偏円を絶すれども、円珠に寄せて而も理を談ず。極は遠近に非ざれども、宝所に托して而も極を論ず。極会し円冥すれば、事理倶に寂す。而して寂ならざるは、良《まこと》に無明の酒に耽りて、珠を繫《か》くと雖も而も覚らざるに由る。涅槃の道に迷いて、路遠から弗《ざ》れども而も長しと言う。聖主世尊、斯の倒惑を愍《あわれ》み、四華六動して方便の門を開き、三変千踊《よう》して真実の地を表わす。咸《ことごと》く一切をして、普く見聞を得せ令《し》む。

まことに真実の理というものは、偏とか円とかの分別さえ超絶しているのであるが、一応、円やかなる宝珠にこと寄せて、その真実の理を語り述べるのであり、至極というものは遠とか近とかいう距離によって示されるものではないのであるが、一応、宝所に仮托してその至極を論ずるのである。そのようにして、極まって会《かな》い、円かに冥合することが出来るならば、化道の始終という事も、権実の理も、倶に寂然となるのである。

しかも幽寂にならない者は、本当に無明という酒に酔い痴れて衣裏に宝珠が繋がれているにかかわらず、気が付かないということに由るのである。生死の外に涅槃への道程を求めて踏み迷い、手のとどかぬほど遠くにある訳でないのに、その道程は長くはてない、と言うのである。

聖主世尊は、人々の斯《こ》のような誤った惑いを愍《あわれ》んで、四種の華を雨降らし、天地を六種に震動させて、方便の門を開示し、三度にわたり穢土を浄土に変じ、地中より千の菩薩を踊り出させて、真実の本地を表し示して、咸《ことごと》く一切の姿を人々に普《あまね》く見聞させるのである。

《無明》 梵語 avidyā の訳。真理にくらくて、事象、道理をはっきりと理解できない状態の心。**《涅槃》** 梵語 nirvāna の訳。悟りの智慧、菩提を完成した境地。**《雖繫珠而不覚》** 法華経巻四、五百弟子受記品、衣裏繋珠の喩、「世尊。我等常作是念。自謂已得究竟滅度。今乃知之。如無智者。所以者何。我等応得如来智慧。而便自以小智為足。世尊。譬如有人至親友家酔酒而臥。是時親友官事当行。以無価宝珠繋其衣裏。与之而去。其人酔臥都不覚知。起已遊行到於他国。為衣食故。勤力求索甚大艱難。若少有所得便以為足。於後親友会遇見之。而作是言。咄哉丈夫。何為衣食乃至如是。我昔欲令汝得安楽五欲自恣。於某年日

月。以無価宝珠繋汝衣裏。今故現在。而汝不知。勤苦憂悩以求自活。甚為癡也。汝今可以此宝貿易所須。常可如意無所乏短。」（大正九・二九a）の取意の文。

《四華六動》　法華経を説く時に示す六種の瑞相。説法瑞・入定瑞・雨華瑞・地動瑞・衆喜瑞・放光瑞の内、雨華瑞・地動瑞は、「是時天雨曼陀羅華。摩訶曼陀羅華。曼殊沙華。摩訶曼殊沙華。而散仏上及諸大衆。普仏世界六種震動。」（大正九・二b）とある文による。**《三変千踊》**　千踊の踊は涌の誤りか。三変とは、法華経・見宝塔品に、多宝塔を供養させるため十方分身の諸仏を集めようとして、娑婆世界・八方の二百那由他国を三たび変じて清浄の国土としたこと、三変土田をいう。（大正九・三三a〜b）千踊とは、法華経・従地涌出品に、法華経を説く菩薩が無量千萬ずつ涌き出でることをいう。（大正九・三九c〜四〇b）

發祕密之奥藏。稱之爲妙。示權實之正軌。故號爲法。指久遠之本果。喩之以蓮。會不二之圓道。譬之以華。聲爲佛事。稱之爲經。圓詮之初。目之爲序。序類相從。稱之爲品。衆次之首。名爲第一。

釋曰。談記是敍名。會冥是敍體。圓珠是敍宗。俱寂是敍用。四華六動是敍敎。本迹可知。

秘密の奥蔵を発《ひら》く、之を称して妙と為す。権実の正軌を示す、故に号して法と為す。久遠の本果を指す、之を喩うるに蓮を以ってし、不二の円道に会す、之を譬うるに華を以ってす。声、仏事を為す、之を称して経と為す。円詮の初、之を目《なつ》けて序と為す。序類相い従う、之を称して品と為す。衆次の首《はじ》めなれば、名づけて第一と為す。

釈して曰わく、談記は是れ名を叙す、会冥は是れ体を叙す、円珠は是れ宗を叙す、俱寂は是れ用を叙す、四華六動は是れ教を叙す。本迹知んぬべし。

今まで人に知らせずにおいた秘密の奥蔵を明らかにするということから、これを称して妙とするのであり、権も実も平等であるという正しい有り方を示すから、名づけて法とするのであり、仏は久遠の昔にすでに成仏しているという本果を指し、これを蓮によって喩えるのであり、その本果の仏も、眼前の釈尊も二なく同一であるという円かな道程に会《かな》うこと、これを華をもって譬えるのである。声をもって衆生教化をするということ、これを総称して経とするのであり、円かに事理を説き明すことの初め、これを名づけて序とするのであり、序の類が次々に続くこと、これを品と称するのである。諸品の次第の首《はじめ》を名づけて第一とするのである。

解釈して曰うに、談記（宝所に託して円極を譚ずる）というのは、名を申し述べているのであり、会冥（極会円冥）とは、これは体を申し述べているのであり、偏円を絶しているところの円珠とは、これは宗を述べているのであり、倶寂（事理倶に寂なり）とは、これは用を申し述べているのであり、四華六動は、これは教を申し述べているのである。本迹については読者、自《おの》ずと知るべきである。

《**正軌**》 正しいみち。すじみち。軌範。《**相従**》 一諸について行く。《**談記**》 前述の文中に、「談理……託宝所」の文をいう。釈籤には、譚記といい、譚託の誤りであろうという。《**会冥**》 同じく「極会円冥事理倶寂」という文による。

譚玄本序

〔解説〕『法華玄義』は、序王・私序王・譚玄本序の三種の序文をもっている。この譚玄本序は、智顗が自ら『法華玄義』に対して叙したところの序文であり、序王が経序であるに対し、これは論序ともいう性格を持ち、章安の私序に対して本序というのである。

此妙法蓮華經者。本地甚深之奥藏也。文云。是法不可示。世間相常住。三世如來之所證得也。文云。是第一寂滅於道場知已。大事因緣出現於世。始見我身令入佛慧。爲未入者四十餘年。以異方便助顯第一義。今正直捨方便但說無上道。

此の妙法蓮華経は、本地甚深の奥蔵なり。文に云わく、「是の法示す可からず」「世間の相常住なり」「三世の如来の證得する所なり」と。文に云わく、「是れ第一寂滅、道場に於て知り已る」「大事の因縁をもって世に出現す、始めて我身を見て仏慧に入らしむ、未だ入らざる者の為に四十余年、異の方便を以って第一義を助顕す」「今は正直に方便を捨て但だ無上道を説く」と。

この妙法蓮華経は、久遠の昔に成仏した仏の所有している奥深い教えである。法華経の文には「是の妙法は説き示すことは出来ない」とか、「この世は変化することなく常住である」とか、「過去・現在・未来の如来によって獲得されている所の法である」という。また同じく法華経の文には、「この法は諸法の実相という最大の寂滅の境界であり、仏は既にこれを知り已っている」という。

また「仏はすべての人達を成仏させるという大変な因縁をもって、この世間に出現したのであって、私の現身を見て始めて仏の智慧に入って来るようにさせ、またそれでも入って来られない者には、四十年余りに亘る種々の化導の方法によって、最大の目標を少しずつ示して来た」のであって、「今、すなおに直ちに方便を捨て去って、ただただ最高無上の仏道を説き示す時が来た」とも述べられている。

《文云。是法……》「是法不可示」とは、法華経巻一、方便品、「如是大果報。種種性相義。我及十方仏。乃能知是事。是法不可示。言辞相寂滅。」（大正九・五c）の文。「世間相常住」とは、同じく方便品、「是法住法位。世間相常住。於道場知已。導師方便説。」（大正九・九b）の文。**《文云。是第一……》**「是第一寂滅於道場知已。」とは、方便品、「是法住法位。世間相常住。於道場知已。導師方便説。……知第一寂滅。以方便力故。雖示種種道。其実為仏乗。」（大正九・九b）の文。**《大事因縁出現於世》**法華経巻一、方便品、「諸仏世尊。唯以一大事因縁故出現於世。」（大正九・七a）の文。**《始見我身令入仏慧》**法華経巻五、従地涌出品、「始見我身聞我所説。即皆信受入如来慧。除先修習学小乗者。如是之人。我今亦令得聞是経入於仏慧。」（大正九・四〇b）の文。**《以異方便助顕第一義》**法華経巻一、方便品、「又諸大聖主。知一切世間。天人群生類。深心之所欲。更以異方便。助顕第一義。」（大正九・八c）の文。**《今正直捨方便但説無上道》**

法華経巻一、方便品、「舍利弗当知。鈍根小智人。著相憍慢者。不能信是法。今我喜無畏。於諸菩薩中。正直捨方便。但説無上道。」(大正九・一〇a）の文。

所言妙者褒美不可思議之法也。又妙者十法界十妙*之法。此法卽妙。此妙卽法。無二無別。故言妙也。又妙者自行權實之法妙也。故擧蓮華而況之也。又妙者卽迹而本。卽本而迹。卽非本非迹。或爲開廢云云。又妙者最勝修多羅甘露之門。故言妙也。

*大正藏経は、如。

言う所の妙とは、不可思議の法を褒美するなり。又た妙とは、十法界十妙の法なり。此の法即ち妙、此の妙即ち法、二無く別無し、故に妙と言うなり。又た妙とは、自行権実の法妙なり、故に蓮華を挙げて之を況するなり。又た妙とは迹に即して而も本、本に即して而も迹、即ち本に非ず迹に非ず、或は開廃を為す云云。又た妙とは最勝修多羅甘露の門なり、故に妙と言うなり。

妙法蓮華経に示される妙というものは、不可思議の法をほめたたえるものである。また妙とは、十法界十如の法をいうのであり、この法がそのまま妙ということであり、この妙ということそのことがそのまま法なのであり、差別ないのである。それを妙というのである。また妙とは、仏自行の権実の妙法をいうのであり、それ故に蓮華を以って喩えとして妙法を述べ明かすのである。

また妙とは、迹に即して本であり、本に即して迹であるのであって、本と迹とが相対的な在り方の中にあるのではないのであって、あるいは、方便の諸教を開いて法華一実を顕わし（開迹顕本）、方便を廃して一実に転ずる（廃迹立本）というような開廃によって表わされる。また妙とは、最上の法の甘露の涅槃に入る如来の教法であるが故に、妙といわれるのである。

釋曰。妙無別體。體上褒美者敍妙名也。妙即法界法界即妙者敍體也。自行權實者敍宗也。本迹六喩者敍用也。甘露門者敍教也。

釈して曰わく、妙は別の体無し。体上の褒美とは、妙の名を叙するなり。妙即ち法界、法界即ち妙とは、体を叙するなり。自行の権実とは、宗を叙するなり。本迹の六喩とは、用を叙するなり。甘露門とは、教を叙するなり。

解釈して曰うに、妙ということに各別の本体があるのではなく、体をほめたたえることそのことが妙の名を叙《の》べることである。妙は即ち法界そのものであり、法界が即ち妙そのものであるとすることが、体を叙べることになり、仏の自行の権実を叙べることが、宗要を叙べることになり、蓮華、本迹の六喩によって、妙の力用を叙べることになり、涅槃に入る甘露の法門をもって、妙であるところの教を叙べることになるのである。

《最勝修多羅》　最も勝れた教。最も勝れた経。

〔妙法蓮華経玄義巻第一上〕

天台智者大師説

第一章　五重玄義

〔解説〕五重玄義は、通と別の二方面、すなわち、七番共解と五重各説の二大別によって構成されている。七番共解というのは、七項目の解釈によって五重玄義全体を明らかにしようとするものであり、五重各説というのは、名・体・宗・用・教の各々に七項目を立てて解釈するものである。利根鈍根の人のために広略二門を用意するといっても、方便品で略開三顕一を説き、寿量品で広開三顕一を説く、という場合の広略の意味を持ち、略釈はすなわち広釈、広釈はすなわち略釈と見られるべきものである。

一　名を列ねる

釋名第一　辨體第二　明宗第三　論用第四　判敎第五

二　五重玄義の通・別を判ずる

釋此五章有通有別。

通是同義。別是異義。如此五章徧解衆經。故言同也。釋名名異。乃至判敎敎異。故言別也。例衆經之初皆安五事則同義也。如是詮異。我聞人異。一時感應異。佛住處所異。若干人聴衆異則別義也。

又通者共義。別者各義。如此通別專在一部。通則七番共解。別則五重各說。例如利鈍須廣略二門也。衆教通別今所不論。一經通別今當辨。


此の五章を釈するに、通《つう》有り、別《べつ》有り。

通は是れ同《どう》の義、別は是れ異《い》の義なり。此《かく》の如き五章は偏《あまね》く衆経を解《げ》す。故に同と言う。名を釈するに名異なり、乃至《ないし》、教《きょう》を判ずるに教異なる、故に別と言うなり。衆経の初めに例するに、皆五事《ごじ》を安んずるは、則ち同の義なり。如是《にょぜ》は詮《せん》異なり、我聞《がもん》は人《にん》異なり、一時は感応異なり、仏住は処所異なり、若干人《にゃくかんにん》は聴衆異なるは、則ち別の義なり。

又、通とは共《ぐう》の義、別とは各《かく》の義なり。此の通別の如きは専《もっぱ》ら一部に在り。通は則ち七番に共解《ぐうげ》し、別とは則ち五重に各説す。例せば、利鈍に広略の二門を須《もち》うるが如し。衆経の通別は今論ぜざる所、一経の通別を今当《まさ》に弁ずべし。


この五章を解釈するに当り、通の解釈と別の解釈がある。

通という、これは同等の意味で、別という、これは各異の意味である。このように五章を以って偏《あま》ねく衆経を解釈することが出来るので同等というのであり、名称を解釈するに当り、その名称が各々異なっており、ないし、教相を判釈するに当り、その教相が各々異なっている故に、各別というのである。

例えば衆経の冒頭の経文を例にとってみると、みな如是、我聞、一時、仏住、若干人という五事が置かれているということは、則ち同等という意味をもっており、如是といってもその詮義が異なり、我聞は人が異なり、一時は感応が異なり、仏住は処所が異なり、若干人は聴衆が異なるというようなこと、これは各別という意味なのである。

また通というのは共の意味であり、別というのは各の意味である。このように、通と別といっても同様に一部の義理を明らかにするためのものであって、通とはすなわち、経典を七番に五章を共通して解釈することであり、別とはすなわち五章各説である。例えば、利根・鈍根の人達の為に広説略説の二門を用意するようなものである。

衆経の通別に関しては、今ここでは論議の対象としない所であって、まさに今ここではこの法華経一経の通別に関して、説き正してみたい。

《如是我聞》　かくの如く我によって聞かれたり、の義。また我聞如是。聞如是。経の頭首にある語。釈尊入滅の時、阿難に対して一代経蔵には過去諸仏の経にならい、経初にこの語を置き、外道の聖典と区別せしめよ、と告げしに依るという。如是は、所聞の法に信順する意。我聞は、能持の人を指す。故に、人にその経説を信頼せしむる語。信・聞二成就にあたり、また證信序ともいう。**《五事》**　信・聞・時・主・処の五成就。経典のはじめにあって、その経の説かれた時や場所や聴衆などを記した部分。通序を細分して普通、信（如是）・聞（我聞）・時（一時）・主（仏）・処（在……）・衆（与大比丘衆……）の六成就に分けるが、主・処を一つにした五成就、聞成就の我・聞を二つにした七成就があり、これらの項目が具わって経が説き起されるのである。法華文句には通序を解釈し、「通序為五或六或七云云。如是者。挙所聞之法体。我聞者。能持之人也。一時者。聞持和合非異時也。仏者。時従仏聞也、王城耆山聞持之所也。与大比丘者。是聞持之伴也。」

と、五成就により解釈し、また、維摩経疏一には、「旧多五義。合依六義」と、六成就により解釈され、智顗においては一定していない。また六成就については、大智度論（大二五・六二c）以下に詳しい。《感応》　衆生が仏心を感じ、仏が衆生に応ずること。

第二章　七番共解（通釈）

一　名を列ねる（七番共解）

就通作七番共解。一標章。二引證。三生起。四開合。五料簡。六觀心。七會異。

通に就いて七番共解《ぐうげ》を作《な》す。一に標章、二に引證、三に生起、四に開合、五に料簡、六に観心、七に会異《えい》なり。

二　略して解釈する（略釈）

標章令易憶持起念心故。引證據佛語起信心故。生起使不雜亂起定心故。開合料簡會異等起慧心故。觀心卽聞卽行。起精進心故。五心立成五根。排五障成五力。乃至入三脫門。略說七重共意如此。廣解五章者。一一廣起五心五根令開示悟入佛之知見耳。

標章は憶持し易からしめ、念心を起すが故なり。引證は仏語に拠《よ》って、信心を起すが故なり。生起は雑乱《ぞうらん》せざらしめ、定心《じょうしん》を起すが故なり。開合、料簡、会異等は、慧心を起すが故なり。観心は即ち聞き即ち行ず、精進心を起すが故なり。

五心立ちて五根を成じ、五障を排して五力《りき》を成じ、乃至、三脱門に入る。略して七重の共意《ぐうい》を説くこと此《かく》の如し。広く五章を解《げ》する者は、一一に広く五心、五根を起し、仏の知見に開示悟入せしむるのみ。

通の解釈においては、七番共解を作《な》して解釈する。一に標章、二に引證、三に生起、四に開合、五に料簡、六に観心、七に会異《えい》である。

標章とは、異なる名相を挙げて憶持し易からしめ、念心を起こそうとするためであり、引證は仏語を証拠として挙げて信心を起こし、生起は前後次第が一貫し雑乱していないことを示すことにより定心を起こし、開合と料簡と会異の三解は慧心を起こし、観心は聞きてすぐ行なうということにより、精進心を起こさせるからである。

この念心・信心・定心・慧心・精進心の五心は五根となり、欺と怠と瞋と恨と怨の五障を排除して五力となり、三十七道品を成じて空・無相・無作の三解脱門に入ることが出来るのである。

七番共解の意味を簡略に説くと、以上のようになる。広く五重玄義を理解するならば、その一々に皆七番共解があって五心・五根を起こし、仏の知見に開示し悟入するのである。

《**五根**》 三十七道品（四念処・四正勤・四如意足・五根・五力・七覚支・八正道）の中の一。信根・精進根・念根・定根・慧根の五根である。これらは、煩悩をおさえ正しいさとりの道へ進ませて、一切の善法を生ずる根本となるから、根といわれる。（法界次第中之下、大正四六・六八二、大智度論二五・一九八b〜c） 《**五障**》

五力の障礙となる欺・怠・瞋・恨・怨の五をいう。この五障の名称は法華経信解品「汝常作時、無有欺怠瞋恨怨言」（大正九・一七a）によるが、法界次第中之下に五力を説く中の五障は、邪信・懈怠・邪念・乱想・見思の惑（大正四六・六八二b）とある。**《五力》**　三十七道品の中の一。信力・精進力・念力・定力・慧力の五力。これらは五根を増長して五障の煩悩を退ける力であり、出世の善法となる。（大智度論二五・一九八b～c、法界次第中之下、大正四六・六八二a～b）

《三十七道品》　道品とは、梵語 bodhi-pākṣika の訳。菩提分、覚分と訳す。悟りを得、智慧を得るための実践修行法に三十七項目あるため、三十七道品、三十七菩提分法、三十七覚支、三十七覚分という。その細目は下表のようである。（天台四教儀による）

《三脱門》　三解脱門のこと。涅槃に入る門戸となる三種類の禅定。空解脱門、無相解脱門、無作解脱門。空解脱門とは、諸法は因縁和合して生ずるのであって、本来、人我無く空であると観ること。無相解脱門とは、我・我所の差別なく空であると観じ、差別の相を離れること。無作解脱門とは、三界にて願求のおもいを捨て、三界に生死の業を作らないことをいう。（大智度論二五・二〇六a、法界次第中之下、大正四六・六八三a～b）

三十七道品

- 一　四念処
  - 一　観身不浄
  - 二　観受是苦
  - 三　観心無常
  - 四　観法無我
- 二　四正勤
  - 一　未生悪令不生
  - 二　已生悪令滅
  - 三　未生善令生
  - 四　已生善令増長
- 三　四如意足
  - 一　欲
  - 二　念
  - 三　進
  - 四　慧
- 四　五根
  - 一　信
  - 二　進
  - 三　念
  - 四　定
  - 五　慧
- 五　五力
  - 一　信
  - 二　進
  - 三　念
  - 四　定
  - 五　慧
- 六　七覚支
  - 一　念
  - 二　択
  - 三　進
  - 四　喜
  - 五　軽安
  - 六　定
  - 七　捨
- 七　八正道
  - 一　正見
  - 二　正思惟
  - 三　正語
  - 四　正業
  - 五　正精進
  - 六　正定
  - 七　正念
  - 八　正命

《開示悟入》　法華経方便品に仏出世の本懐を表わすに、衆生を仏智見に悟入さすために出現したことをいう文である。すなわち、すべての方便が法華一乗の理の一に帰すことを表わす。方便品に「云何名諸仏世尊唯以一大事因縁故出現於世。諸仏世尊。欲令衆生開仏知見使得清浄故出現於世。欲示衆生仏知見故出現於世。欲令衆生悟仏知見故出現於世。欲令衆生入仏知見道故出現於世。舎利弗。是為諸仏以一大事因縁故出現於世。仏告舎利弗。諸仏如来。但教化菩薩。諸有所作常為一事。唯以仏之知見示悟衆生。舎利弗。如来但以一仏乗故為衆生説法。無有余乗若二若三。」（大正九・七a〜b）とあるによる。

第一節　標　章（五章を標す）

〔一〕標　名（名を標す）

初標五章云云。標名爲四。一立。二分別。三結。四譬。

（一）立　名（名を立てる）

立名者。原聖建名。蓋爲開深以進始。咸令視聽俱得見聞。尋途趣遠而至於極。故以名名法施設衆生。

初めに五章を標す云云。名を標するに四と為す。一に立《りゅう》。二に分別、三に結《けつ》、四に譬《たとえ》なり。

立名とは、原《もと》、聖《しょう》の名を建つるところなり。蓋《けだ》し深《じん》を開して以て始《し》を進め、咸《ことごと》く視聴して倶に見聞することを得、途《みち》を尋ねて遠きに趣き、而して極《ごく》に至らしめんが為なり。故に名を以て法に名づけ、衆生に施設《せせつ》す。

初めに五章を考章する。名を標章するのに四章とする。一に立名、二に分別、三に結、四に譬である。

立名というのは、大聖が名を建てるという根源を推量するに深理を開いて始行の者を前進させ、ことごとく視聴し、皆倶《とも》に見聞することが出来、名称や言説の義理を尋ねて遠くに趣きて一極に至らしめようとするためのものである。であるから、名称をもちいて無名の法に名を与えて、衆生に施設するのである。

（二） 分 別（妙法を分別する）

（a） 麁妙に約して

分別者。但法有麤妙。若隔歴三諦麤法也。圓融三諦妙法也。此妙諦本有。文云。是法住法位。世間相常住。唯我知是相。十方佛亦然。尙非不退菩薩。入證二乘所知。況復人天羣萌之類。
佛雖知是不務速說。文云。我若讚佛乘衆生沒在苦。謗法不信故墜於三惡道。

分別とは、但《ただ》、法に麤妙《そみょう》あり。若し隔歴《きゃくりゃく》の三諦《さんだい》は麤法《そほう》なり、円融《えんにゅう》の三諦は妙法なり。此の妙諦は本有《ほんぬ》とす。文《もん》に云わく、「是の法、法位に住す、世間の相《そう》常住なり。唯だ我れのみ是の相を知る、十方の仏も亦た然《しか》なり」

と。尚、不退菩薩、入証の二乗も知る所に非ず。況んや復《また》、人天群萠《にんでんぐんもう》の類《たぐい》をや。仏是れを知りたまうと雖も、務《つと》めて速かに説きたまわず。文《もん》に云わく、「我れ若し仏乗を讃ぜば、衆生は苦に没《もっ》在《ざい》せん。法を謗《そし》って信ぜざるが故に、三悪道に墜《お》ちん」と。

無名の法を分別するとするならば、ただ法といってもそれに麁《そ》と妙との法がある。若し隔歴の三諦で示される法ならばそれは麁法であり、円融三諦で示される法は妙法であり、この絶妙な法のあり方は本有である。

文に「是の法、法位に住す、世間の相常住なり、唯だ我れのみ是の相を知る、十方の仏も亦た然り」と云う。

このようなことは、不退の菩薩や、入証の二乗にとってすらなお知るところではない、まして人天群萠の類の知るところではない。

仏は是のことを知ってはいるが、務めて速やかに説こうとはしないのである。それは経文に、「我れ若し唯だ一つの仏乗を讃歎するならば、衆生はそれによってかえって苦に没在してしまうし、法を謗って不信におちいり、三悪道に墜堕してしまう」と説かれることからも明らかである。

《隔歴三諦》　歴別三諦、次第三諦、不融三諦、別相三諦とも呼ばれる。次項参照。　**《円融三諦》**　一境三諦、不次第三諦、非縦非横三諦、不思議三諦ともいう。すべての存在は、とらわれる心によって観られるような実体がなく、空無自性のものであるとする道理を空諦といい、すべての存在は実体はないが縁によって仮りに存在していると、事象を仮りのものとして肯定するのを仮諦といい、あらゆるものは空や仮という一面的に考えられるものでなく、言葉や分別の対象を越えた不思議なものであるとするのを中諦といい、この三つの在り方が個別的に在るとするのを隔歴《きやくりやく》三諦といい、同時・同空間に認められることを円融三諦というのであるが、これらは空観・仮観・中観の三観と不即不離の関係にあるものである。

《諦》　梵語 satya の訳。誤りのない、永遠に変りない事実、真実、真理。唯一の真理の一諦、真俗二諦、空仮中三諦、苦集滅道四諦、その他、七諦、十諦、十六諦、二十五諦等の語がある。**《本有》**　本来固有のもの。はじめよりあること。**《文云。是法……》**　法華経巻一、方便品「是法住法位。世間相常住。於道場知已。導師方便説」（大正九・九b）と、同じく方便品「甚深微妙法。我今已具得。唯我知是相。十方仏亦然」（大正九・六a）の文による。是法住法位とは、「これは法の住、法の位」と読んで、法住、法位は如、法相、実際等と同じく諸法実相を示す語であって、縁起される法は本来的な在り方であるという意味であるが、法雲・智顗は「是の法は法位に住して」と読んで、法住の住を動詞と見て、「法位」を法雲は一乗と、智顗は真如と解釈した。吉蔵は「法住、法位」を「仏性の異名にして亦た、一乗の別称なり」と説き、窺基は「真如は諸法の中に住在して、体性常に有るを名づけて法住となし、染を離れて浄を得る分位を法位と名づく」と、それぞれ名詞として解釈を加えている。本田義英著『法華経論』二八〇―一頁、坂本幸男・岩本裕訳注『法華経』上、三五四頁の注参照。

《不退菩薩》　不退とは、梵語 avinivartaniya 阿毘跋致。阿惟越致。菩薩の階位の名。悪趣や二乗地に退堕したり、悟った法を退失したりせぬこと。菩提を求めて退失しない菩薩を不退の菩薩という。法華経で不退菩薩の名称は、方便品「不退諸菩薩。其数如恒沙」（大正九・六a）、譬喩品「有得縁覚。不退菩薩。汝舎利弗。我為衆生。以此譬喩。説一仏乗」（大正九・一五a）等に見られる。不退の思想に関しては、『倶舎論』二

十三、『大毘婆娑論』六には、小乗の四善根中、忍位において不退を得るという説があり、大品般若経には、正性離生を生じて無生法忍を得て、不退を生ずるという説もあり、また共の十地には、小乗四向四果、不還の欲界に還らないのを不退とする説もある。大乗の行位説には不退について多くの説がある。また天台では、別教において行不退・位不退・念不退の三不退をいう。　**《入證二乗》**　通教によって、大乗に引き入れた、声聞・縁覚をいう。

《人天群萠之類》　人・天等、多くの生あるものの類。群萠は群生、衆生と同じ。法華経、方便品「一切世間天人群生類」（大正九・八c）同、化城喩品「普智天人尊。愍哀群萠類」（大正九・二四c）　**《不務速説》**　法華経、薬草喩品「破有法王。出現世間。随衆生欲。種種説法。如来尊重。智慧深遠。久黙斯要。不務速説。則能信解。無智疑悔。則為永失。」（大正九・一九c）による。　**《文云。我若……》**　法華経、方便品「我即自思惟。若但讃仏乗。衆生没在苦。不能信是法。破法不信故。墜於三悪道。我寧不説法。疾入於涅槃。」（大正九・九c）の文による。

《仏乗》　仏に成ることができる教え。乗は乗り物。悟りに趣かせる教を喩う。大乗仏教徒は自らの立場を菩薩と称し、真に仏になる為の教の意を仏乗と称し、部派仏教を小乗、二乗、声聞乗等と貶するに対した。大乗の中でも、成仏の可能性について、機根つまり人の資質や能力は固有であり、それらに応じて声聞・縁覚・菩薩に固有な三種の悟りの道があるという三乗の立場と、三乗は一乗に導く為の手段であるという一乗の立場が分かれ、前者に立てば仏乗は仏教の一部分に過ぎず、後者に立てば仏教のすべてが仏乗である。

《三悪道》　三悪趣ともいう。地獄・餓鬼・畜生の三界は悪業によって生まれる所であるから悪趣という。

（b） 五味に約して

1 前四味

所以初敎建立融不融。小根併不聞。次敎建立不融。大根都不用。次敎倶建立以融斥不融。令小根恥不融慕於融。次敎倶建立令小根寄融向不融。令大根從不融向於融。雖種種建立施設衆生但隨他意語。非佛本懷。故言不務速説也。

所以《ゆえ》に初めの教に融《ゆう》と不融《ふゆう》とを建立《こんりゅう》す、小根は併せて聞かず。次の教に不融を建立す、大根は都《すべ》て用いず、次の教には倶に建立す、融を以て不融を斥《きら》い、小根をして不融を恥じて融を慕わしむ。次の教にも倶に建立す、小根をして、融に寄せて不融に向わしめ、大根をして不融に従って融に向わしむ。種種に建立して衆生に施設すと雖も、但《た》だ随他意語《ずいたいご》なり、仏の本懐に非ず。故に不務速説《ふむそくせつ》と言う。

そのために、初めの教え（華厳時の教法）には、融（円教）と不融との教えを設けるのであるが、小根の者には聾者のごとく唖者のごとく両方共に聞く能力がない。次の教え（鹿苑）では、不融の教えを建立するのであるが、大根の者には用のないところである。次の教え（方等）は、融と不融との両方を建立し、融をもって不融を斥け、小根の者をして不融を恥じ融を慕うようにするのである。次の教え（般若時）は、融と不融の両方を建立する。小根の者をして融に引き寄せるのであるが、かえってそれが当分の空というものに満足し執著してしまい、結果として不融というものに向わしてしまうことになる。また大根の人をして不融から（円）融に向わしめるのである。

仏は種々に教法を設けて衆生のために施設する訳であるが、しかし、これらはただ随他意語であって、まだ仏の本懐を述べているのではないので、その故に今経の文に「務めて速く説かず」と言うのである。

《随他意語》　仏が説法する時の方法に、随自意語・随他意語・随自他意語ある中の一。仏が説法する時、相手の機根に応じて説かれた説、随情ともいう。また、仏が自らの悟りのままに説く、随自意語、随智の対。また相手の機に応じて説くことが、仏自身の悟りに反せず、相手と同一の説き方をする時は随情智、随自他意、その説を随自他意語という。**《不務速説》**　九一頁の注参照。

2　醍醐味

今經正直捨不融但說於融。令一坐席同一道味。乃暢如來出世本懷。故建立此經名之爲妙。

今経《こんぎやう》は、正直に不融を捨てて但だ融を説き、一坐席をして同一の道味ならしむ。乃ち如来出世の本懐を暢《の》べたまう。故に此の経を建立して、之を名づけて妙と為す。

今の経は、正直に不融を排捨して融なる円教を説くのである。すべての根性がすでに充分に調熟されているので、一坐に列席するものはすべて同一の悟りの味にひたることが出来るのであり、そのことが如来の出世の本懐を暢《の》べるということなのである。故に、此の経を設けて、これを妙法蓮華経の妙と名づけるのである。

結者。當知華嚴兼。三藏但。方等對。般若帶。此經無復兼但對帶。專是正直無上之道。故稱爲妙法也。

(三) 結（麁妙を結す）

結《けつ》せば、当に知るべし、華厳は兼《けん》、三蔵は但《たん》、方等は対《たい》、般若は帯《たい》なり。此の経は復《ま》た兼、但、対、帯無し、専ら是れ正直無上の道《どう》なり、故に称して妙法と為す。

結論するならば、華厳は兼、三蔵は但、方等は対、般若は帯であり、此の経は兼、但、対、帯は無く、専ら正直無上の道であって、その故に妙法と称するということを知るべきである。

《兼、但、対、帯》　兼とは、華厳時の教法が円に一別を兼ねる教えと云われ、正しくは円教を説き傍らに別教を説くことを云う。また華厳時の円教と別教の関係は、円教によって別教を兼ね合わせて示され、また別教の菩薩階位の行布次第する法門によって円教の教えを助けて明らかにする。但とは、三蔵教がただ小乗三蔵教だけの一教を説くを但という。対とは、方等時の教えが四教を並べて大小偏円の四教すべて対望して大小両義に通じ、大乗を以て小乗を対破し、大小相対して勝劣浅深を明かして大を慕わしめるを対と云う。帯とは、通別の二教を帯びて、円教を説く時にも通別を帯びていて説くを帯と云う。ちなみに法華経は、前四時の兼但対帯の方便諸説の意はなく、ただ唯一仏乗の実教の説だけを説く。

（四） 譬（妙法を蓮華に譬える）

譬蓮華者。例有麤妙。

云何麤。狂華無菓。或一華多菓。或多華一菓。或一華一菓。或前菓後華。或前華後菓。初喩外道空修梵行無所剋獲。次喩凡夫供養父母報在梵天。次喩聲聞種種苦行止得涅槃。次喩縁覺一遠離行亦得涅槃。次喩須陀洹却後修道。次喩菩薩先藉縁修生後眞修。皆是麤華不以爲喩。

蓮華多奇。爲蓮故華。華實具足。可喩卽實而權。又華開蓮現。可喩卽權而實。又華落蓮成。蓮成亦落。可喩非權非實。如是等種種義便。故以蓮華喩於妙法也。

蓮華に譬うるは、例するに麤妙《そみょう》あり。

云何《いかん》が麤《そ》なる、狂華《わうけ》は菓《か》無し、或は一華多菓、或は多華一菓、或は一華一菓、或は前菓後華、或は前華後菓なり。初めは外道の空しく梵行を修して剋獲《こくぎゃく》する所無きを喩え、次は凡夫の父母を供養して報、梵天に在るを喩え、次は声聞の種種苦行して止《ただ》涅槃を得るを喩え、次は縁覚一遠離《おんり》の行の亦た涅槃を得るを喩え、次は須陀《しゅだ》洹《おん》の却って後《のち》道を修するを喩え、次は菩薩の先に縁修《えんしゅ》を藉《か》りて後の真修を生ずるを喩う。皆な是れ麤華《そけ》なり、以て喩えと為《せ》ず。

蓮華は奇多し、為蓮故華《いれんこけ》は華実具足す、実に即して権《ごん》なるを喩うべし。又、華開蓮現は権に即して実なるに喩うべし。又、華落蓮成、蓮成亦落《やく》は非権非実に喩うべし。是の如き等の種種の義便なり、故に蓮華を以て妙法を喩うるなり。

妙法を蓮華に譬えるということに関しては、例えば華と菓との関係について麤《そ》と妙との有り方について考えてみよう。

麤《そ》とは何《ど》ういうことかというと、狂華と無菓・一華多菓・多華一菓・一華一菓・前菓後華・前華後菓、等をいうのである。無菓とは、外道が空しく梵行を修め、獲得するものがないことを喩えている。一華多菓とは、凡夫が父母を供養して、その報いとして梵天に生れるというに喩え、多華一菓とは、声聞が種々の苦行の末、ただ一つの涅槃を獲得するというに喩える。一華一菓は、縁覚が独り善寂を楽《ねが》い、一切の事相の絆を放れる一遠離行を修して涅槃を得るというに喩え、前菓後華とは、須陀洹《しゅだおん》を得た後さらに道を修するというに喩え、前華後菓とは、菩薩は先に真如を縁じて有心有作の修行することから進んで後に真如を証し無心無作の修行を得るというに喩える。このような例は、麤華《そけ》を指すのであって、妙法の喩えとはしない。

蓮華は不思議なことが多い。為蓮故華は、華と実が具足していることであり、即実而権に喩えるべきであり、華開蓮現は、即権而実に喩えるべきであり、華落蓮成・蓮成亦落は、非権非実に喩えるべきである。

是れらのような、種々な義理を表わすのに便利であるため、蓮華によって妙法蓮華経の妙法を喩えるのである。

《蓮華》 智顗は法華経の開顕（会）を説き明かすため、迹門の権実の開廃と本門の本迹廃立を蓮華の 華から果実までの過程を為蓮故華、華開蓮現、華落蓮成の三段階に分けて、本迹二門に三種の開顕内容を配当した。迹門の三喩の一、為蓮故華とは、為実施権に譬えられ、法華経が一仏乗の真実を説くために、爾前に、その媒介者として三乗の権教・方便教を施設することである。二、華開蓮現とは、開権顕実に譬えられ、爾前の方便諸教を開除して法華一実を開示すること。三、華落蓮成とは、廃権立実に譬えられ、方便を廃して一実に転ずることである。本門の三喩とは、一に、為蓮故華は従本垂迹に譬えられ、本門の五百塵点劫の久遠実成の本地を知らしめようと、その媒介者として近成の釈迦の八相成道の化儀を現ずるをいう。二に、華開蓮現は開迹顕本に譬えられ、伽耶始成の近成を除いて久遠実成の本門を顕わす。三に、華落蓮成は廃迹立本に譬えられ、伽耶の垂迹を除いて本地の実成に帰せば、化身は廃されて久遠の本身だけが現われることをいう。また、これらの解釈については、別釈、釈名の中、蓮華の二字を釈する中、玄義七下（大正三三・七七一c～七七四c）に詳しい。（宇井伯寿『仏教汎論』下・八四―八五頁、安藤俊雄『天台学』を参照。）**《華・菓》**　ここに六つの華菓を出して麤華なることを喩える。○狂華とは、外道の因果を信じないことを喩え、○一華多華とは、凡夫が世の法を修行して仏教を成就すること。○多華一菓は、多くの行を修しても一つの果しか得られないこと。○一華一菓は、縁覚の一つの行を長く積んで一つの涅槃を得るに喩う。○前菓後華とは、須陀洹果の欲界の思惑を断じ尽した果を得ても、また欲界にもどって思惑を断ずる修行をするをいう。また斯陀含の欲界の思惑九品中六品を断じて斯陀含果を得て天界に生まれ、その後また欲界の残りの三品を断ずるためにもどって行ずるを喩う。○前華後菓とは、別教の菩薩のように、まず真如を縁じて修行して後に果を得るようなものを喩う。これらは、法華の妙法を喩える華には適さないとされる。**《梵行》**　梵語 brahmacarya の訳。浄行とも訳し、きよらかな行為のこと。涅槃経巻十、一切大衆所問品（大正一二・六六九a）に「有外道之人。修於梵行。多受苦悩」とある。**《剋獲》**　獲得すること。戦に勝って戦利品などを得ること。

《梵天》　梵語 brahmā　もとはインド思想においてブラーフマン、万有の根源、創造の力を人格化した神であるが、仏教に入り、色界の初禅天といい、帝釈天と並んで仏教の護法神に位置づけられた。

《声聞》　仏の声を聞く者の意。もとは釈尊在世の弟子を指したが、大乗仏教において、縁覚・菩薩に対する時は、仏の説いた四諦の理を観じ三世六十劫の間に四沙門果を悟り、心身を滅し尽して阿羅漢となる、自己の解脱のみを志求する機根低劣な修行者を指した。声聞の為の教と行を声聞乘、その教えを説く経典を声聞蔵といい、縁覚と合せて、二乗、小乗と呼ばれた。

《縁覚》　各自に覚った者の意訳で、独覚とも訳し、辟支仏は梵語の音略。師なく悟り、寂静閑居を好んで他を教化しない修行者を意味し、大乗仏教では声聞と共に二乗、小乗とされる。修行者を声聞・縁覚・菩薩に類型化する時は、十二因縁の理、あるいは飛花落葉等の自然（外縁）を観じて悟るので縁覚という。天台では仏在世のそれを縁覚といい、無仏世のそれを独覚と使い分ける。

《須陀洹》　梵語 srota-āpanna の訳。預流、須陀洹と訳す。小乗四果（須陀洹・斯陀含 sakṛdāgāmin・阿那含 anāgāmin・阿羅漢 arhat）の一つ。須陀洹果とは、須陀洹向の四諦を修行することにより見道の見惑八十八使の煩悩を断じ尽し、聖道の流に入った位をいう。斯陀含は、欲界の思惑九品中、前の六品を断じるが後の三品を残すため、一度天界に生まれ再び人界に生じ、残りの三品を断じて悟りを得るために一来といわれる。阿那含は、もはや欲界の思惑を断じ尽したため欲界にもどることのない位をいう。阿羅漢は、一切の思惑・修惑を断じつくしているので再び迷の世界に生ずることのない位で、無学果、極果といわれる。

《縁修・真修》　主観客観の差別を離れず、意を用いて修行するのを縁修といい、任運に功用を考えることなく修行することを真修という。天台では別教の菩薩について用いる用語。

〔二〕標　體（体を標す）

體者爲四。一釋字。二引同。三簡非。四結正。

（一）釈　字（字を釈す）

體字訓禮。禮法也。各親其親各子其子君臣撙節。若無禮者則非法也。出世法體亦復如是。善惡凡聖菩薩佛一切不出法性。正指實相以爲正體也。

体を四と為す、一に釈字、二に引同、三に簡非《けんぴ》、四に結正《けっしょう》なり。

体の字は礼に訓ず、礼は法なり。各《おのおの》其の親を親とし、各其の子を子とし、君臣節に撙《おもむ》く。若し礼なくんば則ち法に非ず。出世の法体も亦復《またまたかく》是の如し、善悪、凡聖、菩薩、仏あり、一切、法性を出でず。正《まさ》しく実相を指して以て正体と為す。

体については、一に字を解釈し、二には同異を分別し、三には非を簡《えら》び、四に正覚を結論するという方法によって論ずる。

体の字とは、礼と訓ずるのであって、礼とは法度のことである。

各々がわが父母を親とし、各々がわが子を子とし、また君臣の別を明らかにする、というその基は礼である。もし礼が無ければ、法というものは存在しない。

出世の法の体もまた同様であって、善悪、凡聖、菩薩、仏という区別がある訳であるが、これら一切は法性を出ていないのであって、まさしく実相というものを指して、正体としているのである。

《体字訓礼。礼法也》〔集韻〕には「礼 体也 履也」とある。ここでは、体を礼と逆に訓じている訳である。〔大戴礼、盛徳六六〕には「礼 度 徳 法也。」という。ここでは、礼を法と訓ずることを示し、その礼と法とを関係づけているのである。**《各親其親各子其子》**〔礼記、礼運九〕「大道之行也、天下為公、選賢与能、講信脩睦。故人、不親独其親、不独子其子、……今大道既隠、天下為家。各親其親、各子其子。」（大道の行われしや、天下を公と為し、賢を選び能に与《くみ》し、信を講じ睦《ぼく》を脩む。故に人、独り其の親を親とせず、独り其の子を子とせず、……今大道既に隠れ、天下を家と為す。各〻其の親を親とし、各〻其の子を子とす。）の文の意を用いて、親は親、子は子、君子は君子と、それぞれの別を知るということが礼の基になることを云う。**《君臣撙節》** 撙節とは、法度におもむき従う。〔礼、曲礼上〕に「君子恭敬撙レ節、退譲以明レ礼。」とある。**《法性》** 梵語 dharmatā 宇宙のすべての現象の有している真実不変な本性。また如来蔵と区別して、一切法の実性の意とすることもある。真如、実相、法界の異名でもある。**《実相》** すべてのもののありのままなる真実のすがた。本質（理）も現実（事）も別々にあるのではなく、眼下の一切のものが完全な調和を保って展開されているということで、言葉や心で推しはかることの出来ない究竟のもの。天台が明らかにしようとするその当体である。

(二) 引 同（同を引く）

(a) 寿量品

故壽量品云。不如三界見於三界。非如非異。若三界人見三界爲異。二乘人見三界爲如。菩薩人見三界亦如亦異。佛見三界非如非異。雙照如異。

今取佛所見爲實相正體也。

故に寿量品に云わく、「三界の三界を見るが如くならず、如《にょ》に非ず、異に非ず」と。若し三界の人《にん》は三界を見て異となし、二乗の人は三界を見て如となす。菩薩の人の三界を見るは亦如亦異《やくにょやくい》なり。仏の三界を見るは非如非異なり、雙《なら》べて如異を照らす。今、仏の所見を取りて実相と為す、正体なり。

故に、寿量品に、「三界の三界を見るが如くならず、如に非ず異に非ずと。如来は三界の中に没在して三界を見る人々とはちがい、如にあらず、異にあらずと三界をありのままに見るのである。」と説かれるのである。すなわち三界に没在している人は、三界のありさまを見て異であると差別の相を認め、二乗の人は三界を見て如として空なりと認め、菩薩は三界を異であり、しかも如であると認めるのである。仏が三界を見るさまは非如非異であり、如と異とを双《なら》べて照らすのである。

今ここでは、仏が見ているところのもの、如来が如実に知見しているところの三界の相貌を、実相というのであり、これを正しい体とするのである。

《寿量品云》　法華経第十六、如来寿量品、「如来、如実知見三界之相。無有生死若退若出。亦無在世及滅度者。非実非虚非如非異。不如三界見於三界。」（大正九・四二c）の文である。　**《三界》**　衆生が生死の流れを繰り返す迷いの世界の総称。欲望のある者の住む世界を欲界、物質の世界を色界、物質を超越した世界を無色界と呼び、総じて三界という。

（b）十地経論

金剛藏説佛甚微智。辭異意同。其辭曰。空有。不二。不異。不盡。空非斷無。故言空有。有卽是空。空卽是有。故言不二。非離空有外別有中道。故言不異。徧一切處。故言不盡。

（c）中論

此亦與龍樹意同。中論云。因縁所生法。卽空卽假卽中。因縁所生法卽空者。此非斷無也。卽假者不二也。卽中者不異也。因縁所生法者卽徧一切處也。

金剛蔵が仏の甚微智《じんみち》を説くは、辞《ことば》異なれども意《こころ》同じ。其の辞に曰わく、「空と有《う》とは、二ならず、異《い》ならず、尽《じん》ならず」と。空は断無に非ず、故に空にして有と言う。有即ち是れ空、空即ち是れ有なり、故に不二《ふに》と言う。空有《くうう》を離れて外に別に中道あるに非ず、故に不異と言う。一切処に徧《へん》ず、故に不尽と言う。此れ亦た龍樹と意《こころ》同じ。中論に云わく、「因縁所生の法は、即空《そくくう》、即仮《け》、即中《ちゅう》なり」と。因縁所生の法即空とて、此れ断無に非ざるなり。即仮とは不二なり、即中とは不異なり、因縁所生法とは即ち徧一切処《へんいっさいじょ》なり。

十地経論において金剛蔵菩薩が仏の甚々微妙の智慧を説くことを解説している、その言葉は法華経とは異なるが、その意味するところは同様なのである。すなわちその言葉とは、空と有とは不二であり、不異であり、不尽である、というのである。すなわち、空とは断無を指すものでなく、その故に、空にして有であり、有は即ち空であり、空は即ち有であるから不二というのであり、空と有を離れて外に別に中道がある訳ではないので、不異というのであり、空有は一切の処に遍満しているから不尽と言うのである。

此のことはまた、龍樹が述べる意味と同様なのである。すなわち中論に、因縁によって生ずる法というものは、即空即仮即中であると述べられている。因縁所生の法が即空であるということ、これは断無でないということであり、即仮とは不二であることであり、即中とは不異なることである。因縁所生の法は遍一切処なのである。

《金剛蔵》 金剛蔵菩薩のこと。華厳経十地品を説く菩薩。 **《空有、不二、不異、不尽》** 華厳経十地品には「従本已来空。滅除諸苦悩。遠離於諸趣。等同涅槃相」（大正九・五四四b）とあり、十地経には「自体本来空。有不二不尽。遠離於諸趣。等同涅槃相」と云い、経文には、空有、不二、不尽があるが、不異の文はない。この不異の意は、十地経論巻二の解釈に「有、不二、不尽、如是取、此句顕離三種空摂。一離謗摂。二離異摂。三離尽滅摂。」（大正二六・八二a）（一、有なるが故に無なりと謗る摂を離れ、二、不二なるが故に智と異なるとする摂を離れ、三、不尽なるが故に尽滅するとする摂を離れる。）と、三種邪空の摂を離れることを説明する中、第二に、不二のために智と異なることなしとする意より不異を立てたものか。

《徧一切処》 虚空の如く辺際なく一切処に遍満する意。 **《龍樹》** Nāgārjuna の音。二〜三世紀頃の南インドの人。初め小乗仏教を学んだが、後、大乗を学び、大乗経典の註釈書を数多く作り、小乗や在来のインド思想に対し、般若空観を宣明し、中観学派の祖とされる。主著は、中論頌・十二門論・大智度論・空七十論・廻諍論・十住毘婆娑論等、大乗仏教の理論的基礎を確立し、後世諸家の祖と仰がれる。

《中論》 漢訳としては一般に、約四五〇偈二十七章の龍樹造『中論頌』に青目の註釈を付した『中（観）論』四巻をいう。詩頌は簡潔で、数種の註釈書が伝わるが、古来中国・日本で重用するのは先の青目註の四巻である。この書は、仏教全般に亘り、問題点を空と縁起、世俗と勝義（二諦）の二点に集約し、所謂否定論法（破邪）を以って中道を宣揚（顕正）する。中観学派の根本的立場であり、三論宗を始め、諸宗で所依の論として尊重し、天台智顗も、空仮中の三諦を設ける典拠の一に『中論』の偈を用いている。**《中論云、因縁所生法、即空即仮即中》** 中論巻四には「衆因縁生法。我説即是無。亦為是仮名。亦是中道義」（大正三〇・三三b）（梵）yaḥ pratītya-samutpādaḥ, śūnyatāṁ tāṁ pracakṣmahe, sā prajñaptir upādāya, pratipat saiva madhyamā.「かの縁起、それを我等は空と説く。其の（空、縁起）は相対的の施説である。それは実に中道である」とあるが、智顗や吉蔵は「因縁所生法。我説即是空」という変形した偈文を用い、特に天台では三諦偈と呼び重視している。

（三）簡非（非を簡ぶ）

今言實相體。卽權而實離斷無謗也。卽實而權離建立謗也。權實卽非權實離異謗也。雙照權實徧一切處離盡謗也。

今、実相の体《たい》を言わば、権《ごん》に即して而も実なれば、断無の謗《そしり》を離る。実に即して而も権なれば、建立《こんりゅう》の謗を離る。権実即ち権実に非ざれば異の謗を離る、雙《なら》べて権実を照らし一切処に偏《へん》ずれば尽《じん》の謗を離る。

（四）結　正（正しく結す）

斯乃總二經之雙美。申兩論之同致。顯二家之懸會。明今經之正體也。

斯れ乃ち二経の雙美《そうみ》を総《す》べ、両論の同致《どうち》を申《の》べ、二家の懸会《けんえ》を顕わし、今経の正体を明かすなり。

今、実相の体を述べるに当って、権に即して而も実であると示すならば、断無の誇り《そし》を離れるのであり、実に即して而も権であれば、恣《ほしいまま》に建立するという誇りを離れることが出来るのであり、権と実といっても即ちそれは権と実という相対のものを示すものでないのであるから、異という誇りを離れるのであり、権と実とを双《なら》べ照らし一切処に偏ずるのであるから、尽という誇りを離れるのである。

このように述べれば、法華経の迹門に強調される実相と、本門に云われる非如非異との双美を総合することが出来、中論と十地論の同じく一致する点を述べることが出来る訳であり、以上の論家と今家とはるかに深くかかわり合っていることを顕らかにすることが出来るのである。

このようにして、この経の正体を明了にした。

《二経》 迹門・本門を二経という。**《両論》** 十地経論と中論。**《二家》** 論家と今家（天台）**《懸会》** 遠く深い所で会する。**《徧一切処》** 虚空の如く辺際なく一切処に偏満する意。毘盧遮那の訳語でもある。

〔灌頂の私釈〕

(1) 前三教の悟りを破す

私謂實相之法。横破凡夫之四執。竪破三聖之證得。破凡夫可解。破聖者三藏二乘指但空爲極。譬頗梨珠一往似眞。再研便僞。身子云。我等同入法性。失於如來無量知見。空有之旨正破此證也。

通教人指但空不但空共爲極。譬雜色裹珠光隨色變。縁所見之光亡其本體。逐玄黄之色墮落二乘。大經云。聲聞之人但見於空不見不空。菩薩之人非但見空亦見不空。所見既殊。不二之旨正破此證也。別教人指不但空爲極。迴出二邊如雲外月。棄邊取中。如捨空求空。不異之旨。正破此證。若彼有此無則正法不徧。不盡之旨。亦破此證也。

私に謂《い》わく、実相の法は、横《わう》に凡夫の四執を破し、竪《じゅ》に三聖の證得を破す。凡夫を破するは解《げ》すべし。聖を破すとは、三蔵の二乗は但空《たんぐう》を指して極《ごく》となす。頗梨珠《はりしゅ》の一往は真に似たれども、再び研《みが》けば便ち偽なるに譬う。身子《しんじ》の云わく、「我等同じく法性に入れども如来無量の知見を失す」と。空有の旨、正《まさ》しく此の證を破するなり。通教の人《にん》は但空《たんぐう》、不《ふ》但空共《たんぐうぐう》ずるを指して極《ごく》となす。雑色珠《ぞうしきしゅ》を裹《つつ》めば、光色《いろ》に随いて変ずるに譬う。所見の光に縁《よ》りて其の本体を亡《もう》じ、玄黄《げんわう》の色《しき》を逐《お》うて二乗に堕落す。大経に云わく、「声聞の人《にん》は但《た》だ空を見て不空を見ず。菩薩の人は但だ空を見るのみに非ず。亦た不空を見る」と。所見既に殊《こと》なり、不二の旨正しく此の證を破す。別教の人は不但空《ふたんぐう》を指して極《ごく》となす、迥《はるか》に二辺を出でて雲外《うんげ》の月の如し。辺を棄てて中を取るは、空を捨てて空を求むるが如し。不異の旨正しく此の證を破す。若し彼《かれ》に有りて、此《これ》に無くんば、則ち正法徧《あま》ねからず、不尽の旨亦た此の證を破するなり。

私が思うに、実相の法というものは、横《わう》には、凡夫の陥り易い断無・建立・異・尽の四執を破斥するのであり、豎《じゅ》には、蔵教・通教・別教・円教の内、始めの三教における聖人が獲得するところの證を破斥するのである。

凡夫の執著を破斥するという点に関しては、理解出来るであろう。聖人の證得を破する、ということに関しては、三蔵教に見られる声聞・縁覚の二乗の人は、但空を指し示して、これを終極とするのである。譬えば頗梨珠《はりしゅ》は一往は真の如意珠と似ている訳であるけれども、更に研きをかければ偽物であることが露見してしまうというようなものである。

法華経に、身子舎利弗が、我等と仏と同様に真空の理である法性に入っているのであるが、しかも我々は如来の無量の知見を失っている、と嘆息するのを見ても理解出来るであろう。このように、空有の旨は正しく法を滅して但空を取るという證を破すのである。

通教の人は、教は巧みに有を離れずして而も空であると説くのであって、そこには自ずから中道を含む訳であるが、但空と不但空とを共に指し示して終極とする。譬えば、種々なる色をもって珠を包むと、その珠の光は包まれた色によって変わるようなものであって、珠の色は当てられる光に縁じて変わるので、其の本来所有している色を亡失してしまい、くろき天の色と黄なる地の色を逐《お》い求めて、ついに二乗に堕落してしまうのである。

涅槃経には、声聞の人は但だ空を見て不空を見ない、菩薩の人は但だ空を見るばかりでなく不空をも見る、と云われる。このように見る所が各々殊《こと》なっているのである。不二なるの旨をもって、此のような殊なった證を破するのである。

別教の人は、不但空を指して終極としている。はるかに空・有の二辺を出でて、あたかも雲間より出でた月の如く、独り辺執を棄てて、中道のみに執著する。これは、こちらの空を捨てて、あちらの空を求めるようなものなのである。よって、真実の理には彼此の隔たりの無いという不異の旨によって、正しく此の別教の證を破するのである。若し彼にあっては有り、此に有っては無いというようなことが云えるとすると、正法は偏からずということが云えない訳である。真実の理というものは至らざる所が無く、また彼此の辺際が無いものであるから、不尽という旨をもって、此の別教の證を破するのである。

《**四執**》　前出の、断無・建立・異・尽の四執。　《**三聖之證得**》　蔵・通・別・円の四教の前の蔵・通・別の前三教。　《**頗梨珠**》　頗梨、梵語 sphaṭika の音写。水玉、白珠、水精と訳す。また大智度論巻十には、「琉璃頗梨等皆出山窟中。如意珠出自仏舎利。若法没尽時。諸舎利皆変為如意珠。譬如過千歳氷化為頗梨珠。」（大正二五・一三四 a）と、この宝は山の石窟中より産出され、千年過ぎて氷化して珠になると云っている。　《**身子**》　舎利弗のこと。　《**身子云……**》　法華経巻二、譬喩品「我昔従仏聞如是法。見諸菩薩授記作仏。而我等不予斯事。甚自感傷。失於如来無量知見。世尊。我常独処山林樹下。若坐若行。毎作是念。

我等同入法性。云何如来以小乗法而見済度。是我等咎非世尊也。」（大正九・一〇c）の文である。《但空、不但空》　大乗から見て小乗に説く空を但空という。小乗は諸法を分析して、但だ空のみを見（析空観）て、不空を見ないからである。天台四教の中では蔵教の空観である。一切法は悉く空なりと体で観ずる（体空観）と共にその一切法の不空なる面（有の面、仮ともいう）をも観ずる、即ち中道観を不但空という。四教の中では通教の空観である。《玄黄》　黒と黄。天は黒、地は黄。〔易、坤〕「文言曰、夫玄黄者、天地之雑也、天玄而地黄。」　《大経云》　天台では、大経とは涅槃経をさす。大般涅槃経巻二五、「佛性者名第一義空。第一義空名為智慧。所言空者不見空与不空。智者見空及与不空常与無常苦之与楽我与無我。空者一切生死。不空者謂大涅槃。」（大正一二・七六七c）の取意。

(2) 簡　異（異りを簡ぶ）

此等皆非佛甚微智。不與金剛藏意同。非佛證得本有常住。不與方便品同。不偏一切處。不與壽量品同。既不會正體。攝屬何法。但空是化他之實。但不但是自行化他之實。出二邊中是自行之權。竝他經所説非今體也。

此等は皆な仏の甚微智《じんみち》に非ざれば、金剛蔵の意《こころ》と同じからず。仏の證得したまう本有《ほんぬ》常住に非ざれば、方便品と同じからず。一切処に偏ぜざれば、寿量品と同じからず。既に正体に会《え》せず、何《いず》れの法にか摂属《しょうぞく》せん。但空《たんくう》は是れ化他《けた》の実、但不但《たんふたん》は是れ自行化他の実、二辺を出づるの中《ちゅう》は是れ自行の権《ごん》なり。並びに他経の所説にして、今の体《たい》に非ず。

蔵・通・別教は皆、仏の甚々にして微妙なる智であるという訳にはいかないので、金剛蔵の説く空有不二不異不尽の意味する所とは同一には出来ない。仏が證得した本有常住を示したものでないので、方便品の諸法実相と同一ではない。また、一切処に徧じていないので、寿量品の意と同一ではないのである。

以上のように、これら三教は正体に会していないのであるが、それでは何の法に摂属するのであるか、但空は、仏の小機随情の化他の立場から示される真諦である。但不但は、但は化他の実であり、不但は中を含んでおり真に入ることもあるので自行の実ということになり、二辺を出ずる所の中は、中道が示される所から自行であるが、その中も二辺の外に設けられているために、俗諦・権となるのであって、これらは並びに他経の所説であって、今の経の正体ではない。

《**甚微智**》 法華経巻一、方便品に「甚深微妙法」(大正九・五c)という文と同じで、奥深く、且つ微妙な智をいう。《**本有常住**》 修行によって生じ成り立つというのでなく、本来的に常に備わっていて過去・現在・未来の三世に亘って常に存在し、生成変化しないこと。《**寿量品**》 前述の「不如三界見於三界。」(大正九・四二c)の文を指す。《**自行、化他、自行化他**》 自行とは、自身の修行、自身の悟りのため正法を修行すること。化他とは、他を教化すること。自行化他とは、自ら正法を修行し、その法を以って他を教化することを並用すること。

(3) 法華経の体を云う

今經體者。體化他之權實卽是自行權實。如垢衣內身實是長者。體自行化他之權實卽是自行之權實。如衣內繫珠卽無價寶也。自行之權卽自行之實。如一切世間治生産業。皆與實相不相違背。一色一香無非中道。況自行之實。而非實耶。

今経の体とは、化他の権実即ち是れ自行の権実と体す。垢衣《くえ》の内身、実に是れ長者なるが如し。自行化他の権実即ち是れ自行の権実と体す。衣内《えない》の繋珠《けしゅ》即ち無価宝《むげほう》なるが如し。自行の権《ごん》即ち自行の実なるは、一切世間の治《ち》生産業《しょうさんごう》皆な実相と相《あい》違背せざるが如し。一色一香も中道に非ざるは無し、況んや自行の実、而も実に非ざらんや。

今の経の体とは、三蔵における修行も證得も竟《つい》には円極に会同する道なのであり、仏の自證に同ずるのである。すなわち、化他の権実はそのまま自行の権実なのであると体達することである。例えば、垢衣を纏っていても、その内身は長者と同一なのであって、大乗・小乗と区別してみえる教化の法も、その本質において何等の隔たりも存しない、仏の権実には差別がないと知るのである。

通教における自行化他の権実は、すなわち仏の自行の権実であると体達することである。通教では、随宜に当分に利根の人・鈍根の人それぞれ修得する所が異なる訳であるが、終には、円極に会同し、仏の自意と同一になる。すなわち、自行化他の権実は、自行の権実であると体達すること、例えば、衣の中に密かに縫い込まれていた珠は実は無上無価の宝であると知らされるようなものである。別教におけるように、自行の権すなわち、中を求めて修し成じてゆく方便というものを離れて、別に本有の徳というものは無いのであって、空有二辺の外に中を求めるという行も、終極には仏の自證、自行の実と同一となるのである。例えば、一切世間の治生産業と実相と相い違背しないようなもので、それであるからこそ、たとえ一色・一香といえども中道を示しているのである。ましてなおのこと円教の自行の実は実相でないなぞということが出来ようか。

《**垢衣内身実是長者**》　窮子に近づくために長者が汚れた衣服を着ていても、実は長者には変わりないことをいう。法華経巻二、信解品に「長者於牖。常見其子。念子愚劣。楽為鄙事。於是長者。著弊垢衣。執除糞器。往到子所。方便附近。語令勤作」（大正九・一八a）とあるによる。《**衣内繫珠即無価宝**》　衣の中に大富の親友によって縫い込まれていた珠は、実は比べようもない宝であることを知らされることをいう。法華経巻四、五百弟子受記品「譬如貧窮人。往至親友家。其家甚大富。具設諸肴膳。以無価宝珠。繫著内衣裏。默与而捨去。時臥不覚知。是人既已起。遊行詣他国。求衣食自済。資生甚艱難。……不覚内衣裏。有無価宝珠。與珠之親友。後見此貧人。苦切責之已。示以所繫珠。貧人見此珠。其心大歓喜。富有諸財物。五欲而自恣」（大正九・二九b）《**一切世間治生産業**》　法華経には治生産業という文はない。法華経巻六、法師功徳品には「諸所説法随其義趣。皆与実相不相違背。若説俗間経書。治世語言。資生業等。皆順正法」（大正九・五〇a）とあり、資生業（経済的事業）をいう。《**一色一香無非中道**》　一色・一香という微細な存在まで、あらゆる存在は中道実相の理を表わさないものはない。摩訶止観巻一上に「繫縁法界。一念法界。一色一香。無非中道。己界及仏界。衆生界亦然。」とある。

〔三〕標　宗（宗を標す）

宗者爲三。一示。二簡。三結。

（一）示（宗要を示す）

宗者要也。所謂佛自行因果以爲宗也。云何爲要。無量衆善言因則攝。無量證得言果則攝。如提綱維無目而不動。牽衣一角無縷而不來。故言宗要。

宗とは三と為す、一には示《じ》、二には簡《けん》、三には結《けつ》なり。

宗とは要《よう》なり、所謂る仏自行の因果にして、以て宗と為す。云何《いかん》が要となす。無量の衆善も因を言わば即ち摂し、無量の證得も果を言えば則ち摂す。綱維《こうい》を提《ひっさ》ぐるに目《もく》として動かざるは無く、衣の一角を牽《ひ》くに縷《いと》として来らざるは無きが如し。故に宗要と言う。

宗については、一、示。二、簡。三、結。の次第によって述べる。

一、宗要を示す。

宗とは、要である。いわゆる仏の自行の因果というものをもって宗とするのである。

要とは何であるか。無量と思える衆善も、因という言葉を用いればすべて摂《おさ》めることが出来るし、無量と思える證得も、果という言葉を用いれば摂めることが出来る。

例えば、網の目を統べる大綱をひっぱるとどの目も動かない網の目はなく、衣の一角を索《ひ》くと衣のすべての糸が寄って来ないということがないようなものである。

であるから、宗要というのである。

《佛自行因果》　因果とは、原因と結果のこと。五重玄義の第三の明宗は、仏自行の因果を明らかにする事にある。これは初めより実相の行を修するを仏の因といい、この実相の行を修することにより果を結ぶを仏の果という。　《綱維》　大づなで繋ぐ。大づな。　《目》　網の目。　《一角》　一方のすみ。　《縷》　いと。

(二)　簡（宗要に非ざるを簡びとって明らかにする）

然諸因果善須明識。尚不取別教因果。況餘因果。餘因果者。昔三因大異。而三果小同。又三因大同。而三果小異。又一因迴出。一果不融。因不攝善。果不收德。則非佛自行之因。非佛道場證得之果。

又簡者。諸經明佛往昔所行因果。悉皆被拂。咸是方便。非今經之宗要。取意爲言。因窮久遠之實修。果窮久遠之實證。如此之因。竪高七種方便。横包十法界法。初修此實相之行名爲佛因。道場所得名爲佛果。但可以智知。不可以言具。

（三） 結

略擧如此因果以爲宗要耳。

然るに諸の因果を善く明らめ識《し》んぬべし、尚お別教の因果をも取らず、況や余《よ》の因果をや。余の因果とは、昔は三因大いに異《こと》にして、而も三果小《すこ》しく同じ。又、三因大いに同じうして、而も三果小しく異なり。又、一因迥《はるか》に出でて一果融《ゆう》ぜず、因に善を摂《せつ》せず、果も徳を収めず。則ち仏自行の因に非ず、仏の道場証得の果に非ず。又た簡《けん》とは、諸経に仏の往昔《わうじやく》所行の因果を明かすは、悉《ことごと》く皆な払わる。咸《み》な是れ方便にして、今経の宗要に非ず。

意《こころ》を取りて言《ごん》を為さば、因は久遠《くおん》の実修を窮《きわ》め、果は久遠の実證を窮む。此《かく》の如きの因は、竪《じゆ》に七種方便より高く、横《わう》に十法界の法を包《か》ぬ。初め此の実相の行を修するを名づけて仏因と為し、道場に所得するを名づけて仏果と為す。但だ智を以て知んぬべし、言を以て具《つぶさ》にすべからず。

略して此の如きの因果を挙げて、以て宗要と為すのみ。

そのような訳で、諸の因果について善く明確に識るべきであって、なかんずく別教の因果を採用してはならないし、まして蔵教・通教の因果を採用などしてはならないのである。

余の因果とは、三蔵の昔、四諦・十二因縁・六度と説かれたものも異なるから、因となるものは大いに異なるのであり、倶に見思の惑を断ずることが出来るという点で、声聞・縁覚・菩薩の三果は少しく同じであるといえる。

また、通教にては、声聞・縁覚・菩薩の三人共に般若、無生の観慧を学ぶので三因はほとんど同じで、菩薩と同様に解脱に坐すことが出来るが、三乗は習(煩悩の余気)尽きることにおいて菩薩と同等でないので、果は少しく異なるのである。

また、別教にあっては、有空の道を隔てて中を求めようと理のみ高い因が先行し、現実の場にあって果を求めるという円の立場と融合しない。このような立場は、因が衆善を摂するということは出来ないし、また果も完全に徳を収めるという訳にはいかない。すなわち、仏の自行の因ともならず、今日現在の仏が寂滅道場において證得している果というものでもない。

また箇とは、諸経には、仏の往昔の所行の因果を明かしているが、ここにおいてそれらは皆払われて、ことごとく方便となるのであり、今経の宗要とはならない。

意を取って云うならば、因は久遠の最初から真実の修行を窮めつつあり、果は久遠の最初から真実の證得を窮めつつあるということであって、このような因は、竪には七種の方便よりも高く、横には十法界の法を包含しているのである。

初めから此の実相の行を修することを名づけて仏の因となすのであり、道場の所得を名づけて仏の果となすのであるが、ただこのことは自内證の智をもって知るべきなのであって、言葉をもって人に具さに伝えることは出来ないものなのである。

であるから、ほぼこのような因果を一応示して、宗要とする訳である。

《(蔵教の)三因三果》　三蔵教の声聞・縁覚・菩薩の三人の修行はそれぞれ四諦・十二因縁・六度と当てられている。その三果は、三界の見思の煩悩を断ずるということでは同一である。**《(通教の)三因三果》**通教の声聞・縁覚・菩薩の三人は、般若・無生の観慧を修することであって、三因は同じであるが、その結果となると、但空、不但空、また別教に進むもの、ただちに円教に進むものもあって、三果は異なる。**《(別教の)一因一果》**　別教の独菩薩は、因の初地以前の修行においても事象に立脚せず、理念の中にのみ埋没するところの但中を願い、地上の果においては、その因との融合は説かれない。**《證得》**　正しい智慧によって、実際に真理を悟ること。**《簡》**　料簡、はかりえらぶこと。この場合、諸経の因果を簡《えら》ぶこと。**《久遠》**　はかりしれない遠い過去。

《七種方便》　天台では、一般的に毘曇等に云われる三賢の五停心・別相念処・総相念処、四善根の煖・頂・忍・世第一法の七賢位の外に、薬草喩品の三草二木の意によって下のように七方便を立てる。

七方便
- 小草位
  - 人乗
  - 天乗
- 中草
  - 声聞乗
  - 縁覚乗（辟支仏乗）
- 上草――三蔵菩薩
- 小樹――通教菩薩
- 大樹――別教菩薩

《十法界》　天台では、凡聖迷悟の一切の境界を十種に類別して、地獄界・餓鬼界・畜生界・修羅界・人間界・天上界・声聞界・縁覚界・菩薩界・仏界を十界という。また「玄義」二上(大正三三・六九三c)には、この十界をすべて法界と名づける理由を示している。すなわち「一に、十数は皆法界に依り、法界の外に更に復た法はない。二に、此の十種の法は分斉同じからず、因果隔別し、凡聖の異りがある。三に、此の十は皆法界に即して一切法を摂す」の三意である。またこの十界の典拠については、法華経、法師功徳品には、「一切諸群萌。天人阿修羅。地獄鬼畜生。……諸仏及声聞。仏子菩薩等。」（大正九・五〇a）とあり、大智度論には、「復有二四種道一。声聞道、辟支仏道、菩薩道、仏道……復有二六種道一。地獄道、畜生、餓鬼、人、天、阿修羅道。」（大正二五・二五八a〜b）などが挙げられるが、華厳経の影響もあるようで明確に示すことが出来ない。

《道場》　菩提道場、寂滅道場。

〔四〕標　用（用を標す）

用者爲三。一示。二簡。三益。

用者力用也。三種權實二智。皆是力用。

(一) 示

(二) 簡

於力用中更分別。自行二智照理。理周名爲力。二種化他二智鑒機。機徧名爲用。秖自行二智卽是化他二智。化他二智卽是自行二智。照理卽鑒機。鑒機卽照理。如薩婆悉達。彎祖王弓滿名爲力。中七鐵鼓貫一鐵圍山。洞地徹水輪名爲用。

用《ゆう》とは三と為す、一に示《じ》、二に簡《けん》、三に益《やく》なり。

用とは力用《りきゆう》なり、三種の権実《ごんじつ》二智は皆な是れ力用なり。

力用の中に於て更に分別せば、自行の二智、理を照らし、理周《あまね》きを名づけて力《りき》と為す。二種の化他《けた》の二智、機を鑒《かんが》みて、機徧《あまね》きを名づけて用と為す。秖《ただ》自行の二智即ち是れ化他の二智、化他の二智即ち是れ自行の二智なり。理を照らすは即ち機を鑒み、機を鑒みるは即ち理を照らすなり。薩婆《さるば》悉達《しった》が祖王の弓を彎《ひ》き満つるを名づけて力と為し、七の鉄鼓《てっこ》に中《あた》り、一の鉄囲《てっち》山《せん》を貫き、地を洞《とお》し、水輪に徹するが如きを名づけて用と為す。

用を述べるに、三別して説明する。一、示。二、簡。三、益。の三である。

用とは、力用のことである。三種の権実二智は、皆この力用なのである。

力用の中において更に分別する。

仏の平等大慧は権実無二のものであるが、それを一応、自行と化他と自行化他とに考えてみると、自行の権実二智は、権実無二の理を照らして、一法として遺す所ないのであるから、理は周ねく摂し尽しており、これを名づけて力とするのである。化他と自行化他の二種の化他の二智は、十法界の機を鑒《かん》みるに偏ねく機を摂し尽すのであり、これを名づけて用とするのである。

今の経に至って始めて権実無二、力用相即であり、偏円同じく極に会するのであるから、自行の二智はすなわち化他の二智であり、化他の二智はすなわち自行の二智である。

理を照らすことが即ち機を鑒みることであり、機を鑒みることがすなわち理を照らすことなのである。例えば、仏本行経に説かれるごとく、薩婆《さるば》悉達《しった》が祖王の廟の中にある輪王の弓を引き満つること、それを名づけて力となし、はなたれれば七の鉄鼓《てっこ》に当たり、一の鉄囲《てっち》山《さん》を貫き、地を通過して水輪に達する、そのことを名づけて用とするのである。

《鑒》　鑑に同じ。考察する、映してみる。　《薩婆悉達……徹水輪》　仏本行集経巻十三、捔術争婚品

（大正三・七一〇b～七一一b）にある、悉達太子の力用の他の諸王子に勝れたるをあらわす物語の取意。
《彎》ひく、はる。《鉄囲山》梵語 Cakravāḍa-parvata の訳。須弥山を中心に九山八海がこれを取りまくが、その最も外側にある鉄で出来た山。《水輪》水輪とは、須弥山の下、金輪（地輪）・水輪・風輪と重なる虚空にある。

諸方便教力用微弱如凡人弓箭。何者。昔縁稟化他二智。照理不偏。生信不深。除疑不盡。今縁稟自行二智極佛境界。起法界信増圓妙道。斷根本惑損變易生。

諸の方便教は、力用《りきゆう》の微弱《みにやく》なること凡人の弓箭《きゆうせん》の如し。何となれば、昔の縁は化他の二智を稟《う》けて、理を照らすこと徧《あまね》からず、信を生ずること深からず、疑いを除くこと尽さざればなり。今の縁は自行の二智を稟《う》けて仏の境界を極《きわ》め、法界の信を起し、円妙の道《どう》を増し、根本の惑《わく》を断じ、変易《へんにやく》の生を損ず。

諸々の方便の教えは、力用共に微弱であること、凡人が祖王の弓を持つごとく、引くに堪えないのである。どうしてかというと、昔の縁は仏の化他の二智のみに負うて、理を照らすに偏ねからず、また信を生じさせるに深からず、疑いを除かせるには尽していないからである。
今の縁は仏の自行の二智を受けて、仏の境界を極め、法界の信を起こし、円妙の道を増し、根本の惑を断じ、変易の生を減じさせる。

《根本惑》　根本の惑とは、煩悩の本体のことで、すべての煩悩の根本となるもの。無明をいう。《変易生》　生死に分段生死と変易生死の二種の生死ある中、一、分段生死とは、三界の中において寿命・長短・肉体等、一定の限定を持つため、分段生死という。二、変易生死とは、三界を出でた界外の生死であり、寿命・肉体も自由に変化させることが出来るから、変易生死という。

（三）益（力用の益について）

非但生身及生身得忍兩種菩薩倶益。法身法身後心兩種菩薩亦倶益。化功廣大利潤弘深。蓋竝經之力用也。

但だ生身、及び生身得忍の両種の菩薩のみ倶《とも》に益《やく》するに非ず、法身と法身の後心との両種の菩薩も亦た倶に益す。化《け》の功広大なると、利潤《りにん》の弘深《ぐじん》なるとは、蓋《けだ》し並びに経の力用なり。

但だ生身と生身得忍との菩薩を倶に益するだけでなく、法身と法身の後心の両種の菩薩とを倶に益するのであって、化の功は広大であり、利潤は弘深である。思うに、これらのことが、この経の力用であろうか。

《生身》　凡夫や菩薩の父母によって生を受けた、肉身、父母所生身をいう。また、大乗においては、方便応化する父母により生じ三十二相をそなえた肉身仏をさす。ここでは三界に生じている菩薩の生身をさす。《生身得忍》　三界に生まれた菩薩が修行をつんで、真理にかない、すがたかたちを離れて悟といわれる無生法忍を獲得することをいう。別教の菩薩の階位でいえば、初地以前を生身、初地以上を生身得忍という。

《法身、法身後心》　仏の本質として永遠不変な有り様を人格化したもので、先に示した父母生身と対比されて考えられている。また後に、法・報・応の三身の一と数えられるようになるが、元来この三身説の成立に先立ち、法身と生身の二身説がとかれるため、法身の理の活動が報身・応身を展開されて、教化済度の実際の働きを起こすと考えられた。すなわち、この法身には本来的に自受用智と他受用智とを備えているわけである。もしこれをここに云う修行過程にのっとって考えるなら、界外における無明より生ずる変易生は、他受用法身であり、無明を断じた究極の悟りを対象として法身の後心（等覚位）になることを示すが、またこの法身と法身の後心の不二なる理を明らかに知らねばならないといわれる。

《利潤》　利益に同じ。神や仏の恵み。

〔五〕標　教（教を標す）

教相三意（教相の三意を列ねる）

敎相爲三。一根性融不融相。二化道始終不始終相。三師弟遠近不遠近相。
敎者聖人被下之言也。相者分別同異也。

教相を三と為す。一に根性の融《ゆう》、不融の相、二に化道《けどう》の始終、不始終の相、三に師弟の遠近《おんごん》、不遠近の相なり。
教とは、聖人の下《しも》に被らしむるの言《ごん》なり。相とは、同異を分別するなり。

教相については、三別して述べる。一には、根性融不融の相。二には、化道の始終不始終の相。三には、師弟の遠近不遠近の相。である。
教というものは、聖人が言詮の上において下に被らしめるところの言葉である。相というのは、大小権実等、また教の上における同異を分別することである。

《根性融不融相》　法華以前の教えは、衆生を教化し導く途中であり、教えを聞くにも期日がまだ短かいため、教えを聞く弟子たちの根性がばらばらであるを不融といい、法華に至ると、これまで四十余年間の教化のおかげで弟子の機根が熟し法華一乗の教えを聞くに堪えることが出来るようになるを融という。《化道始終不始終》　法華以前の教えでは、その時と人に適合した教えを説くため（当機益物）の化導である。また、それらには誘引するという作用はあるが、如来の本願を説き明かすまでには至っていない（不始終）。これら不始終な教えは法華経の教えによってはじめて一代の教法の始めから終りまでが明らかになる。すなわち、法華経の化城喩品第七には、過去三千塵点劫已前という極めて遠い昔に於て、大聖釈尊は大通智勝仏の十六人の王子（大通仏の未だ出家せざりし時の王子）の一人として此の世に出世せられ、父の大通智勝仏が説かれた法華経を覆説（復説と同じ）弘通せられた。此の時に其の覆説の法華経を聞いて当来成仏の種子を植え付けた者が、今日法華経を聞いて成仏する所の声聞の弟子輩であったと其の化源（化導の初め）を説き明かし、而して又仏陀が此の度娑婆に出世されたのは、三千塵点劫の昔、法華経を覆説して下種して置いた弟子を得脱せしむる為だと説かれる。約言すれば仏陀が此の娑婆世界に出世して化導を設けられた目的は、三千塵点劫の昔に下種して置いた弟子輩の根性が熟したから、此の世に出現して更に前四時四十余年間の教化を施して之を調熟し、最後に法華経を説いて成仏せしめるのだと説いて、今日の化導の根源が遠く三千塵点劫の昔にある事を明かして居るも、爾前の諸経には全く此の化導の根源を説いて居らぬ。（『天台学概論』一三二〜三頁）　《師弟遠近不遠近》　法華以前の教えでは、仏は今世に修行をつんで仏となり、弟子も今ここで仏弟子になったという（不遠近）。しかし法華経に至っては、釈尊自身の本地を明らかにしたばかりでなく、弟子の多くも先に已に解脱を得ているのであるが、今釈尊の法華の教化を助けるために、声聞の姿を現じて弟子となっている（遠近）ことを明らかにしている。

（一）　根性融不融相

(1)　頓漸五味

1　五　味

(a) 乳味

云何分別。如日初出前照高山。厚植善根感斯頓說。頓說本不爲小。小雖在座如聾如瘂。良由小不堪大。亦是大隔於小。此如華嚴。約法被緣。緣得大益名頓教相。約說次第名從牛出乳味相。

(b) 酪味

次照幽谷。淺行偏明當分漸解。此如三藏。三藏本不爲大。大雖在座多跢婆和小所不識。此乃小隔於大。大隱於小。約法被緣名漸教相。約說次第名酪味相。

云何《いかん》が分別する、日の初めて出でて前《さき》に高山を照らすが如し、厚く善根を植えて斯《こ》の頓説を感ず。頓説は本《もと》小の為ならず、小は座に在りと雖も聾《ろう》の如く瘂《あ》の如し。良《まこと》に小は大に堪えず、亦、是れ大は小を隔つるに由《よ》る。此れ華厳の如し。法を縁に被《こうむ》らしむるに約せば、縁の大益《だいやく》を得るを頓教の相と名づけ、説の次第に約せば、牛《ご》より乳味を出だす相と名づく。

次に幽谷を照らす。浅行偏《ひとえ》に明らけく、当分に漸く解《げ》す。此れ三蔵の如し。三蔵は本《もと》大の為にせず、大は座に在りと雖も、多跢婆和《たたばわ》は小の識らざる所なり。此れ乃ち小は大を隔て、大は小に隠る。法を縁に被らしむるに約せば漸教の相と名づけ、説の次第に約せば酪味《らくみ》の相と名づく。

どのように同異を分別するかというと、朝日が地平線より顔を出し、真先に高い山を照らすように、厚く宿世の善根を植えたものには、斯のような頓の説を感じることが出来るのである。頓の説というのは、もともと大機のためのものであって、小機の者のために説かれたものではないのである。小機の者はこの教えが説かれる会座《えざ》にあっては、まるで聾のごとく、瘂《あ》のごときものであって、ただ大変な教説があるということを知らされるのみである。まことに、小機の者にとっては、大いなる教えを受容するに堪え得ないということと、また、この教えにより、小機は小機なりの利益を得るということは出来なかったのであるから、大は小を隔てている、ということになる。このような頓の説は華厳経のようなものを指している。説かれる法を聞く方の立場にことよせて考えてみると、大の益を得ることを、頓の教のすがたという。教えが説かれて来る順序次第ということを考えると、牛からまずはじめに乳が出てくるというすがたに名づけられているのである。

次に、日が高い山の上から次第に幽谷を照らす訳であるが、これは法を滅し理に入るという浅い行を、ただ小機の者のために明かし、各々の能力によって当分に漸々に理解する、ということを譬えたものであり、此れは三蔵教を示しているのである。三蔵教は本来、大機のためのものでない。たとえ大機の者がその会座に居ても、多跢婆和《たたばわ》して、小機の者達には識られる所がないのである。このような訳で、小機の者になされる教説は、灰燼滅智を終極とする説であるので、大機の者になされる教説とは隔てがあり、大機の者は小機の者から隠れているのである。教法が機縁にかぶせられるという点からは、漸教の相と名づけるのであり、教説の次第という点からは、酪味の相と名づけるのである。

《日初出前照高山》（華厳三照の譬え）五時教判の建立の根拠となる法華経、信解品の四大弟子領解、涅槃経の五味の喩え、華厳経の三照の譬えの中の一。華厳経、宝王如来性起品に「譬如日出。先照一切諸大山王。次照一切大山。次照金剛宝山。然後普照一切大地。日光不作是念。我当先照諸大山王。次第乃至普照大地。但彼山地有高下故照有先後」（大正九・六一六b）と示される。すなわち「日出でて先ず諸大山王を照らし、次ぎに一切大山を照らし、次ぎに金剛宝山を照らし、最後には普く大地を照らす事を説いて、如来の慧光が先ず普賢菩薩を照らし、次いで声聞縁覚乃至一切衆生を照らす事を譬えたものであり、華厳経の上のみでは、仏陀の説法は自然に先ず華厳大乗を説き、次ぎに小乗教を説く事に成る所以を示したものである。」（『天台学概論』一一六〜七頁）。この華厳の文を、智顗は高山、幽谷、平地に当てて、釈尊の説法次第を示したものとして考えた。

《従牛出乳味》 五味の譬え。牛の乳より、乳味 kṣīra、酪味 dadhi、生酥味 navanīta、熟酥味 ghṛta、醍醐味 sarpirmaṇḍa の五味が次第相生することをいう。五味の譬えは、涅槃経のそれが一般的であるが、長阿含経巻十七、布吒婆楼経にも、「譬如牛乳。乳変為酪酪為生酥。生酥為熟酥。熟酥為醍醐。醍醐為第一。象首。当有乳時唯名為乳。不名為酪酥醍醐。如是展転。至醍醐時唯名醍醐。不名為乳不名酪酥。」（大正一・一一二b）とあり、ただ涅槃経だけの譬えではないようである。その涅槃経の譬えは、涅槃経巻十三、聖行品に「譬如従牛出乳従乳出酪従酪出生酥従生酥出熟酥従熟酥出醍醐。醍醐最上。若有服者衆病皆除。所有諸薬悉入其中。善男子。仏亦如是。従仏出生十二部経。従十二部経出修多羅。従修多羅出方等経。従方等経出般若波羅蜜。従般若波羅蜜出大涅槃。猶如醍醐。言醍醐者喩於仏性。仏性者即是如来。善男子。以是義故。説言如来所有功徳無量無辺不可称計。」（譬えば牛より乳を出し、乳より酪を出し、酪より生酥《しょうそ》を出し、生酥より熟酥を出し、熟酥より醍醐を出す。醍醐は最上なり。若し服する者有れば、衆病皆除く。有らゆる諸薬は、悉く其の中に入るが如し。善男子、仏も亦是の如し。仏より十二部経を出生し、十二部経より修多羅を出し、修多羅より方等経を出し、方等経より般若波羅蜜を出し、般若波羅蜜より大涅槃を出す。猶し醍醐の如し。醍醐と言うは仏性に喩う、仏性とは即ち是如来なり。善男子、是の義を以ての故に、説きて言う、如来の有らゆる功徳は無量無辺にして、称《あ》げて計《かぞ》うべからずと。）（大正一二・六九〇c～六九一a）と云い、譬えは牛より、法は仏より次第相生することを示すが、後に、仏一代の諸教の次第を説明するために盛んに用い

牛→乳→酪→生酥→熟酥→醍醐（仏性＝如来）

仏→十二部経→修多羅→方等経→般若波羅蜜→大涅槃

	慧観	譬劉虬	智蔵	招提
十二部経	阿含	世諦、三乗別教	初教	小乗蔵
修多羅	無相教	大品経	般若	雑蔵
方等	方等教	維摩、思益	浄名、思益	菩薩蔵
般若	般若教	法華経	法華経	般若の因
大涅槃	涅槃経	第五常住教	涅槃経	涅槃の果
	（大品経遊意による）	（三論遊意義）	（涅槃経会疏）	（涅槃経会疏）

られた。ためにその解釈も種々あり、例えばそれらを図にすれば前頁のようになる。

《五時》　智顗は、釈迦一代五十年の説法をその内容より、華厳時・鹿苑時・方等時・般若時・法華涅槃時に大別するが、智顗における五時説とは、ただ諸経の優劣を述べて、当時優位にあったと考えられる華厳経や涅槃経をしりぞけて、法華経の優位を示そうとしただけではないことを知らなければならない。まずここでは、五時判建立に関して、五時判採用の経緯と、智顗における採用の理論的根拠を知る必要がある。

まず五時判採用の経緯としては、「釈尊一代の教説を五時に区分することは、劉宋の涅槃宗の開祖慧観が初めて唱え、その後僧宗（四三八—四九六）がこれを継承し、梁代に及んで僧柔・慧次・法雲・智蔵等がこれを支持して、南地においてとくに盛大に行なわれた。ことに法雲の師たる涅槃学者宝亮（四四四—五〇九）等が五時を涅槃経聖行品の五味の譬喩に結びつけ、五時判思想はますます有力となった。さすがに智顗も涅槃宗の地盤たる南地の出身であるだけに、この五時判を無視することはできなかった。」（安藤俊雄『天台学』六〇—六一頁）と指摘されるように、南地出身の智顗にとっては、南地における涅槃学の隆盛との関係を無視することは出来なかった。さらに智顗において、この五時をさらに発展させ、整備するために、「それは所謂華厳経の三照の譬と、涅槃経の五味の喩を傍証とし、正しくは、法華経信解品の四大弟子領解段の文に深く味到せられる事に依って建立せられたものである。」（『天台学概論』一一六頁）と云われるように、三つの譬えを採用して新しい考えを入れ、再生し完備されたものにした。特に五時の、一貫した化導を示すために、長者窮子の譬喩・擬宜・誘引・弾訶・淘汰・開会が採用されるのである。この信解品の長者窮子の喩えとは、もと長者の子でありながら幼くして流浪して自分の身分を知らず、卑賤であると信じている者を、父の長者が見つけて、あらゆる手段を講じて嗣子であることを自覚させるという譬喩である。五時を、上述の華厳の三照、涅槃の五味、信解品の領解の喩えによって図示すると、次のようになる。（『天台学概論』一八八頁の図）

(華厳の三照)		(涅槃五味)	(信解品)	(五時)
先照諸大山王	高山	乳	旁追	華厳
次照一切大山 次照金剛宝山	幽谷	酪	二誘	鹿苑
然後普照大地	平地 食時	生蘇	体信	方等
	平地 禺中	熟蘇	領知	般若
	平地 正中	醍醐	付業	法華

〈備考〉荆渓大師平地を開して、食時、禺中、正中の三時となし、涅槃の五味に合す。

また第五法華時は法華涅槃時と云われ、第五時─前番─法華時／後番─涅槃時 となり、図式的にも涅槃は法華の後に説かれての追説追泯（法華経までに説かれた蔵通別円の教えを追いかけて繰返して説く）の教えであるとするのである。この法華と涅槃の二経については、『玄義』十下に詳しく説くが、四教儀集註（巻上四十左）には次のようにある。「仏出浄土不説涅槃。即以法華為後教後味。如灯明迦葉等。今仏熟前番人。以法華為醍醐。更熟後番人。重将般若淘汰方入涅槃。亦以涅槃為後教後味。」（巻上四十左）といい、法華経に至るまでの五味を前番五味とし涅槃経に追説するを後番の五味というのである。すなわち涅槃経が法華経の後に説かれた教であると認知しながらも、法華経より涅槃経を説くという説に反対して、般若より涅槃を出すと主張するのである。

（参考、『天台学』安藤俊雄著、『天台学概論』福田堯穎著）

《約法被縁》 仏の教法が衆生の機縁におおいかぶせられる時に就いて考えること。 **《多路婆和》** 『玄義釈籤』二には「多路は是れ行を学ぶ相、婆和は是れ語を習う相」とあり、多路は小児の歩行を学び、婆和は小児の語を習うをいうといい、また『玄義釈籤講義』には「梵文に拠らば多哆は舌内の音、婆和は脣内の音なり。語を為し易きが故に応に倶に学語の声なるべし。」と、多哆は舌内の音、婆和は唇内の音であり、子供が発声を学ぶ姿を想定し、三蔵の始行初教に譬えている。

(c) 生蘇味

次照平地。影臨萬水。逐器方圓。隨波動靜。示一佛土令淨穢不同。示現一身巨細各異。一音說法隨類各解。恐畏。歡喜。厭離。斷疑神力不共。故見有淨穢。聞有褒貶。嗅有薝蔔不薝蔔。華有著身不著身。慧有若干不若干。此如淨名方等。約法被緣猶是漸敎。約說次第生蘇味相。

(d) 熟蘇味

復有義。大人蒙其光用。嬰兒喪其睛明。夜遊者伏匿。作務者興成。故文云。但爲菩薩說其實事。而不爲我說斯眞要。雖三人倶學二乘取證。具如大品。若約法被緣猶是漸敎。約說次第名熟蘇味相。

(e) 醍醐味

復有義。日光普照高下悉均平。土圭測影不縮不盈。若低頭若小音。若散亂。若微善。皆成佛道。不令有人獨得滅度。皆以如來滅度而滅度之。具如今經。若約法被緣名漸圓敎。若約說次第醍醐味相。

次に平地を照らす。影万水に臨み、器の方円に逐《したが》い、波の動静に随う。一仏土を示して浄穢《じょうえ》不同ならしめ、一身を示現するに巨細《こさい》各《おのおの》異なり。一音の説法も類に随いて各解《げ》し、恐畏《くい》し、歓喜し、厭離し、断疑す、神力不共《じんりきふぐう》なり。故に見に浄穢有り、聞《もん》に褒貶《ほうへん》有り、嗅《く》に薝蔔《せんぼく》と不薝蔔と有り。華《け》に著身《ちゃくしん》と不著身と有り、慧に若干《にゃくかん》と不若干と有り。此れ浄名、方等の如し、法を縁に被らしむるに約せば猶お是れ漸教なり。説の次第に約せば生蘇味《しゃうそみ》の相なり。

復《また》、義有り。大人《だいにん》は其の光用を蒙り、嬰児《ように》は其の時明《じょうみょう》を喪い、夜遊《やゆう》の者は伏匿《ふくとく》し、作務《さむ》の者は興成《こうじょう》す。故に文に云わく、「但だ菩薩の為に其の実事を説きて、我の為に斯の真要を説かず」と。三人倶に学すと雖も、二乗は證を取る。具《つぶさ》には大品《だいほん》の如し。若し法を縁に被らしむるに約せば猶お是れ漸教なり、説の次第に約せば熟蘇味の相と名づく。

復、義有り。日光普く照らして高下悉く均平《きんぴょう》なり、土圭《どけい》の影を測るに縮ならず盈《よう》ならず。若《もし》は低頭《ていず》、若は小音、若は散乱、若は微善、皆な仏道を成ず。人の独り滅度を得ること有らしめず、皆な如来の滅度を以て之を滅度す。具には今経の如し。若し法を縁に被らしむるに約せば漸円教と名づく、若し説の次第に約せば醍醐味の相なり。

次に日は平地を照らす、影は万水にうつし出され、器の方円にしたがい、また波の動静に随うのである。一仏土を示して見せるのに感応皆異なるので、或は浄と見、或は穢と見て、一身を示し現わしても、見る側からすれば巨とも細とも見え各々異なって見える。一音によって法を説くのであるが、機類に随ってそれぞれ理解するのである。或は恐畏し、或は歓喜し、或は厭離し、或は断疑させるのは、神力がはるかにすぐれ二乗と共にせざるものであるからである。一仏土を示しても、その見に浄穢の不同が生ずるのであり、聞には褒貶の異なりがあり、嗅《く》に薝蔔《せんぼく》、不薝蔔の異なりがあり、華に著身不著身の異なりがあり、慧には若干と不若干とがある。

これは、浄名方等等に示されるものであって、教法が機縁に被らしめることからは、まだ是れは漸教の部類であって、教説の説かれた次第という点からは、生蘇味の相であるとする。

また、同じように平地を照らすといっても、別の意味がある。大人はその光明のお陰を蒙ることが出来、嬰児は直接日光をあおぐと眼がつぶれその睛明を喪ってしまい、夜遊びするものは伏し匿《かく》れるのである。また、作務する者は業を興し成ずることが出来るのである。その故に文に、但だ菩薩の為にその実事を説いて、しかも我が為にその真要を説かず、と云うごとくである。

三人倶に学ぶといっても、二乗は證を取る。具さには大品の如し。もし教法が機縁に被らしめる点からは、まだ漸教の部類であって、教説の説かれた次第という点からは、熟蘇味の相であるとする。

また別の意味合いがある。日光が普ねく照らして、高下ことごとく均しく平等である。土圭《どけい》の影を測ってみても縮ならず、盈《よう》ならず、若しくは身が低頭であり、若しくは口が小音であり、若しくは意が散乱しており、若しくは微々たる善しか積んでおらずとも、皆同様に仏道を成就することが出来る。人を独りで滅度することを得させようとするだけでなく、如来も滅度するということを以って、人を滅度させようとするのである。

具体的には今の経で言われる如くである。若し教法が機縁に被る点からは、漸の後、漸と会して円に帰するという漸円教と名づけるのであり、若し教の説かれる次第から見ると醍醐味の相であるというのである。

《**一音説法……神力不共**》　維摩詰所説経巻上、仏国品第一「仏以一音演説法。衆生随類各得解。皆謂世尊同其語。斯則神力不共法。仏以一音演説法。衆生各各随所解。普得受行獲其利。斯則神力不共法。仏以一音演説法。或有恐畏或歓喜。或生厭離或断疑。斯則神力不共法。」（大正一四・五三八a）の文による。《**一音説法随類各解**》　一音説法とは、如来の説法をいう。仏は一種の言語を以て説法されるに、衆生はその根機に随って解する所が各々別であるとの意味を詮わしたものとされている。また、一種の言語で為されるとすれば、それと言語を異にした衆生がそれを聞いて何れもそれぞれ自分の用うる言語で為されたかの如くに聴取した、とも理解される。中国において、菩提流支や鳩摩羅什は一音教という教判を立てたといわれる。

《**神力不共**》神力とは神通力ともいい、仏教を体験した者が得る或る種類の神秘的な能力。不共とは、仏や菩薩にのみ具わっていて凡夫、二乗にはない勝れた特質のこと。普通には十八不共法（仏の十力・四無所畏・三念住・大悲）を指し、如来の功徳が如来特有なもので、他の機類のものにはみられないことを示した。

《**薝蔔不薝蔔**》　薝蔔は梵語 campaka の音写。香木であり、巨木でその花を薝蔔花といい、黄色でかおりがよい。『玄義』十巻では円教の頓教の相を譬える。維摩詰所説経巻中、観衆生品第七には「以大悲法化衆生故我為大乗。舎利弗。如人入瞻蔔林唯嗅瞻蔔不嗅余香。如是若入此室。但聞仏功徳之香。不楽聞声聞辟支仏功徳香也。」（大正一四・五四八a）とあり、この文による。

《**著身不著身**》　維摩詰の室にいた天女が維摩居士の説法を聞いて、喜び満足して心も奪われて、自分の身体を現じて、菩薩や声聞たちの上に天の華をふりかけたが、菩薩たちには著かなかったが（不著身）、声聞たちには著いて離れなかった（著身）ことをいう。すなわち華が身に著くということは、華に分別はないのに、出家者が善法に固執して分別をめぐらしているため、かえって法に適わないことを喩えているのである。菩薩は、一切の分別想を離れているため、身体に華が著くことはないのである。「是華無所分別。仁者自生分別想耳。若於仏法出家有所分別為不如法。若無所分別是則如法。観諸菩薩華不著者已断一切分別想故。」と、維摩経巻七、観衆生品（大正一四・五四七c―五四八a）に見える。《**若干不若干**》　若干とは勝劣不同の差別あること、不若干は差別のないことをいう。すなわち、仏国土のその性格にはいろいろの差別があるが、それをおおっている虚空などには何の差別もない。仏の現じている姿を見れば差別はあるが（若干）、さまたげのない仏の智慧によれば差別がない（不若干）ことである。維摩詰所説経巻下、菩薩行品「汝見諸仏国土。地有若干而虚空無若干也。如是見諸仏色身有若干耳其無礙慧無若干也。」（大正一四・五五四a）による。

《**大人蒙其光用**》　勝天王般若波羅蜜経巻六に「譬如日出其高山者先照光明。菩薩摩訶薩得般若炬。高行菩薩善根熟者先照其光。」（大正八・七二〇a）とある文によるか。《**嬰児喪其睛明**》　勝天王般若波羅蜜経巻二の文に「般若波羅蜜甚深微妙聞慧麁浅不能得見第一義故恩不能量。出世法故修不能行。大王。般若波羅蜜如是甚深。凡夫二乗所不能見。何以故。譬如生盲不見衆色。七日嬰児不見日輪。尚不能見況復修行。」（大正八・六九四b）とある文によるか。《**夜遊者伏匿**》　勝天王般若波羅蜜経巻一の文に「如禽獣夜見火光恐怖遠避。薄福凡夫及以二乗。若聞般若波羅蜜恐懼捨離。般若波羅蜜聞名尚難況復修学。如夜遠行迷失道路。」（大正八・六九一b）とあるによるか。《**作務者興成**》　勝天王般若波羅蜜経巻一に「又如日出方見坑坎高下之処。菩薩摩訶薩行般若波羅蜜。世間乃知邪正之道。」（大正八・六九一c）とある文によるか。

《**文云。但為菩薩説……斯真要**》　法華経信解品第二に「一切諸仏。秘蔵之法。但為菩薩。演其実事。而不為我。説斯真要。如彼窮子。得近其父。雖知諸物。心不希取。」（大正九・一八b）とある文による。

《**三人倶学**》　般若に共、不共の般若の二種ある中、声聞に共説する般若をいう。大智度論百巻、「般若有二種。一者共声聞説。二者但為十方住十地大菩薩。」（大正二五・七五四b）《**土圭**》　中国古代の玉器。日影を測るもの。〔周礼、地官、大司徒〕「以㆓土圭之灋㆒測㆓土深㆒。正㆓日景㆒以求㆓地中㆒。」《**縮、盈**》　ちぢむこ

とと、みちること。《若低頭。若小音。若散乱。若微善。皆成仏道》　法華経巻一、方便品に、「如是衆妙音。尽持以供養。或以歓喜心。歌唄頌仏徳。乃至一小音。皆已成仏道。若人散乱心。乃至以一華。供養於画像。漸見無数仏。或有人礼拝。或復但合掌。乃至挙一手。或復小低頭。以此供養像。漸見無量仏。自成無上道。広度無数衆。入無余涅槃。如薪尽火滅。若人散乱心。入於塔廟中。一称南無仏。皆已成仏道。」（大正九・九a）とある文による。《不令有人独得滅度。皆以如来滅度而滅度之。》　法華経巻二、譬喩品に、「我有無量無辺智慧力。無畏等諸仏法蔵。是諸衆生皆是我子。等与大乗。不令有人独得滅度。皆以如来滅度而滅度之。」（大正九・一三c）とある文による。

2　**同涅槃**（華厳、涅槃の譬の同じこと）

當知。華嚴之譬與涅槃義同。三子。三田。三馬等譬。皆先菩薩。次及二乘。後則平等凡聖。云云。

当に知るべし、華厳の譬と涅槃とは義同じきことを。三子《さんし》、三田《さんでん》、三馬等《さんめとう》の譬は皆な菩薩を先にし、次に二乗に及び、後は即ち凡聖《ぼんじょう》を平等にす云云。

以上のように、華厳経に説かれる三照の譬えと、涅槃経に説かれる五味の義とは、意味合いが同じであると知るべきである。三子・三田・三馬等、経文には種々の譬えが見られるのであるが、皆三照の譬えと同様に、先ず菩薩について述べ、次に二乗に及び、後に凡聖を平等に述べようとしている。

《三子、三田、三馬》　三子とは、涅槃経巻三十一に「譬如父母唯有三子。其一子者有信順心恭敬父母。利根智慧於世間事能速了知。其第二子不敬父母無信順心。利根智慧於世間事能速了知。其第三子不敬父母無信順心鈍根無智。父母若欲教告之時。応先教誰先親愛誰。当先教誰知世間事。」（大正一二・八〇六c）とあるによる。三田とは、涅槃経巻三十一に「如三種田。一者渠流便易。無諸沙鹵瓦石棘刺。種一得百。二者雖無沙鹵瓦石棘刺渠流険難。収実減半。三者渠流険難多有沙鹵瓦石棘刺。種一得一為藁草故。善男子。農夫春月先種何田。世尊。」（大正一二・八〇七a）とあるによる。三馬とは、涅槃経巻三十一に「譬如大王有三種馬。一者調壮大力。二者不調歯壮大力。三者不調羸老無力。」（大正一二・八〇七a）とあるによる。同巻には、三病、大施時三人、三器の譬えがあり、どれも、第一菩薩僧、第二声聞僧、第三に一闡提に喩えて説明するが、この譬えの最後に「如大師子殺香象時皆尽其力。殺兎亦爾。不生軽想。諸仏如来亦復如是。為諸菩薩及一闡提。演説法時功用無二。」（大正一二・八〇七b）と、菩薩と一闡提の差別なきをいう。

3　問答料簡

問既以五味分別。那同稱漸。答。約漸得明五味耳。又若小不聞大大一向是頓。若大不用小小一向是漸。若以大破小是漸頓竝陳。若帶小明大是漸頓相資。若會小歸大是漸頓泯合。故無量義云。漸頓二法。三道。四果不合。今時則合。卽此義也。問。云何相資。答。小聞於大恥小而慕大。是爲頓資小。佛命善吉轉敎。大益菩薩。是爲漸資頓。

問う、既に五味を以て分別す、那《なん》ぞ同じく漸《ぜん》と称《い》うや。答う、漸に約して五味を明かすことを得るのみ。又た若し小の大を聞かざるは、大は一向是《こ》れ頓《とん》なり。若し大の小を用いざるは、小は一向是れ漸なり。若し大を以て小を破するは是れ漸頓並べ陳《の》ぶ。若し小を帯して大を明かすは是れ漸頓相資《あいたす》く。若し小を会《え》して大に帰するは是れ漸頓泯合《みんごう》す。故に無量義に云わく、「漸頓の二法、三道、四果合せず」と。今時は則ち合す、即ち此の義なり。

問う、云何《いかん》が相資《たす》くる。答う、小は大を聞きて小を恥じて而も大を慕うは、是を頓の小を資くと為す。仏、善吉《ぜんきつ》に命じて教を転ぜしめ、大いに菩薩を益《やく》するは、是を漸、頓を資くと為す。

問　既に以上のごとく五味をもちいて、各々五法に対したのであるが、どうして中間の三味のみ漸と称えるのであるか。

答　漸々に引入するという意味で、この中間の三味があるのである。これに前後を加え五味としただけである。また、若し、小人が大いなる教えを聞くことが出来ないならば、これは一向かたくなに頓なのである。若し大機の人が小教を用いないならば、このような小教は、一向かたくなに漸なのである。若し、大教をもって小教を破するのであれば、是れは漸と頓とが並びに陳《の》べられているのであり、若し、小教を帯びながら大教を明瞭にしているものであれば、是れは、漸と頓とが相い資《たす》け合っているのであり、若し、小を会《え》して大に帰入するものであれば、是れは漸と頓とが泯合《みんごう》している訳である。故に、法華の前経である無量義経には、教法には漸頓二法があり、声聞・縁覚・菩薩の三道があり、羅漢・辟支仏・菩薩・仏の四果があって各々異なったものである、といっている。法華が説かれる今時にはすなわちこれらはみな合するのである、というのが此の泯合という意味である。

問　相い資け合うとは、どのようなことであるか。

答　小の教えを受けた人が大教を聞くと、小なるを恥じて大なるを慕うことになる、是れを大乗の頓が小を資けるとするのであり、仏が善吉に命じ教えを説かせ、菩薩のために益することがあった、これは小人が大機を益することであり、漸が頓を資けるということになろう。

《**一向**》　意を一処に向けて散心のないことをいう。華厳経巻五には「一向信如来。其心不退転。」（大正九・四二四a）とある。また華厳経巻六には、「菩薩於生死。最初発心時。一向求菩提。堅固不可動。」（大正九・四三二c〜四三三a）とあり、一心に菩提を求めることをいう。《**泯合**》　区別のないこと。《**無量義云。漸頓二法。三道。四果不合**》　無量義経、説法品第二に「洗除塵労等無差別。三法四果二道不一。」（大正九・三八六b）とある文による。三法とは、声聞・縁覚・菩薩。四果とは、阿羅漢・辟支仏・菩薩・仏。二道とは、方便道・真実道。《**仏命善吉転教。大益菩薩**》　漸が頓を資けるということの教證として、摩訶般若波羅蜜経第二に「爾時仏告慧命須菩提。汝当教諸菩薩摩訶薩般若波羅蜜。如諸菩薩摩訶薩所応成就般若波羅蜜。即時諸菩薩摩訶薩及声聞大弟子諸天等作是念。慧命須菩提。自以智慧力。当為諸菩薩摩訶薩説般若波羅蜜耶。為是仏力。慧命須菩提。知諸菩薩摩訶薩大弟子諸天心所念。語慧命舎利弗。諸仏弟子所説法。所教授皆是仏力。仏所説法。法相不相違背。是善男子。学是法得證此法。仏説如燈。舎利弗。一切声聞辟支仏。実無是力。能為菩薩摩訶薩説般若波羅蜜。」（大正八・二三〇b〜c）と、仏が須菩提に告げて、菩薩に般若を教えさせることをいう。善吉は須菩提の訳名。

(2) 不定

1 顕露不定

如前分別。但約顯露明漸頓五味之相。若論不定義則不然。雖高山頓說。不動寂場而遊化鹿苑。雖說四諦生滅而不妨不生不滅。雖爲菩薩說佛境界而有二乘智斷。雖五人證果不妨八萬諸天獲無生忍。當知卽頓而漸。卽漸而頓。大經云。或時說深。或時說淺。應開卽遮應遮卽開。一時一說一念之中備有不定。不同舊義專判一部。味味中悉如此。

前《さき》に分別するが如きは、但だ顕露《けんろ》に約して漸頓五味の相を明かす。若し不定を論ぜば、義則ち然らず。高山頓説すと雖も、寂場を動ぜずして而も鹿苑《ろくおん》に遊化《ゆうけ》す。四諦の生滅を説くと雖も、而も不生不滅を妨げず。菩薩の為に仏の境界を説くと雖も、而も二乗の智断有り。五人、果を證すと雖も、八万の諸天、無生忍を獲《う》ることを妨げず。当に知るべし、頓に即して而も漸、漸に即して而も頓なることを。大経に云わく、「或る時は深と説き、或る時は浅と説き、開すべきに即ち遮《しゃ》し、遮すべきに即ち開す」と。一時、一説、一念の中にも備《つぶさ》に不定有り、旧義《くぎ》の専ら一部を判ずるに同じからず。味味《みみ》の中悉く此《かく》の如し。

以上のように分別することは、ただちに顕露定教という点から、竪《たて》に始終の化儀に依って、漸頓の五味のあり方を明らかにしたのであって、若し、竪の中にあって横に物を益するという随宜の化儀というものに依る顕露不定という点から論ずるならば、このようにはならない。

高山頓説すといっても、仏は寂滅道場を動ぜずして、鹿苑《ろくおん》に遊化するのであって、四諦の生滅を説くからといって、何ら四諦の不生不滅なる益を得ることを妨げない。また菩薩のために仏の境界を説くからといって、それによって二乗が煩悩を滅するということも有るのである。五人の比丘が羅漢果を證しても、八万の諸天が無生忍を獲得することも妨げないのである。

まさにこのように、宜きに随って物を益するのであり、必ずしも大小の化の前後が決定しているものでなく、頓に即して漸であり、漸に即して頓なのである。

大涅槃経に、或る時は深きを説き、或る時は浅きを説き、開すべきを遮《しゃ》し、遮すべきを開す、と云われるごとく、一時・一説・一念の中において、備《つぶさ》に不定というものがあり、従来の学者が論ずるごとく、専ら不定教を一部のものにかぎるという判定の仕方とは同じではない。味味の中に悉くこのようにしてあるのである。

《**不定**（**教**）》　『玄義』一上の教相を判ずるに、ここまでは顕露定教によって頓漸五味を論じてきた。すなわち定教とは、大乗を聞いて大益を得、小乗を聞いて小益を得、各々の所説の教法に従ってその教法の利益を得るものであり、教えられる教えによってその得益が定まっている教えをいう。しかし、本来的には、仏の教えには差別があるのではなく、すべての教えを含んでいるものであるから、すなわち、「如来の説法は即ち一切智成就の悟りの全体を内容とするものであって、仮令大乗と称し小乗と言ふも、厳密なる意味に於ては到底之を限定し得可き筋合のものでは無く、大乗教の中にも小乗の理を含み、小乗の中にも又大乗の義理を含蓄するものである故、大乗教の説法の座に於て小乗の法益を得られもすれば、亦た小乗教の法座に於ても、大益の深義に悟入する事も可能であって、必ずしも之を聴く者が唯だ当面の益を得るとのみ限定出来ないのである。」(『天台学概論』一二八～一二九頁)。また、その教えを受ける衆生の側にも、「猶ほ又一面には千差万別の衆生は各々其の根性を異にし、宿世の薫習も同じからざるを以て、必ず大を聞いては大益を得、小を聞いては小益を得るとのみ一定し得可きもので無い。故に不可思議力をもつ如来の説法の上からも、亦た根性の種々の万差なる所化の仏弟子の上からも、得益の定まれる定教に対して、得益の不定なる所謂不定教(顕露、秘密共に云ふ)なるものを立てなければ、経典の文相やその得益不同の辺を充分に解釈し尽くす事は出来ない」。(『天台学概論』一二九頁)のであって、また同聴異聞ということが不定教の一般的な性格であると云われ、如来の説法を聞く聴衆が他人の同坐することを知っても、説法内容を知り得ない場合を顕露不定教といい、説法内容のみならず、他人の存在をも知り得ざる場合の説法形式を秘密不定教というのである。

不定教、特に秘密不定教設定の由来については、秘密教は、「大品般若経第四十三無作実相品の文、及びこれを釈する大智度論巻六十三の諸仏の法輪を顕密二種に分けている文に拠って、新たに智顗が設けたものである。古来の教判に頓・漸・不定の三種教があったが、新たにこれに秘密を加えたのである。しかし厳密には、古来の不定教を顕露不定教と秘密不定教の二種に分け、その秘密不定教をいまの秘密教としたのであるというべきである。」(『天台学』八九頁)と云われるように、当時江南北地に共通して用いられていた頓・漸・不定の三種の教相の不定教が金光明・勝鬘等の経を部として挙げていたのを、その名は受けていても内容的には大論等の意を受けて、以前の不定教とは異なった理解をして不定教も法華以前の前四時の中に説かれる教説に存することを顕わした。ちなみに、当時共通して用いられた頓・漸・不定の三種の教相とは、『玄義』十上に「南北地通用三種教相。一頓二漸三不定。華厳為化菩薩。如日照高山名為頓教。三蔵為化小乗。先教半字。故名有相教。十二年後為大乗人。説五時般若乃至常住。名無相教。此等倶為漸教也。別有一経非

頓漸摂。而明仏性常住。勝鬘光明等是也。此名偏方不定教。此之三意通途共用也。』（大正三三・八〇一a）とあり、また大論の意とは、大智度論巻六五「我等於閻浮提。見第二法輪転。……初転法輪。八万諸天得無生法忍。阿若憍陳如一人得初道。今無量諸天得無生法忍。是故説第二法輪転。今転法輪似如初転。問曰。今転法輪多人得道。初転法輪得道者少。云何以大喩小。答曰。諸仏事有二種。一者密。二者現。初転法輪。声聞人見八万一人得初道。諸菩薩見無数阿僧祇人得声聞道。無数人種辟支仏道因縁。無数阿僧祇人。発無上道心。無数阿僧祇人。行六波羅蜜道。得諸深三昧陀羅尼門。十方無量衆生。得無生法忍。無量阿僧祇衆生。従初地中乃至十地住。無量阿僧祇衆生得一生補処。無量阿僧祇衆生。得坐道場聞是法疾成仏道。如是等不可思議相。是名密転法輪相。」（大正二五・五一七a〜b）の文による。

《雖五人證果不妨八万諸天獲無生忍》　大智度論巻六五に「初転法輪。八万諸天得無生法忍。阿若憍陳如一人得初道。」（大正二五・五一七a）と、初転法輪時に、憍陳如が初果を得るも、八万諸天が無生法忍を得ることに何のさしさわりもないことをいう。　**《大経云。或時説深。或時説浅。応開即遮応遮即開。》**　大般涅槃経巻四に「迦葉。云何善解因縁義。如有四部之衆来問我言。世尊。如是之義如来初出。何故不為波斯匿王説是法門深妙之義。或時説深或時説浅。或名為犯或名不犯。云何名堕。云何名律。云何名波羅提木叉義。」（大正一二・六二六c）とある文による。　**《旧義専判一部》**　『玄義』十上（大正三三・八〇一）に示される江南と北地に共通する三種の教相の不定教が、金光明経、勝鬘経等に限られるを指す。

2　秘密不定

此乃顕露不定。祕密不定其義不然。如來於法得最自在。若智若機若時若處。三密四門。無妨無礙。此座説頓。十方説漸説不定。頓座不聞十方。十方不聞頓座。或十方説頓說不定。此座說漸。各各不相知聞。於此是顯。於彼是密。或爲一人說頓。或爲多人說漸說不定。或爲一人說漸爲多人說頓。各各不相知。互爲顯密。或一座默十方說。十方默一座說。或俱默俱說。各各不相知。互爲顯密。雖復如此。未盡如來於法自在之力。但可智知。不可言辯。雖復甚多。亦不出漸。頓。不定。祕密。

此れ乃ち顕露不定なり、秘密不定は其の義然らず。如来は法に於て最も自在を得たまう。若《もし》は智、若は機、若は時、若は処、三密、四門、妨《ぼう》無く礙《げ》無し。此の座に頓を説き、十方には漸を説き、不定を説く。頓の座は十方を聞かず。十方は頓の座を聞かず。或は十方に頓を説き、不定を説き、此の座には漸を説く。各各相知聞せず、此《ここ》に於ては是れ顕、彼に於ては是れ密なり。或は一人の為に頓を説き、或は多人の為に漸を説き、不定を説く。或は一人の為に漸を説き、多人の為に頓を説く。各各相知らずして、互に顕密と為す。或は一座には黙し十方には説き、十方には黙し一座には説き、或は倶に黙し倶に説く。各各相知らず、互に顕密と為す。復た此の如しと雖も、未だ如来は法に於て自在の力を尽さず。但だ智をもって知るべし、言をもって弁ずべからず。復た甚だ多しと雖も、亦た漸、頓、不定、秘密を出でず。

以上のことは互に相知る顕露不定のことであるが、互に相知ることがない秘密不定の意味は、これらとはまた異なる。

如来は、法において最も自在を得たるものであって、若《も》しは智、若しは機、若しは時、若しは処において、身口意の三密、四門等に妨げもなく、礙《さわ》りもなく適用するのである。此の座において頓を説きながら、十方に向っては漸を説き、不定を説いている、頓の坐にある者は、十方に向って説かれている漸を聞くことはなく、十方の者にとっては、此の座において頓が説かれつつあることを聞かないのである。或は、十方には頓を説き不定を説きつつ、此の座には漸を説くのである。各々には相知ることも聞くこともなく、此処においては常に顕であり、彼の座においては常に密なのである。

或は一人のためには頓を説きつつ、多人のためには漸を説き、不定を説きつつあるのであり、一人のために漸を説きつつ、多人のためには頓を説きつつあるのであり、各々そのような状況にあることを相知らず、互に顕密となっている。

或は、一座においては黙しつつ、十方に向っては説いており、十方に向って黙しつつ、一座においては説いているのであり、或は倶に黙し、倶に説いている。しかも各々相知らないのであって、互に顕密となっているのである。

復《ま》た、このようなものであるからといって、まだこれでは如来が法において自在である力を説明し尽していると云えないのであって、そのありさまはただ智によって知るだけであり、くわしく言葉をもって弁論することが出来ないのである。しかしまた、宜しきに随って化を設けられた仏の所説は、甚だ多いとはいっても、漸・頓・不定・秘密より出ることはない。

《如来於法得最自在》 法華経巻二、信解品に「諸仏於法。得最自在。知諸衆生。種種欲楽。及其志力。随所堪任。以無量喩。而為説法。随諸衆生。宿世善根。又知成熟。未成熟者。種種籌量。分別知已。」(大正九・一九a)とある。**《智、機、時、処》** 智とは、衆生の楽《ねが》う所を知って方便して説くをいい、機とは、衆生の機根を知って教えを説くをいい、智と機とは仏の教説の内容をいう。時とは、説法の時をいい、処とは、説法の道場をいう。すなわち、時と処とは説法方式にかかわる。《三密》身密（動作）・口密（言語）・意密（心）の仏のすべての行為をいう。また密というは、人知を超えた不可思議秘密な働きをいうために密とした。大智度論巻十に、「仏有三密。身密語密意密。一切諸天人皆不解不知。」（大正二五・一二七c）とある。《四門》仏の真理を悟るには無量の法門があるが、智顗はそれを類型化して、一に有門、二に空門、三に亦有亦空門、四に非有非空門の四門を立てて仏の教のすべてを包括し、教えにこの四門があれば闕くことのないことを表わす。また、四門入理の義をたてて、蔵通別円の四教の各々に四門あるがために四教十六門と称される。また特に四教のそれぞれは、蔵は有門、通は空門、別は亦有亦空門、円は非有非空門をもっぱら用いて、道を悟るのであるとされる。ちなみに、諸法を四種の相に分けていう説は、大智度論巻六五に「諸法有四種相。一者説有。二者説無。三者諸亦有亦無。四者説非有非無。是中邪憶念故。四種邪行。著此四法故。名為邪道。是中正憶念故。四種正行。是中不著故。名為正道。」（大正二五・五一七b）等に見られる。

(3)　今経顕妙（法華の妙を顕わす）

今法華。是顯露非秘密。是漸頓非漸漸。是合非不合。是醍醐非四味。是定非不定。如此分別。此經與衆經相異也。

今の法華は是れ顕露にして秘密に非ず、是れ漸頓にして漸漸に非ず、是れ合にして不合に非ず、是れ醍醐にして四味に非ず、是れ定にして不定に非ず。此の如く分別するに、此の経と衆経の相とは異なれり。

今の此の法華経は、これ顕露であって、秘密ではなく、是れ漸を会しての後の頓なのであって、鹿苑・方等・般若の中の化儀の漸の、しかも法においても漸教であるところのものではなく、是れはすべて合した所のものであって、分け隔てのあるものでなく、是れ醍醐であって、他の四味でなく、是れ等しく実益を得るところの定であって、不定でない。

このように分別してみると、此の経は、衆経のあり方と異なっているのである。

《漸頓非漸漸》 法華経が化儀の四教（仏が衆生教化のために用いた、頓・漸・秘密・不定の教化方法、形式）、化法の四教（仏の説法内容を、蔵・通・別・円に分けたもの）の八教を超えた教えであるという時、よく用いられる。法華経は漸を会して頓に入る教であるといい、湛然は、「今法華経是漸後之頓。謂開漸顕頓。故云漸頓。非法華前漸中之漸。」（玄義釈籤巻二、大正三三・八二五c）といい、法華経は漸後の頓にして、漸を開いて頓を顕わすので、漸頓というのであり、法華以前の漸の中の漸をいうのではないという。すなわち、これによれば、ほぼ智顗以前までの教判に頓教といえば華厳経を指していたものを法華経の教えにもわたることを説いたものである。**《合非不合》** 先の法華時の漸頓泯合を解釈する中、漸頓の区別がなくなり、二法・三道・四果が法華時に至って合致することをいう。

（二） 化道始終不始終相

又異者。餘教當機益物不説如來施化之意。此經明佛設教元始。巧爲衆生作頓漸不定題密種子。中間以頓漸五味調伏長養而成熟之。又以頓漸五味而度脱之。竝脱竝熟竝種番番不息。大勢威猛三世益物。具如信解品中說。與餘經異也。

又異とは、余教は当機益物《やくもつ》にして如来施化《せけ》の意《こころ》を説かず。此の経は仏の教を設けたまう元始、巧みに衆生の為に頓、漸、不定、顕、密の種子を作《な》すを明かす。中間に頓漸五味を以て、調伏長養《じょうよう》して之を成熟《じょうじゅく》す。又、頓漸五味を以て之を度脱す。並びに脱し、並びに熟し、並びに種《う》うること番番息《や》まず。大勢威猛《いみょう》は三世に物を益《やく》す。具《つぶさ》には信解品の中に説くが如し。余経と異なれり。

また、異なっているといえば、余の経は、当分の機縁にしたがって物を益したものであって、如来の化道を施す真意を説いていない。この教は、大通智勝如来が教えを設けた元始を明らかにしているのである。すなわち巧みに衆生のために、頓・漸・不定・顕・密の種子を作って、それ以後、頓・漸五味をもって、調伏し長養し、これを成熟させて、頓・漸の五味をもって、之を度脱し、並びに脱し、並びに熟し、並びに種《う》えて、番々息《や》まず、大勢威猛の力を顕発し、三世において物を益するということである。

具さには信解品の中の譬えで説かれるようなものであって、余経と異なるのである。

《当機益物》　衆生の機根に応じて、それぞれにふさわしい教えを説くこと。天台では、法華時以前の前四時の方便的教化利益をいう。　**《此経明仏設教元始》**　法華経の化城喩品第七には、過去三千塵点劫已前という極めて遠い昔に於て、大聖釈尊は大通智勝仏の十六人の王子（大通仏の未だ出家せざりし時の王子）の一人として此の世に出世せられ、父の大通智勝仏が説かれた法華経を覆説弘通せられた。この時にその覆説の法華経を聞いて当来成仏の種子を植えつけた者が、今日法華経を聞いて成仏する所の声聞の弟子輩であったと、その化源（化導の初め）を説き明かし、而して又仏陀がこの度娑婆に出世されたのは、三千塵点劫の昔、法華経を覆説して下種して置いた弟子を得脱せしむる為だと説かれる。《種子》梵語 bīja の訳。唯識学では習気とも訳される。植物が種子から生ずるように、物心すべての現象を顕現する因種。天台では仏となる因種、仏と衆生の最初の結縁を指すことが多い。《種、熟、脱》仏より受ける利益を三に分ける。下種（仏となる種を衆生の心中にまく）・調熟（おしえそだてる）・解脱（苦からまぬがれる）の三である。また三益とも云う。天台では、法華経化城喩品の説に配当して、「各昇法座。亦於八万四千劫。為四部衆広説分別妙法華経。」（大正九・二五b）と云って、大通智勝仏の会座に在って法華経を説くを聞くを下種とし、「如来方便。深入衆生之性。知其志楽小法。深著五欲。為是等故。説於涅槃。」と、大通以後、小法を志楽して、如来が方便して衆生の性に入って、誘引して涅槃を説き明かすを調熟といい、「世間無有二乗而得滅度。唯一仏乗得滅度耳。」と、今日霊山会上に来て法華を聞いて、作仏の記を受けるを解脱とする。以上は迹門の下種によったものである。《大勢威猛三世益物》法華経巻五、従地涌出品「如来今欲顕発宣示諸仏智慧。諸仏自在神通之力。諸仏師子奮迅之力。諸仏威猛大勢之力。」（大正九・四一a）の文が、威猛大勢が未来、師子奮迅が現在、自在神通は過去の教化を示し、如来の説法が三世にわたることをいうが、これを大勢威猛だけを示して他を省略している。

（三）　師弟遠近不遠近相

又衆經咸云。道樹師實智始滿。起道樹始施權智。今經明師之權實。在道樹前久久已滿。諸經明二乘弟子。不得入實智。亦不能施權智。今經明弟子入實甚久。亦先解行權。又衆經尚不論道樹之前。師之與弟近近權實。況復遠遠。今經明道樹之前權實長遠。補處數世界不知。況其塵數。經云。昔所未曾說。今皆當得聞。殷勤稱讚良有以也。當知此經異諸教也。

又、衆経に咸《みな》云わく、「道樹《どうじゅ》に師の実智始めて満《まん》じ、道樹を起《た》って始めて権智《ごんち》を施す」と。今経は、師の権実は道樹の前に在りて、久久に已に満ずと明かす。諸経に明かすは、二乗の弟子は実智に入ることを得ず、亦た権智を施すこと能わず。今経に明かすところは、弟子の入実《にゅうじつ》甚だ久しく、亦た先より解《げ》して権を行ず。又、衆経は尚お道樹の前に、師と弟《でし》との近近《ごんごん》権実を論ぜず、況や復た遠遠《おんおん》をや。今経は道樹の前に権実長遠なることを明かす。補処《ふしょ》も世界を数うるに知らず、況や其の塵数《じんじゅ》をや。経に云わく、「昔、未だ曾て説かざる所、今皆な当に聞くことを得べし」と。殷勤《おんごん》に称讃すること良《まこと》に以有《ゆえあ》り。当に知るべし、此の経は諸教に異なることを。

また、衆経においては、咸《ことごと》く、道樹のもとにおいて師が始めて実智を満足させ、その道樹より起《た》ちて始めて権智を施したまうと述べているが、今の経は、師の権実二智は、道樹のもとにおける発得已前、五百塵點劫の久々より已に満足している、と述べているのである。

諸経には、二乗の弟子は実智に入ることが出来ないし、また他を教化する妙用である権智を施すことは出来ないと述べられるが、今の経によれば、弟子もすでに実に入ってから甚だ久しいと明かされ、また、先に已に菩薩行を体解して実に入り、外には声聞に姿を現じ権を行じていると述べられている。また、衆経には、なお道樹の前の師と弟子の、近々の権実すら論じてはいない、況んや復《また》、遠々なぞ。今の経は道樹の前の権実が長遠であることを明かしている。補処《ふしょ》の弥勒ですら、世界を数えるにその数を知らない、況んやその塵の数を知ってはいなかった。経に、昔し未だ曾て説かざる所を、皆な今当に聞くことを得ると云う。まことに殷勤に称讃する所以があるのである。

そのような訳で、此の経、諸経にはるかに異なるのであると知るべきである。

《道樹》　菩提樹。この樹下において仏道を成じたので道樹ともいう。諸仏の道樹は異なり、釈尊の場合は仏陀伽耶の菩提樹で、伽耶菩提道場とも称される。《権智》　方便智、俗智、如量智といい、真実智、如実智に対して、相対差別の方便の教や、現象界に関する智。《久久、遠遠》　時の長短にことよせて、久久とか近々といい、成道しおわり教化活動する場所にことよせると遠々とか近々の句になる。《補処数世界不知》　補処の弥勒すら世界を数えるにその数を知らないとする意であり、法華経巻六、如来寿量品に「弥勒菩薩等。倶白仏言。世尊。是諸世界。無量無辺。非算数所知。」(大正九・四二b) という文による。《補処》　一生補処の略。一生所繋ともいい、菩薩の最高位たる等覚を指し、一生だけ生死に迷う世界に縛られ次の生は仏の位処を補うべき者、つまり仏と生まれる者の意。代表的なのは弥勒菩薩で、特に弥勒を補処の菩薩と呼ぶ。《昔所未曾説。今皆当得聞》　法華経巻五、従地涌出品「汝今出信力。住於忍善中。昔所未聞法。今皆当得聞。我今安慰汝。勿得懐疑懼。仏無不実語。智慧不可量。」(大正九・四一a) の文による。《殷勤》　ていねい。ねんごろであること。

第二節　引　證

〔解説〕引證というのは、五重玄義を建立する証拠を経文から求め示すことで、人々に信心を起させるために仏語を引用するのである。天台は法華経によって五重玄義を設けたのであるから、引證される経文も法華経の文を引用しているのである。更に云えば天台の開悟した五重玄義の法が、幸い修多羅（経典）の文々句々と合致しているということを示す訳である。

（一）名・体・宗・用を證す

1　序品によって證す

（a）名を證す

二引證者。如文殊答問偈云。我見燈明佛本光瑞如此。以是知今佛欲説法華經。何但二萬億。大通智勝及五佛章中。三世佛説皆名法華也。

（b）体を證す

文云。今佛放光明助發實相義。又云。諸法實相義已爲汝等說。又云。無量衆所尊爲說實相印。此亦今古同以實相爲體也。

（c）　**宗を證す**

文云。佛當雨法雨充足求道者。卽是會三歸一之法雨。令求佛道因者充足。乃至一切皆會令充足。若開近顯遠之法雨。令求佛道果者充足。

二に引證とは、文殊の答問の偈に云うが如し。「我、灯明仏を見たてまつりしに、本《もと》の光瑞此《かく》の如し。是を以て知んぬ、今の仏の法華経を説かんと欲《おぼ》したまうことを」と。何ぞ但だ二万億のみならん、大通智勝、及び五仏章の中、三世の仏の説皆な法華と名づく。

文に云わく、「今仏、光明を放ちて実相の義を助発したまう」と。又云わく、「諸法実相の義已に汝等《だち》が為に説く」と。又云わく、「無量の衆に尊まれて、為に実相の印を説く」と。此れ亦た今古同じく実相を以て体と為すなり。

文に云わく、「仏当に法雨を雨《あめふ》らして、道《どう》を求むる者をして充足せしめたまうべし」と。即ち是れ会《え》三帰一《さんきいち》の法雨、仏道の因を求むる者をして充足せしめ、乃至、一切皆な会して充足せしむ。若しは開近顕遠の法雨は、仏道の果を求むる者をして充足せしむ。

二、引證

法華経序品に、釈迦仏が、神通の相をもって大光明を放ち、東方万八千の土を照らし、彼の仏の国界の荘厳を示したことに対し、その理由を弥勒が文殊師利に質問したところ、「かつて私が灯明仏のみもとにおった時、これと同様の光瑞に会った。その時の状況から考えるに、今の仏はまさに法華経を説こうとなさっているにちがいない」と答えた。

どうして但《た》だ二万億の灯明仏がそうであっただけと云えよう。大通智勝如来もまた、方便品に説かれる五仏章の中の三世のすべての仏の説法も皆、衆生をして一切種智を得せしめ、仏の知見に開示し悟入せしめんがためのものであり、法華と名づけられるのである。

文に「今の仏が光明を放っておることも、実相の義理を助発するためであろう」と云われ、また「諸法実相の義理、すでに汝等がために説く」といわれ、また「無量の人々に尊ばれ、その人々を慈しんでそのために実相の印を説く」といわれる。このようなこともまた、今仏も古仏も同様に、実相をもって体としていることを示している。

文に「仏は当に法雨を雨ふらして、求道者に充足せしめたまうべし」といわれる。すなわち、これは会三帰一の法雨が、仏道の因を求めるものをして充足せしめることである。また、一切を開会して充足せしめることである。若しくは、開近顕遠の法雨は、仏道の果を求める者をして充足せしめることである。

《如文殊答問偈云》　法華経巻一、序品「……我見灯明仏。本光瑞如此。以是知今仏。欲説法華経。今相如本瑞。是諸仏方便。今仏放光明。助発実相義。」（大正九・五b）の文を指す。**《二万億》**　二万億とは、法華経序品に「次復有仏亦名日月灯明。次復有仏亦名日月灯明。如是二万仏皆同一字。号日月灯明。」（大正九・三c）とある、二万の日月灯明仏をいう。ここに億の字を付け加えられ二万億の日月灯明仏とするは法華経に見られない。また、法華経巻七、常不軽菩薩品には、「命終之後得値二千億仏。皆号日月灯明。於其法中説是法華経。」(大正九・五一a)とある。《大通智勝》 大通智勝仏のこと。法華経化城喩品に出る、三千塵点劫の昔に出世した仏で、二万劫を経て八千劫の間、法華経を説く。阿閦・阿弥陀・釈迦牟尼仏等の十六仏は、大通智勝仏が出家する以前の王子である。《五仏章》 法華経方便品に出現する諸仏に、第一諸仏章・第二過去仏章・第三未来仏章・第四現在仏章・第五釈迦仏章の五仏章があり、これらすべてが衆生のために無数の方便、種々の因縁、譬喩の言詞を用いて妙法を説き明かしていると説かれる。

《文云。今佛……》 法華経巻一、序品「我見灯明仏。本光瑞如此。以是知今仏。欲説法華経。今相如本瑞。是諸仏方便。今仏放光明。助発実相義。」(大正九・五b)の文による。《又云。諸法……》 法華経巻一、序品「仏説是法華。令衆歓喜已。尋即於是日。告於天人衆。諸法実相義。已為汝等説。我今於中夜。当入於涅槃。」(大正九・五a)の文による。《又云。無量……》 法華経巻一、方便品「我以相厳身。光明照世間。無量衆所尊。為説実相印。」(大正九・八b)の文。以上の三文は体を證する。《実相》 すべての存在の真実のあり方。《印》 梵語 mudrā または udāna の訳。しるし。決定して変わらないものの意。小乗にては、諸行無常・諸法無我・涅槃寂静の三法印のように教義の規範を指し、仏説にして魔の説に非ずと説くもので、大乗では諸法実相の印があれば仏説であるとすること。

《文云。佛当……》 法華経巻一、序品「諸人今当知。合掌一心待。仏当雨法雨。充足求道者。」(大正九・五b)の文。《会三帰一》 三とは三乗、一とは一乗の意である。法華以前の教えは、真実の教えに導くため、衆生の機根に従う方便としての三乗の教えを説いたが、法華経においてはそれらを真実の教、一仏乗に帰入させることである。ちなみに、天台や華厳においては、法華経譬喩品の「三車一車」の譬えを、羊鹿牛の三車即ち三乗の外に大白牛車の一乗があるとするため(四車家)、三を会して一に帰すと説く。三論宗や法相宗では三車の外に門外の車を認めないため（三車家）、三乗の中の菩薩乗を仏乗と同じであると理解し、二を会して一に帰すと説かれる。

《開近顕遠》　法華経の後半部分の本門の開顕といわれるもので、釈迦仏はブッダガヤの菩提樹下で始めて悟りを開いたとする伽耶近成という人々の執われを開除して（開近）、仏の成仏して悟りを開いたことは永遠の昔であることを顕示すること。法華経巻五、如来寿量品によれば「我成仏已来甚大久遠。寿命無量阿僧祇劫常住不滅。」（大正九・四二c）という。

（d）　用を證す

文云。諸求三乘人。若有疑悔者。佛當爲除斷。令盡無有餘。又云。諸佛法久後。要當說眞實。卽是斷三乘。五乘。七方便。九法界等疑。皆令生信。此證經用也。

文に云わく、「諸《もろもろ》の三乗を求むる人《にん》、若し疑悔《ぎけ》あらば、仏は当に為に除断して、尽《ことごと》く余り有ること無からしめたまうべし」と。又た云わく、「諸仏の法は久しうして後要《かなら》ず当に真実を説くべし」と。即ち是れ三乗、五乗、七方便、九法界等の疑を断じて皆な信を生ぜしむ。此れ経の用《ゆう》を證するなり。

文に「諸の三乗を求めようとする人々の中で、もし疑いを持ち後悔を抱くような人には、仏はまさにその疑い後悔を除き尽して、ことごとく余り有ることがないようにします。」また「諸仏の説法というものは、長い期間説かれて後、要《かなら》ず最後には当に真実が説かれるのである」と云う。

すなわち、これらの経文は、三乗の人・五乗の人・七方便の人・九法界の人々等の疑いを断じて、皆な信を生ぜしむるということを云っているのであり、これはこの経の用を證するものである。

《文云》　法華経巻一、序品「諸求三乗人。若有疑悔者。仏当為除断。令尽無有余。」(大正九・五b) の文。

《又云》　法華経巻一、方便品「舎利仏当知。諸仏語無異。於仏所説法。当生大信力。世尊法久後。要当説真実。」(大正九・六a) の文。

《五乗》　人乗・天乗・声聞乗・縁覚乗・菩薩乗の五乗をいう。

《七方便》　一般には見道の聖位に入る方便の行位のこと、五停心観、別相念住、総相念住の三賢と煖・頂・忍・世第一法の四善根であり七賢ともいう。天台では特に人・天・声聞・縁覚・三蔵の菩薩・通教の菩薩・別教の菩薩を七方便という。

《九法界》　地獄・餓鬼・畜生・修羅・人・天・声聞・縁覚・菩薩・仏の十界の中、仏界を除いた九界。

2　如来神力品によって證す

又如來神力品云。以要言之。如來一切所有之法。如來一切自在神力。如來一切祕要之藏。如來一切甚深之事。皆於此經宣示顯說。

一切法者。權實一切法皆攝也。此證經名。一切自在神力者。內用名自在。外用名神力。此證體也。一切祕要之藏者。非器莫授爲祕。正體爲要。多所含容而無積聚名藏。此證用也。一切甚深之事者。實相名甚深。爲實相修因名深因。究竟實相名深果。

又法師品云。若聞此經乃是善行菩薩之道。深因也。求佛道者咸於我前聞妙法華經一句。乃至一念隨喜我皆與授記。乃至須臾聞之。卽得究竟三菩提深果。此證宗也。

又た如来神力品に云わく、「要を以て之を言わば、如来の一切所有の法、如来の一切自在神力、如来の一切秘要の蔵、如来の一切甚深《じんじん》の事《じ》、皆な此の経に於て宣示し顕説す」と。

一切の法とは、権実の一切の法皆な摂す。此れ経の名を證するなり。一切の自在神力とは、内用《ないゆう》を自在と名づけ、外用《げゆう》を神力と名づく。即ち用を證するなり。一切秘要の蔵とは、器に非ずんば授くること莫《な》きを秘と為し、正体を要《よう》と為し、含容《がんよう》する所多くして而も積聚《しゃくじゅ》無きを蔵と名づく。此れ体を證するなり。一切甚深の事とは、実相を甚深と名づけ、実相の為の修因を深因と名づけ、実相を究竟するを深果と名づく。

又た法師品に云わく、「若し此の経を聞かば、乃ち是れ善く菩薩の道を行ず」と。深因なり。「仏道を求むる者咸《ことごと》く我が前に於て、妙法華経の一句をも聞き、乃至、一念も随喜するに、我皆な授記を与う。」乃至、「須臾《しゅゆ》も之を聞かば、即ち三菩提の深果を究竟することを得ん」と。此れ宗を證するなり。

また、如来神力品に、「この経の功徳を要約して云えば、如来一切の所有の法、如来一切の自在神力、如来一切の秘要の蔵、如来一切の甚深の事を、この経にはのべ挙げて説かれている」と言う。一切の所有の法とは、権実の一切法を皆な摂していることである。これは経の名を證することである。一切の自在神力とは、自己の内にある力用を自在と名づけ、それが外に働き出すことを神力と名づけるのであって、これは用を證することである。一切秘要の蔵とは、仏としての器にかなっていなければ、授けることが出来ないことを秘となし、正体を要とし、容れられている所のものは膨大であるけれども、形をもって積み集められていないことを、蔵と名づけているのである。これは体を證することである。一切の甚深の事とは、実相を指して甚深というのであり、実相を得るための因を修行することを深因と称し、実相の深くきわまった結果を深果と称するのである。

また、法師品に、「もし此の経を聞くことが出来るならば、それは善く菩薩の道を行じようとすることと同じでありる」と、これは深因を云っているのであり、「仏道を求めている人が我が面前において、妙法華経の一句を聞くことがあり、また心に随喜を生ずることがあるならば、私はその人々にみな将来仏となるであろうという授記を与え、またたとえすこしの間でもこの法華経を聞いたなら、阿耨多羅三菩提という深き果をきわめることが出来る。」と説かれていること、これらは宗を証明しているのである。

《如来神力品云》　法華経巻七、如来神力品（大正九・五二a）の文。この四句は、結要付嘱の四法と称せられる。　《法師品云》　法華経巻四、法師品（大正九・三一c）の文と、「求仏道者。如是等類咸於仏前。聞妙法華経一偈一句。乃至一念随喜者。我皆与授記。当得阿耨多羅三藐三菩提。……須臾聞之。即得究竟阿耨多羅三藐三菩提。」（大正九・三〇c〜三一a）の文による。　《随喜》　法を聞いて真理に随順して心に歓喜することと、他人の善いおこないを見聞して歓喜すること。

3　二文を引く意

所以引二文者。古佛事定。擧要略以釋疑。今佛説竟擧要略以付囑。中間正當機廣説。

故不引證耳。若引者。開。示。悟。入。卽其文也。爲大事因緣故證名。佛之知見證體。開示悟入證宗。爲令衆生證用。此異餘經證教也。

二文を引く所以は、古仏は事《じ》定まる、要略を挙げて以て疑を釈す。今仏は説き竟《おわ》って、要略を挙げて以て付嘱す。中間《ちゅうげん》は正《まさ》しく機に当って広く説く。故に引きて證せざるのみ。若し引かば、開《かい》、示《じ》、悟《ご》、入《にゅう》は即ち其の文なり。大事の因縁の為の故に名を證し、仏の知見は体を證し、開示悟入は宗を證し、為令《いりょう》衆生は用《ゆう》を證し、此れ余経に異なるは教を證す。

この二文を引く理由を述べれば、灯明仏等の過去の仏達が法華を説いた事跡はすでに定まっているが、今序品においては弥勒の疑いを晴らすため文殊が旧事を要約して述べて疑いを解く場面であるからであり、さらに今の仏が本迹の法華を説き竟《お》えた後に、総じて法華の重要の点を要略して、諸の菩薩に付嘱する場面であるため、この神力品の文を引くのである。中間の正宗分は正しく、機根を鑑みて広く説いているのであるから、引證しないだけである。もし引證しようとすれば、開、示、悟、入の文がこれに当たるであろう。

そこで、仏の一大事因縁と云われる所は名を證し、仏の知見とは体を證し、開示悟入は宗を證し、為令衆生は用を證し、これらのことがらが他の経と異なるということは、教を證することとなる。

《引二文者》　二文とは、序品（序分）の文と、神力品（流通分）の二文を指す。**《中間》**　正宗分を指す。

《開示悟入》 諸仏の出現が、衆生に仏の知見を開かせ、仏の知見を示し、仏の知見を悟らせ、仏の知見に入らしめるためであるとする、仏が世に出現した本懐を表わした語である。法華経巻一、方便品「舎利弗。云何名諸仏世尊唯以一大事因縁故出現於世。諸仏世尊。欲令衆生開仏知見使得清浄故出現於世。欲示衆生仏知見故出現於世。欲令衆生悟仏知見故出現於世。欲令衆生入仏知見道故出現於世。舎利弗。是為諸仏唯以一大事因縁故出現於世。」(大正九・七a)の文による。**《大事因縁》** 一大事因縁。仏がこの世に出現せられた唯一の大目的。衆生をして仏の知見を開き示し悟り入らしめること。**《仏之知見》** 仏の事物をさとり知る見解、如実の義を悟る仏の自内證の智慧。

(二) 別して教を證す

1 薬王品の十喩によって教を證す

又藥王品擧十譬歎教。今引其六。大如海。高如山。圓如月。照如日。自在如梵王。極如佛。

(a) 海譬

海是坎德。萬流歸故。同一鹹故。法華亦爾。佛所證得。萬善同歸。同乘佛乘。江河川流無此大德。餘經亦爾。故法華最大也。

(b) 山譬

山王最高。四寶所成故。純諸天居故。法華亦爾。在四味教之頂離四誹謗。開示悟入。純一根一縁。同一道味。純是菩薩無聲聞弟子故。

(c) 月譬

月能虧盈故。月漸圓故。法華亦爾。同體權實故。會漸入頓故。

又た薬王品に十譬《じっぴ》を挙げて教を歎ず、今其の六を引くべし。大なること海の如く、高きこと山の如く、円《まどか》なること月の如く、照らすこと日の如く、自在なること梵王の如く、極まれること仏の如し。海は是れ坎徳《かんとく》あり、万流《ばんる》帰するが故に、同一鹹《いっかん》なるが故なり。法華も亦た爾《しか》なり、仏の證得したまう所、万善同じく帰し、同じく仏乗に乗ず。江《こう》と河《か》と川流《せんる》とは此の大徳無し、余経も亦た爾なり。故に法華最大なり。山王は最も高し、四宝所成の故に、純《もっぱ》ら諸天の居《ご》なるが故なり。法華も亦た爾なり、四味の教の頂に在りて四の誹謗を離る。開示悟入純《もっぱ》ら一根一縁にして同一道味なり、純ら是れ菩薩にして声聞の弟子無きが故なり。月は能く虧盈《くよう》するが故に、月は漸く円《まどか》なるが故なり。法華も亦た爾なり、同体の権実《ごんじつ》なるが故に、漸を会《え》して頓に入るが故なり。

また、薬王品に十喩を挙げて、法華経の教えがすばらしいことを述べているが、今その内の六喩を挙げて、法華経の教えがすばらしいことを述べる。

大小の川や池の中で海が最大であるように、土山・黒山・大小鉄囲山の中で須弥山が最も高いように、円かなることは月のようであり、すべての照らすものの中では日輪が最上であるように、自在という点については梵王が最高であるように、極め尽しているということからは仏が至極であるというように、これら六点から法華経の最上なることを讃歎する。

海はすべてのものを呑み込んでしまうという徳があり、すべての流れが一ケ所に集まり、同一の塩辛いという味を持つように、法華経も同様である。これは仏の證し獲得した所のものであって、すべての善が同一実相に帰し、同一の仏乗に乗せることにある。江・河・川の流れはこの大徳がなく、これと同様に法華経以外の経もこの大徳がない。だから法華経が最大なのである。

須弥山が最も高いのである。この山は金・銀・瑠璃・玻瓈の四宝で構成されていて、純《もっぱ》らもろもろの天人の居る所であるように、法華経も同様に前四味の教えの頂上にあり、空有・施設・不異・不尽の四誹謗を離れているのである。また開示悟入の教法により、もっぱら衆生は一根一縁となり、同じく仏道を成じ、声聞弟子はなくなり、ただただ真に菩薩のための教えとなるからである。

月のよく満ちかけするように、月の次第に円くなるように、法華経も同様である。満ち欠けしても月の本体は不変であるように、同体の権と実であるのであり、漸を開会して頓に入ることができるからである。

《薬王品挙十譬》　法華経巻七、薬王菩薩本事品の十譬とは、「（第一譬）譬如一切川流江河諸水之中海為第一。此法華経亦復如是。於諸如来所説経中最為深大。（第二譬）又如土山黒山小鉄囲山大鉄囲山及十宝山衆山之中須弥山為第一。此法華経亦復如是。於諸経中最為其上。（第三譬）又如衆星之中月天子最為第一。此法華経亦復如是。於千万億種諸経法中最為照明。（第四譬）又如日天子能除諸闇。此経亦復如是。能破一切不善之闇。（第五譬）又如諸小王中転輪聖王最為第一。此経亦復如是。於衆経中最為其尊。（第六譬）又如帝釈於三十三天中王。此経亦復如是。諸経中王。（第七譬）又如大梵天王一切衆生之父。此経亦復如是。一切賢聖学無学及発菩薩心者之父。（第八譬）又如一切凡夫人中須陀洹斯陀含阿那含阿羅漢辟支仏為第一。此経亦復如是。一切如来所説若菩薩所説若声聞所説諸経法中最為第一。有能受持是経典者亦復如是。於一切衆生中亦為第一。(第九譬)一切声聞辟支仏中菩薩為第一。此経亦復如是。於一切諸経法中最為第一。(第十譬)如仏為諸法王。此経亦復如是。諸経中王。」(大正九・五四a〜b)とあるによる。

《大如海》　薬王品の十譬の第一譬をいう。《高如山》　第二譬をいう。《円如月》　月を譬えていうは第三譬であるが、そこでは照明なることを譬えている。《照如日》　第四譬をいう。《自在如梵王》　第七譬をいう。《極如佛》　第十譬をいう。

《坎徳》　坎は穴の意。すべてをつつみ入れる徳をいう。《同一鹹》　海水の味が同一に塩辛いことをいう。《万善同帰》　万善(三乗)が等しく同一(一仏乗)に帰着することをいう。南地の五時教判においては法華経を第四時万善同帰教といい、三を会して一に帰し万善ことごとく菩提に向かうを指し、智顗以前に南地の教判に法華経を万善同帰の教としていたことが知れる。また、法雲の『法華義記』巻一に「宗旨要略有三。一者以因為宗。二者以果為宗。三者以因果為宗也。……語万善之因明同帰之路。括五乗皆無異路。」(大正三三・五七四b)と、法雲は明らかに前三乗を会して一乗に帰す意を示すために「万善……同帰」の語句を用いる。この用語の典拠については、『周書』「蔡仲之命」に「為善不同。同帰于治。為悪不同。同帰于乱」(善徳の行ないは、行ない方は同じでなくても、同に世の平和に帰着する。悪徳の行ないは、その行ない方は同じでなくても、同に世の争乱に帰着する。)(中国古典文学大系1・二八二頁)と述べられ、仏典以外による語句であることが伺える。また、この語句と同様なものに、『出三蔵記集』巻八、合維摩詰経序第十三に「則万流同帰。百慮一至」(大正五五・五八c)とあり、同じく巻八、大涅槃経序第十六に「大般涅槃者。蓋是法身之玄堂。正覚之実称。衆経之淵鏡。万流之宗極。其為体也。」と、衆経、万流の終極が涅槃であると云われる。また万善をどのように説明するかは明らかではないが、『注維摩詰経』の羅什の主張によく用いられる、万善を一切智地とし、方便道を行じて仏道を成ずるとする例を挙げておく。「什曰。……行則万善兼具。万善兼具故能廻向仏道。向而弥進是方便力也。」（大正三八・三三七a）「什曰。……広積衆善故仏道得成。是以万善為一切智地。乃真道場也。」（大正三八・三六三c）「什曰。万善所持。衆聖所護。故名普守焉。」（大正三八・三九七c）「什曰。万善無常随意所成。故須方便廻向仏道。」（大正三八・四〇六c）

《山王最高》 第二譬を指す。 **《四宝》** 須弥山は金・銀・瑠璃・玻瓈の四宝よりできている。 **《四誹謗》** 法華経は四謗を離れていると、前に説明した句を指す。四謗とは「断無謗・建立謗・異謗・尽謗」であり、これを離れるとは、「空有・不二・不異・不尽」となること。

《虧盈》 かけることと、みちること。韓詩外傳三、「夫天道虧盈而益謙、地道変盈而流謙。」

（d）日譬

燈炬星月與闇共住。譬諸經存二乘道果。與小竝立。日能破闇故。法華破化城。除草菴故。又日映奪星月令不現故。法華拂迹除方便故。

（e）梵王譬

輪王於四域自在。釋王於三十三天自在。大梵於三界自在。諸經或於俗諦自在。或於眞諦自在。或於中道自在。但是歷別自在非大自在。今經三諦圓融。最得自在譬大梵王。

（f）法王譬

餘經拔衆生出生死。如五佛子於凡夫第一。或拔衆生出涅槃。如菩薩居無學上。今經拔出衆生過方便教菩薩上。卽成法王最爲第一。

燈《とう》、炬《こ》、星《しょう》、月《がつ》は闇と共に住す、諸経の二乗の道果を存して小と並び立つるに譬《たと》う。日は能く闇を破するが故なり、法華は化城を破し、草菴《そうあん》を除くが故なり。又、日は星月を映奪《ようだつ》して現ぜざらしむるが故に、法華は迹《しゃく》を払い方便を除くが故なり。

輪王は四域に於て自在なり、釈王は三十三天に於て自在なり、大梵は三界に於て自在なり。諸経は、或は俗諦に於て自在、或は真諦に於て自在、或は中道に於て自在なれども、但だ是れ歴別《りゃくべつ》の自在にして大自在に非ず。今経は三諦円融《さんだいえんにゅう》して最も自在を得れば、大梵王に譬う。

余経は衆生を抜き生死を出す。五仏子の凡夫に於て第一なるが如し。或は衆生を抜き涅槃を出す、菩薩の無学の上に居《こ》するが如し。今経は衆生を抜出《ばっすい》して、方便教の菩薩の上に過ぐ。即ち法王と成し、最も第一と為す。

燈《ともしび》、炬《かがりび》、星、月が暗い闇と共に存することは、諸経が二乗の悟りを保持し小乗の教えといっしょに存していることを譬えているのである。それに対して日が能《よ》く暗い闇を破ることは、法華経が仮に示した化城や草菴を破して除くからである。また、日の光が星月の光を映し取ってしまい影を現わにさせないことは、法華経が迹門《しゃくもん》の教えを払い、方便を除くようなことである。

転輪聖王が四州の城で自在であること、帝釈王が三十三天で自在であること、大梵天が三界で自在であることは、諸経のあるいは俗諦で自在であり、あるいは真諦で自在であり、あるいは中道で自在であることをいう。ただこれは歴別の自在を現わすもので、大自在を現わすものではない。しかし、法華経には三諦が円融されており、最上の自在を獲得されるので、大梵王に譬えられるのである。

余経は衆生を抜いて、分段の生死から離れさせるが、これは、仏の最初の弟子達である五比丘が凡夫の中で最上であるとするようなものであり、或いは、衆生を引き抜いて涅槃の境界より出させ、また生死の世界に入らせるということは、菩薩をもう学ぶべきものがないという無学人のさらにその上に居らせるようなものである。しかし、法華経においては、衆生を抜き出すことそのことが、すでに方便の教えにおける菩薩の上を過ぎているのであり、まさしく仏、法王と同じなのである。だから法華経が最もすばらしいのである。

《日能破闇》 は第四譬。**《法華破化城。除草菴》** 化城とは、法華経化城喩品（大正九・二六a）に、五百由旬の宝所に至るまでの中途、仮に三百由旬の所に示される化城（方便のさとり）をいう。草菴とは、法華経信解品の長者窮子の喩えで、もと長者の子である窮子にあらゆる手段によって次第に嗣子であることを悟らせるため、方便として仮に草菴に住まわせることをいう。

《輪王》 第五譬を指す。輪王、梵語 Cakra-varti-rājan とは、宝輪を転じて四方を降伏するので輪王といい、転輪聖王ともいう。仏が聖界の、輪王が俗界の最高の理想者であるに対比され、仏の説法を転法輪というのも輪宝を転ずることを喩えたもの。**《四域》** 須弥山の四方の塩海にある四洲（島）。南方に贍部洲、東方に勝神洲、西方に牛貨洲、北方に瞿盧洲の四洲がある。**《釈王》** 釈迦提桓因陀羅（Śakra devānāṁ Indra）また、天帝釈、釈提桓因といい、梵王とともに仏法を守護する主神であり、欲界の忉利天（三十三天）に住む第一人者。**《三十三天》** 須弥山の頂上にある三十三天の住処。殊勝殿という帝釈天の住処を中心に、四方の峰に各八天の計三十二天があり、合わせて三十三天という。梵語 Trayastriṃśāḥ の音訳を省略して、忉利天ともいう。**《大梵》** 梵天（Brahman）。もとバラモン教の神。色界を四段階に分け、下から初禅、二禅、三禅、四禅とする中、初禅天を梵天と称する。梵天（初禅天）の中には、梵衆天（大梵天支配下の民）・梵輔天（大梵天の大臣ないし役人）・大梵天の三つの世界があり、通常、梵天といえば大梵天を指す。

《三界》　有情が生死に往来して迷う世界を三つに分けたもの。欲界（性欲・食欲等の欲を持つ世界）・色界（欲はないが物質がある世界）・無色界（色界の上にあり、物質を離れた心識のみ有る世界）。**《俗諦》**　一切の因縁によって生ずる有りかたを、真理に対して俗といい、その真実の道理を俗諦という。**《真諦》**　真実にしてあやまりなく、不生不滅の有り方を真といい、その真実の道理を真諦という。**《中道》**　空有、真俗の二辺にかたよらないで、両者が双遮双照して二つ並び立つ道をいう。**《三諦円融》**　色心の万法はことごとく空・仮・中の三理が円融無礙であると説く。すなわち、三諦の内の「仮」（事象を認める立場）の有り方を追求すると、そのままが「空」として、また「中」としてのあり方としてあるというのが三諦円融である。

《五仏子》　仏が最初に鹿野苑に教化した五比丘、阿若憍陳如・阿湿婆恃・跋提・摩訶男・十力迦葉。

《無学》　声聞乗の四向四果の最後の一果を除いたものを有学といい、最後の阿羅漢果を無学という。

2　名・体・宗・用を證す

引諸譬喩明教相最大。例知用宗體名亦大如海。境智乃至利益亦大如海。教相如山。在四味教上。用宗體名境智利益亦復如是。教相虧盈圓滿如月。用宗體名境智利益亦復如是。教破化城。用宗體名境智利益亦復如是。教相自在。餘亦如是。教相王中王。餘亦如是。非但引文證教。餘義亦成。

諸の譬喩を引きて教相の最大なることを明かせり。例して知んぬ、用《ゆう》、宗《しゅう》、体《たい》、名《みょう》も亦た大なること海の如く、境、智、乃至利益も亦た大なること海の如くなるを。教相は山の如し、四味の教の上に在り。用、宗、体、名、境、智、利益も亦復た是《かく》の如し。教相の虧盈《くよう》円満なること月の如し、用、宗、体、名、境、智、利益も亦復た是の如し。教は化城を破す、用、宗、体、名、境、智、利益も亦復た是の如し。教相は自在なり、余も亦た是の如し。教相は王が中の王なり、余も亦た是の如し。但だ文を引きて教を證するのみに非ず、余の義も亦た成ず。

諸々の譬喩を引いて教相の最大であることを明らかにした。これを例として知るべきである。用・宗・体・名の最大であることは、海のようであり、境・智乃至利益の十妙も最大であることは、海のようであると。

また、教相は須弥山のように高いのであって、四味の教えの最上にあるのである。用・宗・体・名・境・智・利益もまた同様である。

また教相の満ちかけと円満であることが月のようであることは、用・宗・体・名・境・智・利益も同様である。教相が化城を破すということは、用・宗・体・名・境・智・利益もまた同様であり、教相が自在であるということは、その他の点においても同様であり、教相が王中の王であるということも、その他の点においても同様であるのである。すなわち文を引いて教相を證しただけでなく、その他の諸々の意味合いにおいて最大であることを證したのである。

第三節　生　起

〔解説〕生起とは、雑乱しないようにさせて定心を発起させることであり、前の文段から次の文段が導かれることである。前の文段を父とし、次の文段を子とするようなものである。例えば、総じていえば、すべての在り方というのは無尽であるけれども、いわゆる真と俗との二つの在り方に見分けることが出来るのである。真の在り方からすれば、全存在といえど名称・相貌を泯じているのであるが、俗の在り方の辺から見ると、理によってすべての在り方の各々に名称・相貌を設けることが出来るのであり、名によらなければ真実の理体も顕現することもないのであるから、五重玄義の最初に名を置く、というように生起の姿を示すことである。

（一）　生起の名・意味を正しく釈す

三生起者。能生爲生。所生爲起。前後有次第。麤細不相違。

肇云。名無召物之功。物無應名之實。無名無物。名物安在。蓋第一義中無相意耳。世諦為言。無名無以顯法。故初釋名。名名於法。法卽是體。尋名識體。體非宗不會。會體自行已圓。從體起用導利含識。利益既多須分別敎相也。

三に生起《しょうき》とは、能生《のうしょう》を生《しょう》と為し、所生《しょしょう》を起《き》と為す。前後に次第有り、麤《そ》細《さい》相違せず。肇《じょう》の云わく、「名は物を召すの功《く》無く、物は名に応ずるの実無し。名無く物無し、名物《みょうもつ》安《いずくん》ぞ在らん」と。蓋《けだ》し第一義の中の無相の意《こころ》のみ。世諦《せたい》には言《ごん》を為す、名無くんば以て法を顕わすこと無し。故に、初めに名を釈す。名は法に名づく、法は即ち是れ体なり。名を尋ねて体を識り、体は宗に非ずんば会《え》せず。体に会して自行已《すで》に円《まどか》なれば、体より用《ゆう》を起し、含識を導利す。利益既に多し、須《すべから》く教相を分別すべし。

三、生起

能生を生とし、所生を起とする。名相や意味を配当するに前後の次第があり、麤略《そりゃく》から委細にわたって相い違うことがない。

僧肇が、「名には物を召し出す功能がある訳でなく、物には名に相当する実はないのである。名と物とが相い応ずることがなく名もなく物もないのであるから、名と物とはいったいどこに存在しようか。」と述べていることは、推量するに、自覚聖智の第一義の中の無相の意を指しているのであろう。迷情に従い、世諦の事に従って、云ってみると、迷っているものに対して理を示そうとするならば、名がなければそれによって法を顕らかにすることが出来ないのであり、それ故に、初めに名を解釈するのである。名は、法に関して名づけるのである。法とは是れは体であり、名を推尋して体を知るのであり、理が自から顕われる訳はないので、体は、人が修行し證得するという宗に立脚しなければ、称会することはない。体に称会して自行が已に円かになると、自證の体より立ちて、化他の用を起こし、衆生含識を導利するのである。その利益が、機の宜しきに随って、多岐に亘る訳であるから、その多くの教相を分別すべきである。

《肇云》　僧肇の『肇論』の不真空論の文を指す。僧肇は東晋時代の人、羅什門下の四聖十哲の中の一人である。若くして老荘の学に精通していたが、維摩経を読んで仏門に入って出家した。羅什門下の解空第一とされたが、若くして寂す。著書に、肇論一巻、宝蔵論一巻。経の註釈に、注維摩詰経、金剛経註一巻がある。『肇論』とは、物不遷論第一・不真空論第二・般若無知論第三・涅槃無名論第四の四論を合し、その巻初に宗本義の一章を附したものである。宗本義は肇論一部の宗とする根本義を要約して説かれ、その基づく所は般若の無所得空であり実相である。また四論は、元康の説明に依って説けば、物不遷論は有を明かして俗諦の教を申べ、不真空論は空を明かして真諦の教を申べ、般若無知論は因を明かして般若の教を申べ、涅槃無名論は果を明かして涅槃の教を申べたものとしている。ここに引用される文は、不真空論第二に「夫以名求物。物無当名之実。以物求名。名無得物之功。物無当名之実。非物也。名無得物之功。非名也。是以名不当実。実不当名。名実無当。万物安在。」（大正四五・一五二c）（夫れ名を以って物を求むるに、物名に当るの実なく、物を以って名を求むるに名、物を得るの功無し。物にして名に当るの実無ければ、物に非ざるなり。名にして物を得るの功無ければ、名に非ざるなり。是を以って名は実に当らず、実は名に当らず。名も実も当ること無し。万物安んぞ在らん。）と述べるによる。

《第一義》　梵語 paramārtha の訳、勝義、真実と訳し、最勝真実の道理のこと。世俗に対する。第一義諦、勝義諦、第一義空、勝義空という。第一義空とは、第一義（最上の真実）の涅槃や実相も空であること、また第一義諦は涅槃、真如、実相、中道、法界など、すべて深妙の絶対真理をいう。大智度論巻三十一「第一義中一切法不可得。……第一義名諸法実相。不破不壊故。是諸法実相亦空……。諸法中第一法名為涅槃……涅槃中亦無涅槃相。……涅槃空無相。」というような箇所より「第一義中無相意」といったものか。**《世諦》** 真諦に対する称。俗諦、世俗諦ともいう。 **《含識》** 心識を有するもの。有情、衆生。

（二） 生起の次第

1 教次第

神力品中約教次第。一切法本皆佛法。大經云。一切世諦。若於如來卽是第一義諦。衆生顚倒謂非佛法。今明言示之。故言一切法也。欲說此法先以神力駭動。故言一切自在神力。旣見變通醒悟渴仰。得爲說教。教詮實相。故言祕密之藏也。稟教修行卽有因果。故言甚深之事也。欲分別四義與餘經同異。次明教相耳。

2 行次第

序品約行次第。初從經卷。若善知識有所聞見卽聞名也。聞故推理體顯。顯體須行。行卽因果宗也。行自排惑亦利衆生。是用也。分別同異教相也。開示悟入亦約行次第。法本無開閉。今呼爲方便門開。此聞名也。示眞實相體也。自迷得悟悟因也。由因故悟果宗也。悟故深入。亦令他入用也。分別同異教也。

3 能依所従

今之五義。依序品扶行次第也。

神力品の中には教の次第に約す、一切の法本《もと》より皆な仏法なり。大経に云わく、「一切の世諦も、若し如来に於ては即ち是れ第一義諦なり。衆生は顛倒して仏法に非ずと謂《おも》えり」。今明らかに言って之を示す、故に一切法と言う。此の法を説かんと欲して、先に神力を以て駭動《がいどう》す、故に一切自在神力と言う。既に変通を見て醒悟《しょうご》して渇仰《かつごう》し、教を説くことを為すを得るなり。教は実相を詮《せん》ず、故に秘密の蔵《ぞう》と言う。教を禀《う》けて修行するに、即ち因果有り。故に甚深《じんじん》の事《じ》と言う。四義と余経との同異を分別せんと欲して、次に教相を明かすのみ。

序品は行の次第に約す、初めは経巻、若《も》しは善知識に従って聞見《もんけん》する所有り、即ち名を聞くなり。聞くが故に理を推し、体顕《あら》わる。体を顕わすに行を須《もち》ゆ、行は即ち因果、宗なり。行、自から惑を排し、亦た衆生を利す。是れ用《ゆう》なり。同異を分別するは教相なり。開示悟入も亦た行の次第に約す。法は本《もと》開閉無し、今呼びて方便門開と為す。此れ名を聞くなり。真実の相を示すは体なり。迷よりして悟を得るは因を悟るなり。因に由るが故に果を悟るは宗なり。悟るが故に深く入り、亦た他をしても入らしむるは用なり。同異を分別するは教なり。

今の五義は、序品に依りて行の次第を扶《たす》くるなり。

神力品の中では、名・用・体・宗と次第しているが、これは教を述べる次第から云ったものである。一切の法は本来皆仏法であるとは、涅槃経に、一切の世諦は若し如来においてはすなわちこれは第一義諦であるが、衆生が顛倒して仏法ではないと思っている、と説かれている。この点に関し、今の神力品では明瞭にしようとして、故に一切法とは本来仏法であると説くのである。

この法を説こうとして、先に神力をもって世界を駭動《がいどう》させるから、故に一切自在神力と力用を云うのであり、衆生がこの神変神通を見て醒悟して、渇仰するので、教を説くことが出来るのである。教とは実相を詮《あか》すものであり、故に秘密の蔵（体）と云うのである。教を禀《う》けて修行すればその修行には因と果があり、故に甚深の事（宗）と云うのである。このような名・用・体・宗と他の経の四義との同異を分別しようとするから、次に教の相を明かすのである。

迹門の序品は行の次第という点から述べている。初め経巻や善知識に聞見する所があるのは即ち名を聞くのであり、名を聞いてそれ故、理を推尋すれば、体が顕われる。体が顕われれば行ずるべきであり、行はすなわち因果であり、これは宗である。行は自ずと惑を排除し、また衆生を利益するのであるから、これは用となる。教の同異を分別することが教相である。

本門の開示悟入もまた行の次第という点から説かれている。法には本来、権実平等であるから開とか閉とかないものであるが、今は呼んで方便の門が開かれるとする。此れは名を聞くことである。真実の相を示すとは体である。迷から出でて悟りを得るは、真因を悟るのであり、真因に由って極果を悟るのは宗である。悟るから自行が増進して更に深く入るのであり、また他をして入らしめようとする、これは用である。同異を分別するのは教である。

この名体宗用教の五義の順序は、序品に依拠して行の次第の意味合いを援護している。

《神力品中約教次第》　先の引證の中で、神力品の文を引いて説明する箇所を指す。「以要言之。如来一切所有之法。如来一切自在神力。如来一切秘要之蔵。如来一切甚深之事。皆於此経宣示顕説。」（大正九・五二a）

の文を、『玄義』一上に「一切法者……證経名。一切自在神力者。……證用。一切秘要蔵者。……證体也。一切甚深之事……名深因……名深果」と、名・用・体・宗と次第して解釈する文を指す。《**大経云**》涅槃経巻十二、聖行品に、二諦を説く中の文、（大正一二・六八四c）以下（六八六a）までの取意。《**第一義諦**》梵語 paramārtha-satya の訳。最もすぐれた、第一の真理の意。《**駭動**》動きおどろかすこと。《**醒悟**》さとること。法華経、寿量品に「常懐悲感。心遂醒悟」（大正九・四三b）とある。《**渇仰**》人の徳を仰ぎ慕うこと。法華経、寿量品に「衆見我滅度。広供養舎利。咸皆懐恋慕。而生渇仰心。」（大正九・四三b）とある。

《**序品約行次第**》先の引證において、序品の文を引いて名・体・宗・用を次第して述べるが、これは修行の次第によったものである。《**善知識**》梵語 kalyāṇamitra の訳。正しい道理を説き、他を仏道に導き利益を与える人。良き親友、秀れた友、有徳の賢者のこと。《**開示悟入**》先の引證に引かれる開示悟入の文が、名・体・宗・用・教と次第しているが、それも修行の次第によっているものであると説く。

第四節　開　合

〔解説〕法華経を五重玄義によりて考察するときは、万法を接し尽すことが出来るが、その時は、諸の経典に説かれる事理等のすべての事柄は、この五重玄義から開き出されるのである。すなわち、五重玄義は合であり、諸経は開である。諸経に説かれる姿も、この五重玄義も、名称は異なるかも知れないが、実際は一物であって、開合の不同があるだけである。

（一）開合の名

四開合者。五章共釋一經種種分別令易解故。凡三種開合。謂五種。十種。譬喩。

四に開合とは、五章共に一経を釈するに、種々に分別することは、解し易からしむるが故なり。凡そ三種の開合あり、五種と十種と譬喩とを謂う。

四、開と合とは、法相の通と局とを云うのであり、五章は各別の法でないので、共《ぐう》じて一経を解釈するのであるが、種々に分別するというのは、此の五章において、諸の義理に通達して、教門を理解し易くしようとするための故である。凡そ、三種の開合がある。五種と十種と譬喩を謂《い》うのである。

(二) 開合の解釈

1 五種開合

初釋名通論事理。顯體專論理。宗用但論事。敎相分別事理。釋名通說敎行。顯體非敎非行。宗用但行。敎相但敎。釋名通說因果。顯體非因非果。宗自因果。用敎他因果。敎相分別上法耳。釋名通論自行化他。體非自非他。宗是自行。用是化他。敎相分別自他。釋名通論說默。體非說非默。宗默。用說。敎相分別。云云。

2 十種開合

十種者。釋名總論三軌。體宗用開對三軌。敎相分別三軌。釋名總論三道。體宗用開對三道。敎相分別三道。乃至第十。釋名總論三德。體宗用開對三德。敎相分別三德。云云。

3 譬喩開合

譬喩者。譬如總名人身。開身則有識命煖。分別諸身貴賤賢愚種種差降。人身譬名。識以譬體。命以譬宗。煖以譬用。分別譬敎相。云云。

初めに釈名は通じて事理を論じ、顕体《けんたい》は専ら理を論じ、宗と用とは但だ事を論じ、教相は事理を分別す。釈名は通じて教行を説き、顕体は教に非ず行に非ず、宗と用《ゆう》とは但だ行、教相は但だ教なり。釈名は通じて因果を説き、顕体は因に非ず果に非ず、宗は自の因果、用は教他の因果、教相は上の法を分別するのみ。釈名は通じて自行化他を論じ、体は自に非ず他に非ず、宗は是れ自行、用は是れ化他、教相は自他を分別す。釈名は通じて説黙を論じ、体は非説非黙、宗は黙、用は説、教相は分別す云云。

十種とは、釈名は総じて三軌を論じ、体と宗と用とを開して三軌に対し、教相は三軌を分別す。釈名は総じて三道を論じ、体と宗と用とを開して三道に対し、教相は三道を分別す。乃至第十には、釈名は総じて三徳を論じ、体と宗と用とを開して三徳に対し、教相は三徳を分別す云云。

譬喩とは、譬えば総じて人身と名づくるも、身を開すれば則ち識、命《みょう》、煖《なん》有り。諸身を分別するに、貴賤賢愚種種差降《さこう》あるが如し。人身は名を譬え、識は以て体を譬え、命は以て宗を譬え、煖は以て用を譬え、分別は教相を譬う云云。

初めに事理について述べれば、釈名は他の四章を総ずるのであるから、通じて事と理を論じ、顕体は、別して詮ずる所に従うのであるから、専ら理を論じ、宗と用は人の自行と化他の所作であるから、ただ事を論ずるのであり、教相は事理を分別するのである。

次に教行に関しては、釈名は通じて教と行とを説くのであり、顕体は本有の理に従うのであるから、教に非ず行に非ざるものであり、宗用は人の自行・化他であるから、ただ行のみ、教相は能詮の同異を分別するのであるから、ただ教のみである。

また因果について述べるならば、釈名は通じて因果を説き、顕体は、理は人の修成に関わらざるものであるから、因にあらず、果にあらざるものであり、宗は自らの因果であり、用は教他の因果であり、教相は上の因果の法の同異を分別するのみである。

自行・化他についてこれを述べるならば、釈名は通じて自行化他を論じ、体の理は人に関わらざれば自にあらず化にあらず、宗は是れ自行であり、用は是れ化他である。教相は自行化他を分別するのである。また、説と黙とについては、釈名は通じて説と黙とを論じ、体は機に対する訳でないので、説にあらず黙にあらず、宗は自行は理に称うのであるから黙であり、化他は教を設けるのであるから用は説であり、教相は説黙を分別するのである。

十種というのは、道・識・性・般若・菩提・大乗・身・涅槃・三宝・徳を指すのであるが、釈名は総じて三軌を論じ、体・宗・用は開いて三軌に相い対して、教相は三軌を分別する。さらに釈名は総じて三道を論じ、体・宗・用は開いて三道に相い対し、教相は三道を分別する。そして第十番目に、釈名は総じて三徳を論じ、体・宗・用は開いて三徳に相い対し、教相は三徳を分別するのである。

譬喩というのは、五章を人身に譬えれば、人を総じて人身と名づけるのであるが、身を離開すれば識と命と煗《なん》とになり、諸身を分別すれば、貴賤賢愚、種々の差降あるように、人身は名を譬え、識は果報の主体であるから体を譬え、命は一期を持続させるのであるから一部を総べる宗に譬え、煗は身を調えるのであるから物を益する用に譬え、分別することは教相に譬えるのである。

《事理》 一般的に事とは差別的な現象のこととされ、理とは真理、平等な本性であると云われる。しかし事と理は差別的に存在するのでなく、二あるものではない。諸法を心意識等の心作用によって知覚し差別して認識するを事とし、理とは認識を越えた真如、本性の世界をいうのである。**《教行》**　教法と修行。**《因果》**　原因と結果。**《自行化他》**　自らの正法を修行することを自行といい、更にその法を以って他人を教化するを化他という。**《説黙》**　説は説法、黙は不説である。理体によるならば、黙すべきであり、因縁によるならば、説くべきである。この二を菩薩の聖行という。**《五種》**　事理・教行・因果・自行化他・説黙の五種によって開合を説く。

《十種》　五章を十種に分けて開合を説くというは、『玄義』五下に三軌が妙であると説く三法妙の中、それに順じて十種類の三法も妙であると説くを指す。**三軌**とは、三種類の軌範の意。すなわち妙を説明する三種類の筋道。⑴真性軌とは、偽でない不変の真理の本体。⑵観性軌とは、迷情を破し真理を顕わす智慧の作用。⑶資成軌とは、観照の智慧のはたらきを資成する万行をいう。**十種の三法**とは、諸経論に三法によってものごとを表わすのは無数にある中、次の図（次頁）のように十種類の三法を挙げて、三法のおのおのを三軌にあてて、諸法の三法の名は異なるがその意味する所は同じであると説くのである。

三道とは、衆生が迷の世界をはてしなく輪のように展転して行く状態を、煩悩道・業道・苦道に類摂するものである。一に煩悩道は、また惑道といい、無明貪欲瞋恚の迷いそのもの、二に業道とは、煩悩に依って生じる善悪の所行をいい、三に苦道とは煩悩と善悪の業に因って生じた苦果をいう。華厳経巻二十五に「無明愛取是三分。不断煩悩道。行有二分。不断業道。余因縁分。不断苦道。先後際相続故。是三道不断。」（大正九・五五九a）とある。

三識とは、楞伽阿跋多羅宝経第一に「大慧。略説有三種識。広説有八相。何等為三。謂真識現識及分別事識。」（大正一六・四八三a）と識を三種に分けて、一に真識、二に現識、三に分別事識というによる。当時は智顗が云うように、「菴摩羅識即真性軌。阿黎耶識即観照軌。阿陀那識即資成軌。若地人明阿黎耶。是真

十種の三法と三軌

	真性軌	観照軌	資成軌
三道	苦道	煩悩道	業道
三識	菴摩羅識	阿黎耶識	阿陀那識
三仏性	正因性	了因性	縁因性
三般若	実相般若	観照般若	文字般若
三菩提	実相菩提	実智菩提	方便菩提
三大乗	理乗	随乗	得乗
三身	法身	報身	応身
三涅槃	性浄涅槃	円浄涅槃	方便浄涅槃
三宝	法宝	仏宝	僧宝
三徳	法身徳	般若徳	解脱徳

常浄識。摂大乘人云。是無記無明随眠之識。亦名無没識。九識乃名浄識。」（大正三三・七四四b）と、地論師は八識説により、真識を第八阿梨耶識、現識を第七阿陀那識、分別事識を前六識とし、摂論師は九識説により、真識を第九菴摩羅識、現識を第八阿梨耶識、分別事識を阿陀那識とする二説があったことが示される。八識説については、大乗義章第三末、八識義中に詳しく説かれ、「一者眼識。二者耳識。三者鼻識。四者舌識。五者身識、六者意識。七者阿陀那識。八阿梨耶識。」（大正四四・五二四b〜c）と名をつらねて、又「了別有三。一事相了別。識前六識。二妄相了別。謂第七識。三者真実自体了別。謂第八識。」（大正四四・五二五a）と云い、真識を阿梨耶識、現識を阿陀那識、分別事識を前六識と名づける。九識説とは、真諦三蔵が、楞伽経や決定蔵論、例えば巻上の「得真如境智。増上行故。修習行故。断阿羅耶識即転凡夫性。捨凡夫法阿羅耶識滅。此識滅故一切煩悩滅。阿羅耶識対治故。」（大正三〇・一〇二〇b）等の文により、九識義を立てたとされる。又、慧遠の大乗義章第三末には「亦得説九。故楞伽経総品中云。八九種識。如水中之波。其状如何。分別有二。一真妄分別。以説九種。妄中分七。謂六事識変与妄識。真中分二。謂阿摩羅及阿梨耶。義如上弁。以此通前故合有九。二真妄離合。以説九種。独真為一。所謂本浄阿摩羅識。真妄和合。共為八種。義如上弁。共為本識阿陀那識。及起六識。通前九也。」（大正四四・五三〇c）と云い、九識に、㈠に真妄分別と㈡に真妄

離合の二義あることを説いている。ちなみに智顗は両論の差異を示しながら、九識説・八識説のそれぞれに類通三法を論ずる。八識説によっては、維摩経玄疏巻五に、「二類通三識者。一波陀那識即六識。二阿陀那識即七識。三阿黎耶識即八識也。真性解脱即阿黎耶識。実慧解脱即七識。方便解脱即六識。」(大正三八・五五三a)とあり、九識説によっては、法華玄義五下に「三類通三識者。菴摩羅識即真性軌。阿黎耶識即観照軌。阿陀那識即資成軌。若地人明阿黎耶。是真常浄識摂。大乗人云。是無記無明随眠之識。亦名無没識。九識乃名浄識互諍云云。」(大正三三・七四四b)と云い、金光明経玄義上には「云何三識。識名為覚了。是智慧之異名爾。菴摩羅識是第九不動識。若分別之即是仏識。阿梨耶識即是第八無没識。猶有随眠煩悩与無明合。別而分之是菩薩識。大論云。在菩薩心名為般若。即其義也。阿陀那識。是第七分別識。訶悪生死欣羨涅槃。別而分之是二乗識。」と云う。

三佛性とは、仏性に三種の別のあることで、智顗は涅槃経の経意を取って、一に正因仏性、二に縁因仏性、三に了因仏性の三因仏性を立てる。正因仏性とは、すべてのものに本来そなわる理をいい、了因仏性とは理を照らしあらわす智慧をいい、縁因仏性とは智慧を起す縁となすべての善行をいう。涅槃経の経意とは、涅槃経巻二十六の「衆生仏性亦二種因。一者正因。二者縁因。正因者謂諸衆生。縁因者謂六波羅蜜。」(大正一二・七七五b)の文と、同巻に又「世尊。以有性故須縁因。何以故欲明見故。縁因者即是了因。世尊譬如闇中先有諸物。為欲見故以燈照了。若本無者燈何所照。如泥中有瓶故須人水輪縄杖等而為了因。」(大正一二・七七六b)の文による。

三般若とは、三種の般若の意で、実相般若・観照般若・文字般若をいう。実相般若とは、般若の智慧によって照らし出された一切法の真実のすがた、観照般若とは、一切法の真実のすがたを照らして知りぬく智慧をいい、文字般若とは、観照般若を内にもつ般若の経典をいう。大乗義章巻十、三種般若義に、般若経や大

論の意を取って、「三種般若出大智論。言般若者。是外国語此翻名慧。於法観達目之為慧。慧義不同。一門説三。三名是何。一文字般若。二観照般若。三実相般若。此三種中観照一種是般若体。文字実相是般若法。法体合説故有三種。言文字者。所謂般若波羅蜜経此非般若。能詮般若故名般若。如涅槃経詮涅槃故説為涅槃。此亦如是。又此文字能生般若亦名般若。如食生命説食為命。言観照者。慧心鑒達名為観照。即此観照体是般若名観照般若。如眼是目名為眼目。……言実相者。是前観照所知境界。諸法体実名之為実。実之体状目之為相。」(大正四四・六六九a〜c)と云うはこのことである。

三菩提とは、天台にては実相菩提・実智菩提・方便菩提の三菩提をいう。この説と関連して、法華論には「示現成大菩提無上者。示現三種仏菩提。一者応化仏菩提。随所応見而為示現故。如経皆謂如来出釈氏宮去伽耶城不遠坐於道場得阿耨多羅三藐三菩提故。二者報仏菩提。十地行満足得常涅槃證故。如経善男子我実成仏已来無量無辺百千万億那由他劫故。三者法仏菩提。謂如来蔵性浄涅槃常恒清涼不変故。如経如来如実知見三界之相乃至不如三界見於三界故。」と、仏の三身に約して、応化仏菩提・報仏菩提・法仏菩提の三身菩提を出だすが、内容は、法仏菩提とは実相菩提、報仏菩提とは実智菩提、応化仏菩提とは方便菩提と同様である。

三大乗とは、大乗に理乗・随乗・得乗の三種あるをいい、理乗とは、すべての有り方の本質である真如、理性をいい、随乗とは、対象の機に応じてはたらく智慧をいい、得乗とは、自分が悟ると共に他人をも悟らせる能力をいう。これは、摂大乗論釈第十一に「大乗有三義。一性二随三得。性即三無性。随即福徳智慧行所摂。十地十波羅蜜随順無性。得即所得四徳果。此定縁此三為境。故名大乗。」(大正三一・二三四c)と、大乗を三種に分けて性乗・随乗・得乗というによるか。

三身とは、天台が仏身を、法身・報身・応身の三に分類したことをいう。法身とは仏の理性をいい、報身とは、菩薩の因位にあった願と修行の報いとして表われる仏の実智をいう。またそれを二分して、自から内に法楽を受ける身を自受用報身といい、他の菩薩衆に法楽を説き明かすを他受用報身という。応身とは、衆生済度に法報の妙体よりさまざまに応現する身をいうのである。この法報応の名称は、妙法蓮華経憂波提舎巻下に「一者示現応仏菩提。随所応見而為示現。……二者示現報仏菩提。……三者示現法仏菩提。謂如来蔵性浄涅槃常恒清涼不変等義。」（大正二六・九b）とある文によるか。

三涅槃とは、性浄涅槃・円浄涅槃・方便浄涅槃の三種の涅槃をいう。性浄涅槃とは、すべてのものが本来の相は真実寂滅の理体であることを指し、円浄涅槃とは、仏道を修行することによって煩悩のけがれを除いて涅槃に入ること、方便浄涅槃とは、仏が衆生済度のために仮に姿を表したが、衆生済度の因縁が尽きて涅槃に入るをいう。大乗義章巻十八には「一者体大。性浄涅槃体窮真性義充法界。二者相大。方便涅槃過無不尽徳無不備。三者用大。応化涅槃妙用曠博化現無尽。」（大正四四・八一四a）と述べ、一心の体相用の大なることをいう「三大」に配して、性浄・方便・応化の三涅槃を挙げている。

三宝とは、梵語 tri-ratna, 又は ratna-traya の訳。仏教徒が敬い供養すべき仏宝と法宝と僧宝の三をいう。一切の仏陀・悟れる人を仏宝といい、仏の説法を法宝といい、仏の教えにより修行する僧の集団を僧宝という。

三徳とは、涅槃経に説かれる大涅槃に具足される法身・般若・解脱の三徳をいう。法身徳とは、すべてのものに具わる不生不滅の真理、般若徳とは、真実の智慧、解脱徳とは、すべての煩悩より解き放たれたこと。さらに涅槃経巻二には、三徳が不縦不横であることを伊字の三点に譬えて秘密蔵と称す。涅槃経巻二、哀歎品「何等名為秘密之蔵。猶如伊字三点若並則不成伊縦亦不成。如摩醯首羅面上三目。乃得成伊。三点若別亦不得成。我亦如是。解脱之法亦非涅槃。如来之身亦非涅槃。摩訶般若亦非涅槃。三法各異亦非涅槃。我今安

住如是三法。為衆生故名入涅槃如世伊字。」（大正一二・六一六b）

《識、命、煖》 識とは、心または六識、煖は体温、命（梵）jivita は寿命または命根（梵）jivitendriya という。命根とは、人が生まれてから死ぬまで煖と識とを維持するもので、また逆に煖と識とによって維持される関係でもある。

第五節　料　簡

〔解説〕五重玄義の姿を問答料簡し顕わそうとするものである。ここには、十二番の問答料簡が示されている。

（一）　名を料簡す

五料簡者。若爲蓮故華華果必俱。將不墮因中有果耶。答。因中有果舊醫邪法。已爲初敎所破。尙非麤權實義。況是妙因妙果。新醫眞乳法耶。

問。華以喩權。權是小乘之法。則不應破於草菴。草菴旣破。何得以華喩權。答。小乘是化他之權。是故須破。今明自行之權。故以華喩耳。

問。文內從火宅至醫子。凡七譬。悉不明蓮華。何以取此爲題。答。七譬是別。蓮華是總。擧總攝別。故冠篇首也。

五に料簡《りょうけん》とは、若し蓮《れん》の為の故の華《け》は華果必ず俱ならば将《まさ》に因中有果に堕せずとせん耶《や》。答う、「因中有果は旧《く》医の邪法なり、已に初教の為に破せらる。尚お麤《そ》の権実《ごんじつ》の義に非ず、況や是れ妙因妙果、新医真乳の法ならん耶。」問う、「華は以て権《ごん》を喩うるに、権は是れ小乗の法ならば、則ち草菴《そうあん》を破すべからず。草菴既に破す、何《いか》んが華を以て権を喩うることを得ん。」答う、「小乗は、是れ化他《けた》の権なり。是の故に須く破すべし。今は自行の権を明かす、故に華を以て喩うる耳《のみ》。」

問う、「文《もん》の内、火宅より医子《いし》に至るまで、凡そ七譬《しちひ》は、悉く蓮華を明かさず。何を以てか、此を取りて題と為《す》るや。」答う、「七譬は是れ別、蓮華は是れ総なり。総を挙げて、別を摂す、故に篇首に冠《こうむ》らしむ。」

五に料簡。

若し、蓮のための故の華は、華と果と必ず倶《とも》なるのであって、これは、数論外道の因中有果になるのではないか。

答　因は恒常であり具さに果性ありと計す因中有果は、仏の出世以前の旧医の邪法である。この説は已に惑業の因縁は正しい理に及ばないとする三蔵教によって破析せられている。尚、前三教の麤《そ》の権・麤の実の意味にも当てはまらない。どうして、偏円の対峙を絶する一仏乗の妙因妙果を示す新しい医法である真乳の法に及ぶことがあろうか。

問　華をもって権に喩えるならば、権とは小乗の法であり、すなわち、この小乗に比定される化城喩品の草庵というものは破すことの出来ないものであるはずであるが、既に経においてはこの草庵は破せられている。どうして華をもって権を喩えることが出来ようか。

答　小乗は随情の教であって、小乗の人は大乗にはあずからないと自から隔てを持つそのことを破するのであり、草庵は化他のために施された、化作された権なのである。今述べようとしていることは、智に随えば、同じく極に会するという仏の自行の権を云おうとしているのであり、故に権実の体は同じであるので、華をもって喩えるのみである。

問　経文中には、譬喩品の三界火宅の喩えから寿量品の良医治子の喩えに至るまで、およそ七譬が説かれているが、しかしこれらには、すべて蓮華を喩えているものはなにもない。どうして、この蓮華を採用して経題としているのであるか。

答　七譬とは、これは細別された譬喩であり、蓮華とは総体的に示されたものである。この総の立場から別を摂取している訳であり、その故に、篇首に冠せられているのである。

《因中有果》　数論師の主張で、原因の中に既に結果の性を有していると説き、因果が一であるとする説。仏教では、これでは因果の関係を損うものとして破される。数論とはインド六派哲学の一つで成立は最も古く、開祖はカピラ（Kapila B.C 三五〇～二五〇頃）。精神と物質を二元とし、神我と自性を立て、この二元を統一するものとして唯一最高な我を認めて一元論的立場を取る。《旧医邪法、新医真乳法》　旧医と明医が乳薬を用いて病いを治すことは、涅槃経巻二、哀歎品（大正一二・六一七c～六一八c）に詳しく説かれる。そこには、旧医は病いを治すに乳薬を用いるが、その善悪・好醜を理解してないため病いを治すことが出来ず、明医は同じく乳薬を用いて、その善悪・好醜をよく理解しているため、病いを治すことが出来ると記される。《七譬》　法華経の七喩のことで、一に火宅喩、第二巻譬喩品（大正九・一二b）。二に窮子喩、第二巻信解品（同・一六b）。三に薬草喩、第三巻薬草喩品（同・二〇a～b）。四に化城喩、第三巻化城喩品（同・二六a）。五に衣珠喩、第四巻授記品（同・二九a）。六に髻珠喩、第五巻安楽行品（同・三九a）。七に医子喩、第六巻寿量品（同・四三a）。以上の七喩をいう。《篇首》文章・書籍のはじめ。

（二）体を料簡す

問。一切法皆佛法。何意簡權取實爲體。答。若開權顯實諸法皆體。若廢權顯實如前所用。

問う、「一切の法、皆な仏法なり。何の意《こころ》ぞ、権を簡《えら》び実を取って、体と為るや。」答う、「若し開権顕実は、諸法皆な体なり。若し廃権顕実は、前に用うる所の如し。」

（三）宗を料簡す

問。何故雙用因果爲宗。答。由因致果。果爲因所辨。若從能辨以因爲宗。若從所辨以果爲宗。二義本是相成。不得單取。又迹本二文。倶說因果故。

問う、「何が故ぞ、雙《なら》べて因果を用いて宗と為るや。」答う、「因に因りて果を致し、果は因の為に弁ぜらる。若し能弁に従わば因を以て宗と為し、若し所弁に従わば果を以て宗と為す。二義は本《もと》是れ相い成ずれば、単に取ることを得ず。又、迹本《しゃくほん》の二文倶《とも》に因果を説くが故なり。」

- 一経三段
  - 序分
    - 序品第一
  - 正宗分
    - 方便品第二
    - 譬喩品第三
    - 信解品第四
    - 薬草喩品第五
    - 授記品第六
    - 化城喩品第七
    - 五百弟子品第八
    - 授学無学人記品第九
    - 法師品第十
    - 見宝塔品第十一
    - 提婆品第十二
    - 勧持品第十三
    - 安楽行品第十四
    - 従地涌出品第十五
    - 如来寿量品第十六
    - 分別功徳品第十七
  - 流通分
    - 分別功徳品第十七
    - 随喜功徳品第十八
    - 法師功徳品第十九
    - 常不軽菩薩品第二十
    - 如来神力品第二十一
    - 嘱累品第二十二
    - 薬王品第二十三
    - 妙音品第二十四
    - 普門品第二十五
    - 陀羅尼品第二十六
    - 妙荘厳王品第二十七
    - 普賢菩薩勧発品第二十八

- 二門六段
  - 迹門
    - 序分（序品第一）
    - 正宗分（方便品第二～授学無学人記品第九）
    - 流通分（法師品第十～安楽行品第十四）
  - 本門
    - 序分（従地涌出品第十五）
    - 正宗分（従地涌出品第十五～分別功徳品第十七）
    - 流通分（分別功徳品第十七～普賢菩薩勧発品第二十八）

問　一切の法は皆仏法であるといわれたのに、どのような意味合いから、権を簡《えら》んで実を取り出し、体とするのであるか。

答　今の法華の会入の立場からすれば、権を開いて実を顕わすというのであり、この時において諸法は皆、体とすることが出来るのであるが、法華以前の事柄に対し、この法華が顕われてくるのであるから、権を廃し実が顕われてくるというのであって、このことは前に示した通りである。

問　どうして因と果を二つ並べ用いて、宗とするのであるか。

答　因によって果が生じるのであり、果は因に弁じられるところによってあるのである。もし能弁にしたがうならば因をもって宗とする、もし所弁にしたがうならば果をもって宗とする、この二つの意味はもともと相成しているのであって、単独に扱うことは出来ないのであり、迹門・本門と分けられる経文においても、そのおのおのに因果が説かれているのである。

《迹本》　迹門と本門。迹門とは、この世に形を示された仏は、衆生を導くために本地より仮に表わされた（迹を垂れた）ものであるということを説き明かす面をいい、本門とは、真実の仏は久遠の昔に悟られたものであると、仏の本源を説き明かす面をいう。本迹の考え方はすでに羅什門下に見られるのであるが、智顗は、この本迹二門を重視して、法華経二十八品の前十四品を迹門、後十四品を本門の二門に分けて考察した。さらに、経の序分、正宗分（本論）、流通分（教の功能を説いて広く伝わることをすすめる）を、一に法華経二十八品を三段に分かつ説と、二に本門、迹門を三段に分かつ二門六段の説を出すのである。（一九三頁表参照）

(四)　宗用を対して料簡す

問。論宗簡化他因果。明用倶取自他權實。答。宗論自行。故須簡他。用是益他。是故雙取。

又問。用是化他。亦不須自行權實。答。欲以自利利他故。

竝。宗亦應然。欲自行化他因果。是故應取他也。答。化他因果不能致佛菩提。是故不取。

竝。用他權實亦不能令他至極。亦不應取。答。他宜須此利。是故取也。

問。宗用倶明智斷。云何分別。答。自行以智德爲宗。斷德爲用。若化他自他智斷倶爲宗。

化他智斷倶爲用。


問う、「宗を論ずるに化他の因果を簡《えら》び、用《ゆう》を明かすには倶に自と他との権実を取るや。」答う、「宗は自行を論ず、故に須く他を簡ぶべし。用は是れ他を益す、是の故に雙《なら》べ取るなり。」

又、問う、「用は是れ化他なれば、亦た自行の権実を須《もち》いざるべし。」答う、「自利を以て他を利せんと欲するが故なり。」

「竝《びょう》す、宗も亦た応《まさ》に然るべし、自に化他の因果を行ぜんと欲す、是の故に応に他を取るべし。」答う、「化他の因果は仏菩提を致すこと能わず、是の故に取らず。」

「竝す、用の他の権実も亦た他をして極《ごく》に至らしむること能わず、亦た応に取るべからずや。」答う、「他は宜しく此を須いて利すべし、是の故に取るなり。」

問う、「宗と用とは倶に智断を明かす、云何《いかん》が分別せんや。」答う、「自行は智徳を以て宗と為し、断徳を用と為す。若し化他は、自他の智断を倶に宗と為し、化他の智断を倶に用と為す。」

問　宗を論ずる時には、自行の因果といって化他の因果を簡別したのであるが、用を説明する時には、自行化他の権実といって、自他倶なる権実を挙げているのはどうしてであるか。

答　宗は自行を論ずるのであって、ただ一人自分の為すところのものであるので、他と簡別すべきなのである。ところが用は、自分の果の上に立って他を益するためになされるものであるのであり、機宜が不同であるので、自他倶なる権実が必要なのである。

また問う。用はこれは化他の権実であって、自行の権実は採用されるべきではないのではないか。

答　自利の法をもって他を利せんと欲するから、自行の権実も採用されるのである。

並びに続いて問う。宗もまた同様ではないか。自ら化他の因果を行じようとしているのではないか。この故に化他の因果を採用してもよいではないか。

答　化他の因果は余経に示されるのであり一仏乗の法でないので、仏菩提に至ることが出来ない。この故に、此の経においては、化他の因果を宗にすることはない。

続いて問う。用の中において、化他の権実を採用するとしても、この化他は、他をして終極に至らせることが出来ないのであるならば、採用すべきではない。

答　化他を用いることによって漸々に誘引されて他が宜しく利せられるのであるから採用されるべきである。

問　宗用は両方とも智徳と断徳を明かしているが、これはどのように区別して理解されるものであろうか。
答　自行では智徳を宗とし、断徳を用とするのであり、化他の立場では、自行化他の智徳と断徳をともに宗とし、化他の智徳と断徳をともに用とするのである。

《菩提》　梵語 bodhi　迷いを断ち切って得た悟り、智慧、境地、涅槃。《智徳、断徳》　智徳とは、一切の無知を破して無上菩提を具すこと。断徳とは、一切の煩悩を断じて無上涅槃を具すこと。

(五)　五章を料簡す

問。何故五章不四不六。答。設作四六亦復生疑。墮無窮問非也。
問。經經各有異意。那得五義共釋衆經耶。答。若經經別釋。但得別不得同。今共論五義。得同不失別。

問う、「何が故ぞ五章にして、四ならず六ならざる。」答う、「設《たと》い四、六と作《な》すも亦復た疑いを生ぜん、無窮《むぐう》の問に堕せんことは非なり。」
問う、「経経は各《おのおの》異なる意《こころ》有り、那《なん》ぞ五義共に衆経を釈することを得ん耶《や》。」答う、「若し経経別して釈せば、但だ別を得て同を得ず。今共に五義を論ずるに、同を得、別を失せず。」

問　どうして、玄義は五章によって述べられて、四章でもなく、六章でもないのか。

答　たとえ四章や六章で述べても、これと同様な疑問が生ずる。だから、無意味なとめどもない問となってしまう。だから、四でも六でもない五章で述べるのである。

問　それぞれの経典には異なる意義があるのに、どうして五義によって共にいろいろな経を解釈できるのか。

答　もし、それぞれの経を別々の解釈によって理解するなら、ただ、それは別を論ずるだけで、同を論じられない。今、ここに共に五義によって論じるならば、同を得られ、又、別の意をも失することがないからである。

《無窮》　極まりない。果てしない。

第六節　観　心

〔解説〕七番共解によって五重玄義を明らかにしようとするのであるが、この観心は第六番目に述べられていて、まだ会異第七が残されている。そこでこの観心は、第五番目まで、標章から料簡までの一一の文々句々を己が心に引き当てて行じ、精進を起こして妙観を生じさせようとするものである。しかしながら、法華文句の四種釈（因縁釈・約教釈・本迹釈・観心釈）などでは、観心釈が最後に置かれているので、議論の輿る所である。ここでは一応、六祖湛然の解釈を紹介しておく。すなわち、観心の後に来る会異は十門から成る非常に広範な意味をもつ文章であるから、観心を前に置き、会異の内には別に起観の一段を設けて遺漏なきようにさせている、というのである。

六明観心者。従標章至料簡悉明観心。

（一）　観心標名（名。體。宗。用。教）

心如幻燄但有名字。名之爲心。適言其有不見色質。適言其無復起慮想。不可以有無思度故。故名心爲妙。妙心可軌。稱之爲法。心法非因非果能如理觀卽辨因果。是名蓮華。由一心成觀亦轉教餘心。名之爲經。釋名竟。

心本無名。亦無無名。心名不生亦復不滅。心卽實相。初觀爲因。觀成爲果。以觀心故惡覺不起。心數塵勞。若同若異。皆被化而轉。是爲觀心。標五章竟。

六に観心《かんじん》を明かすとは、標章より料簡に至って悉く観心を明かす。

心《しん》は幻燄《げんえん》の如し、但だ名字のみ有り。之を名づけて心と為す。適《たまたま》其の有を言わば色質《しきぜつ》を見ず、適其の無を言わば、復《ま》た慮想を起す。有無を以て思度《したく》すべからざるが故に、故に心を名づけて妙と為す。妙心軌《のっと》るべき、之を称して法と為す。心法は因に非ず果に非ず、能く理の如く観ずれば即ち因果を弁ず。是を蓮華と名づく。一心、観を成ずるに由りて、亦た転じて余心を教う。之を名づけて経と為す。釈名竟《おわ》んぬ。

心は本《もと》名無く亦た無名無し。心を不生と名づく、亦復た不滅なり、心即ち実相なり。初め観ずるを因と為し、観の成ずるを果と為す。観心を以ての故に悪覚起らず。心数《しんじゅ》の塵労《じんろう》は、若《も》しは同、若しは異、皆化《け》せられて而も転ず。是を観心と為す。五章を標し竟《おわ》んぬ。

第六に観心を明かすということは、第一標章より、第五料簡に至るまですべてに観心を明かすのである。

観心の標章とは、心とは幻化《まぼろし》や陽燄《かげろう》のようなものであり、ただ名称だけが存在するものである。たまたま、心を有（存在する）と言っても、その色質、いわゆる構成物質は見ることも出来ないし、たまたま無（存在しない）と言ってしまったなら、どのように思慮を起すことが出来ることか。だから、心というものは、有とか無とかによって思い計ることが出来ようか、出来るものではない。だから心を称して妙とするのである。妙心を軌範とし、これを称して法というのである。心法というは、因でもなく、果でもないが、能く現れるところの道理を観ずれば、因と果を弁じているのであり、これは華《はな》に譬えれば蓮華と称せられるのである。またこれを自己の一心に観ずることが出来たなら、転じてますます他の人の心を教化したいと欲するのであり、これを称して経とするのである。これが名の観心である。

次に体については、心はもともとは実体がないから名なく、また名がないということもないのである。心を名づけて不生と称し、また不滅と称し、心がそのますますなわち実相であるというは、体の観心である。宗についていえば、初めて観を起すことを因とし、観が成じたことを果というは、宗の観心である。用についていえば、観心によって悪覚が起らないことは、用の観心である。教相についていえば、善、悪、無記の煩悩の同異を分別してすべてを教化し、実相を明らめることが、教相の観心である。以上、五章を標する観心を竟《おわ》る。

《幻談》　幻化と陽談で、幻化とはまぼろし、陽談とはかげろうで、共に実体のないものを譬える。大智度論巻六、十喩品（大正二五・一〇一c）以下に詳しい。《色質》　具体的存在、事象、形質。心に対する色。五位（色・心・心所・心不応法・無為）の一。五蘊（色・受・想・行・識）の一。《慮想》　思案すること。《思度》　思慮分別をいう。《心数》　心所ともいい、心（王）に従属する法。《塵労》　煩悩の異名。塵は一説に六境の旧訳で、煩悩は六境において起るからという。一説に極微の類で、微細な物質は常に浮動し他に付着し汚すことを、煩悩が心を汚し疲労させるに喩える。

（二） 観心引證（名。體。宗。用。敎）

觀心引證者。釋論云。一陰名色。四陰名名。心但是名也。大經云。能觀心性名爲上定。上定者第一義定。證心是體。大經云。夫有心者皆當得三菩提。心是宗也。遺敎云。制心一處無事不辦。心是用也。釋論云。三界無別法。唯是一心作。心能地獄。心能天堂。心能凡夫。心能賢聖。覺觀心是語本。以心分別於心。證心是敎相也。

観心の證を引かば、釈論に云わく、「一陰《いちおん》を色《しき》と名づけ、四陰を名《みよう》と名づく」と。心《しん》は但だ是れ名のみなり。大経に云わく、「能く心性を観ずるを名づけて上定《じようじよう》と為す」と。上定とは第一義定なり。心是れ体なるを證す。大経に云わく、「夫《そ》れ心有る者は皆当《まさ》に三菩提を得べし」と。心は是れ宗なり。遺教《ゆいきよう》に云わく、「心を一処に制すれば事《じ》として弁ぜざるは無し」と。心は是れ用《ゆう》なり。釈論に云わく、「三界は別法無し、唯だ是れ一心の作《さ》なり」と。心能《よ》く地獄、心能く天堂、心能く凡夫、心能く賢聖なり。覚観の心は是れ語の本《もと》、心を以て心を分別す。心是れ教相なることを證するなり。

観心の引證とは、大智度論に「色陰を色と名づけ、他の受・想・行・識の心作用の四陰を名と名づける」と云うことは、心が名であることを證することである。

涅槃経に、「能く心性を観ずることを上定とする」と云うことは、上定とは第一義定のことで、実相を指すのである。このことは、心がまさしく体であることを證するのである。

涅槃経に、「夫《そ》れ心が有る人は、すべて阿耨多羅三藐三菩提の正しい智慧を得る」と云うは、心がまさしく宗であることを證することである。

遺教に、「心を一処に制御しておけば、事象はすべて明らかにされる」と云うは、心がまさしく用であることを證しているのである。

大智度論に、「三界には、別の法が有るのではなく、ただまさに、一心の作用なるのみである。」と云うは、心を観じて地獄を成じ、心を観じて天堂を成じ、心を観じて凡夫を成じ、心を観じて賢聖を成ずることである。また、覚観の心はまさに言語の本であり、心によって心を分別することである。これらのことは、心はまさしく教相であることを證することである。

《釈論》　「大智度論」の略称で、「大論」「智論」「智度論」とも称される。「大智度論」とは、摩訶般若波羅蜜経釈論の意味で、梵語でいえば Mahāprajñāpāramitā-sūtra-śāstra となる。著者は龍樹（およそ一五〇—二五〇年）、訳者は鳩摩羅什（三四四—四一三）である。**《釈論云》**　大智度論巻六十五、諸波羅蜜品には、「二法摂一切法。所謂名色。四大及造色色所摂。受等四衆名所摂。」（大正二五・五一八c～五一九a）とある。

《大経云》　「能観心性名為上定」とは、涅槃経巻二十五、師子吼菩薩品「仏者即是仏性。何以故。一切諸仏以此為性。善男子。観十二縁智凡有四種。一者下。二者中。三者上。四者上上。下智観者不見仏性。以不見故得声聞道。中智観者不見仏性。以不見故得縁覚道。上智観者見不了了。不了了故住十住地。上上智観者見了了。故得阿耨多羅三藐三菩提道。以是義故。十二因縁名為仏性。仏性者即第一義空。第一義空名為中道。

中道者即名為仏。仏者名為涅槃。」（大正一二・七六八c）と、「一切衆生具足三定。謂上中下。上者謂仏性也。以是故言一切衆生悉有仏性。中者一切衆生具足初禅。有因縁時則能修習。若無因縁則不能修。因縁二種。一謂火災。二謂破欲界結。以是故言一切衆生悉具中定。下定者十大地中心数定也。以是故言一切衆生悉具下定。」（大正一二・七六九b）の意による。《**大経云**》「夫有心者。皆当得三菩提」とは、涅槃経巻二十五、師子吼菩薩品に「凡有心者定当得成阿耨多羅三藐三菩提。以是義故。我常宣説一切衆生悉有仏性。」（大正一二・七六九a）の文による。《**遺教**》遺教とは、仏や祖師が後人のために遺した教法であるが、ここでは仏が入滅する前に、最後の教えを説いたことを内容とする「仏垂般涅槃略説教誡経」をいう。引文は「縦此心者喪人善事。制之一処無事不弁。」（大正一二・一一一一a）の文による。

《**釈論云**》「三界無別法。唯是一心作」とは、釈論、すなわち大智度論の当該箇所は、「作是念。三界所有皆心所作。何以故。随心所念悉皆得見。以心見仏以心作仏。心即是仏心即我身。心不自知亦不自見。若取心相悉皆無智。心亦虚誑皆従無明出。因是心相即入諸法実相。所謂常空。得如是三昧智慧已。」（大正・二五・二七六b）である。又、この句について、智顗は華厳経の引用を用いることもある。それは、華厳経、夜摩天宮菩薩説偈品に「心如工画師。画種種五陰。一切世界中。無法而不造。如心仏亦爾。如仏衆生然。心仏及衆生。是三無差別。」（大正九・四六五下）と、同、十地品「若無作者。則無作事。第一義中。無作者。無作事。又作是念。三界虚妄。但是心作。十二縁分。是皆依心。所以者何。随事生欲心。是心即是識。事是行。行誑心故名無明。識所依処名名色。名色増長名六入。三事和合有触。触共生名受。貪著所受名為愛。愛不捨名為取。彼和合故名為有。有所起名為生。生変名為老。老壊名為死。」（大正九・五五八c）の二文の取意を合したものとされる。

《**天堂**》諸神が住む世界の天上界にあると想像された殿堂。《**賢聖**》仏道を修行する人の中で、無漏智（煩悩を離れた智）を得て、四諦の道理を明らかに了する見道以上の人を聖といい、まだ見道には至っていないが、悪を離れた人を賢という。小乗では、五停心・別相念住・総相念住（以上三賢）、煗・頂・忍・世第一法（四善根）を七賢といい、随信行・随法行・信解・見至・身證・慧解脱・倶解脱を七聖といい、七賢七聖を説く。大乗の仁王経などでは十住・十行・十回向を惑を伏する位で三賢といい、初地から第十地までの菩薩を惑を断ずる位で十聖といい、三賢十聖を説く。《**覚観**》麁思、麁分別を覚といい、細思を観と名づけ、共に言語を発する因となる。覚観の心を離れれば言語なし。維摩経弟子品、「法無名字。言語断故。法無有説。離覚観故。」（大正一四・五四〇b）、注維摩「覚観麁心。言語之本。」（大正三八・三四六b）とある。

（三）　観心生起

觀心生起者。以心觀心。由能觀心有所觀境。以觀契境故。從心得解脱故。若一心得解脱。能令一切數皆得解脱故。分別心王心數同起徧起等。即是教相故。

観心の生起とは、心を以て心を観ずるに、能観の心に由って所観の境有り。観の境に契《かな》うを以ての故に、心に従って解脱を得るが故なり。若し一の心に解脱を得れば、能く一切数《しゅ》をして皆解脱を得しむるが故なり。心王、心数《しんじゅ》の同起、偏起《へんき》等を分別するは、即ち是れ教相なるが故なり。

観心の生起とは、心によって心を観じるに（名）、観じる心によって、観じられる境があり（体）、観が境に契《かな》う（因）が故に、心によって解脱が得られ（果）、さらに能く一切の心の作用にもすべて解脱が得られるようになる（用）。また、心王、心数の同起、偏起を分別し理解するは、まさに教相なのである。

《解脱》　梵語 vimukti, vimokṣa の訳。煩悩に縛られていたことから解き放たれ苦を脱することをいう。仏教の実践の窮極的境地を表わしたものであるが、後には、有為解脱と無為解脱、性浄解脱と尽障解脱、心解脱と慧解脱、慧解脱と倶解脱、時解脱と不時解脱等々さまざまに分類され考察された。

《心王心数》　心王とは、心をその主体と従属作用に分けて考えた場合、主体を心王、従属作用を心所、心数と呼ぶ。

（四）観心開合

觀心開合者。心是諸法之本。心卽總也。別說有三種心。煩惱心是三支。苦果心是七支。業心是二支。苦心卽法身。是心體。煩惱心卽般若。是心宗。業心卽解脱。是心用。卽開心爲三也。分別十二因緣心生。卽有六道差降。分別心滅。卽有四聖高下。是爲敎相。秉於開合也。

観心の開合とは、心は是れ諸法の本なり、心は即ち総《そう》なり。別して説くに三種の心有り、煩悩の心は是れ三支、苦果の心は是れ七支、業の心は是れ二支なり。苦の心は即ち法身、是れ心の体なり。煩悩の心は即ち般若、是れ心の宗なり。業の心は即ち解脱、是れ心の用なり。即ち心を開して三と為す。十二因縁の心の生を分別するに、即ち六道の差降《さこう》有り。心の滅を分別するに、即ち四聖の高下有り。是を教相と為し、開合を兼ぬ。

観心の開合とは、心がまさに諸法の本源であると云った場合、心は総称の意である。別々に説けば、煩悩の心・苦果の心・業の心の三種の心がある。煩悩の心とは無明・愛・取の三支であり、苦果の心とは識・名色・六入・触・受・生・老死の七支であり、業の心とは行・有の二支である。縁起の理は一であり、苦果心と仏の本体の理である法身とは同一であるのは、まさに心の体をいうのである。また、迷いの原因となる煩悩心と実相を覚了する智慧般若とが別のものでないとするは、まさに心の宗である。縁に随って物に対しはたらき出す心はそのままに一切の煩悩の束縛を離れる解脱と同一であるとするは、まさに心の用である。このように心を開いて三とするのである。さらに十二因縁する心の生じる方面を分別すれば、六道の差別が生じ、十二因縁する心の滅する方面を分別すれば、声聞・縁覚・菩薩・仏の四聖の高下の差別が生ずるのである。このように教相とは、心の開合をも兼ねているのである。

《煩悩》　梵語 kleśa の訳。惑とも訳す。衆生の身心を悩まし、煩わせ、惑わし、汚す精神作用の総称。衆生は煩悩によって業（行為）をなし、苦しみの報いを受けて生死の世界に縛《つな》ぎとめられる。これを惑業苦の三道という。それ故に、悟りを得るために煩悩を断じて生死に繋縛されるのを離れるのである。一般的には、貪・瞋・痴の三惑を根源的なものと考え、それを種々に分類する。例えば、根本煩悩と枝末煩悩に分け、根本煩悩を貪・瞋・痴・慢・疑・見の六煩悩に分け、さらに見を有身見・辺執見・邪見・見取見・戒禁取見の五に分けて十煩悩とする。《業》　梵語 karman 行為、意志による身心の活動の意。身体の所作、口にする言葉、心に思う意識の一々が原因となり条件となり、結果を生じ、どんな行為も必ず善悪・苦楽の果報をもたらすと考え、その行為を業という。《法身》　梵語 dharma-kāya 元来は、歴史上の釈尊を生身とするに対し、釈尊の説いた法そのものを永遠不滅の仏身であるという意で法身の語が生じたが、ここでは、大涅槃の三徳の一として法身という。《般若》　梵語 prajñā 事物や道理を明らかに見抜き、すべての存在を全体的に把えることが出来る深い智慧で、個々の事象を了別する識から始まるが、八正道、六波羅蜜等

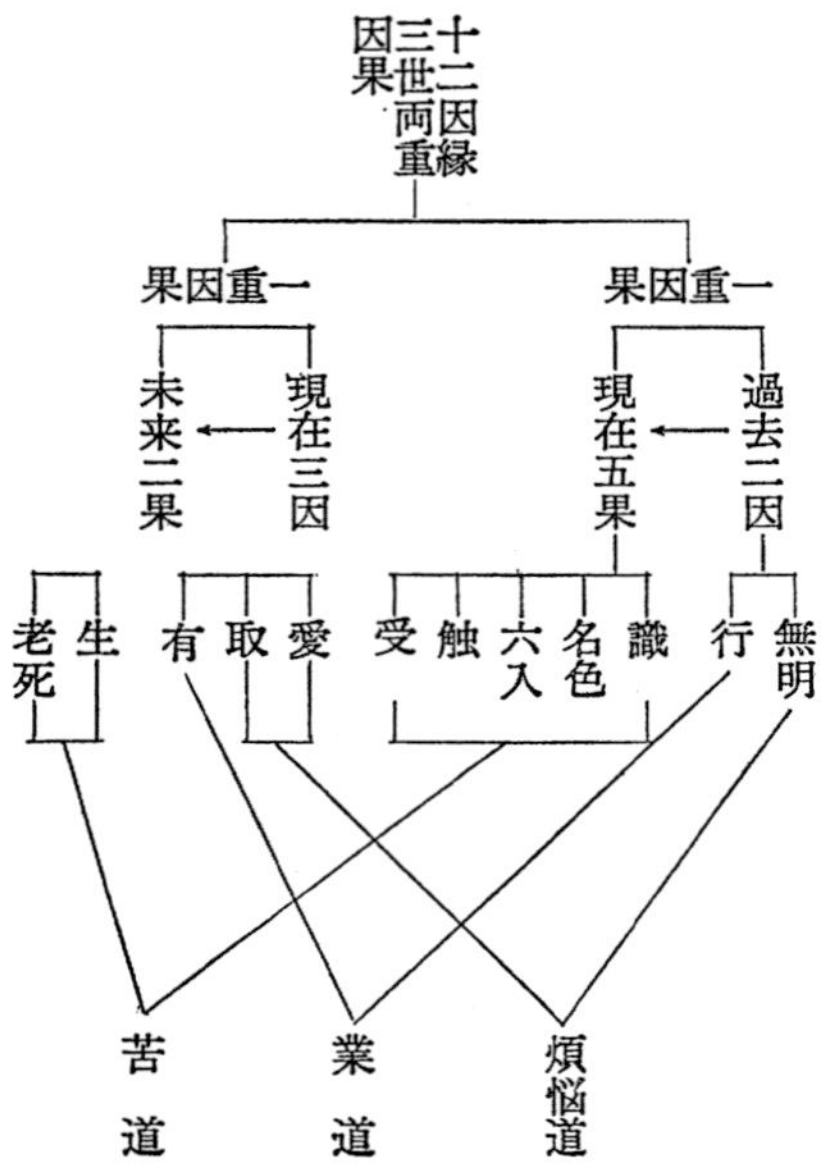

を行ずることによって、識を超えて現われてきた真の智慧、ここでは大涅槃が具える三徳の一つ。

《十二因縁》　十二支縁起、十二縁起、十二因生、十二縁生等とも称される。四諦と共に、人間の苦なる生存はどのようにして成立し、またそれをどのように克服し悟りを得るかという、最も基本的な教義である。十二とは、一に無明、迷いの根本の無知、二に行、無明よりおこり次の識をおこす行為、三に識、母胎にておこる一念、四に名色、母胎で心の作用とただ五陰のみある状態、五に六入、母胎中で眼・耳・鼻・舌・身・意の具わる時期、六に触、母胎を出て、物に触れても苦楽の感覚のない間、七に受、苦楽を感受する時期、八に愛、欲があらわれ、苦を避け楽を求めるころ、九に取、愛がさらに増し物に執着すること、十に有、愛と取によってさまざまな行為をし、未来に苦の果報を受けることが定まるころ、十一に生、未来に生を受けること、十二に老死、という十二の生存を構成する要素をいう。また、この十二は、前頁の図（『天台学概論』一六九頁）に示されるように、過去と現在の間の因果と、現在と未来との間の因果と、三世にわたって因果をたてるから、三世両重の因果といわれる。智顗は、思議生滅、思議不生不滅・不思議生滅・不思議不生不滅の四種の十二因縁を立てて、化法の四教に配する。不思議不生不滅の十二因縁では、十二因縁は仏性であるといわれ、煩悩道は菩提となり、縁によって生じた存在はそのまま中道となるとする。

《差降》　一定の等差に従っての違い。段階的な違い。**《四聖》**　声聞・縁覚・菩薩・仏の四。**《六道》**　六趣ともいい、地獄・餓鬼・畜生・修羅・人・天の六種に分けたもの。

（五）観心料簡

1　根性の不同によって観心する

觀心料簡者。問。事解已足。何煩觀心。答。大論云。佛爲信行人。以樹爲喩。爲法行人。以身爲喩。今亦如是。爲文字人。約事解釋。爲坐禪人。作觀心解。

観心の料簡とは、問う、事解《じげ》、已に足る、何ぞ煩わしく心を観ぜんや。答う、大論に云わく、「仏は信行の人の為に樹を以て喩《たとえ》と為し、法行の人の為に身を以て喩と為す」と。今亦た是の如し、文字の人の為には事に約して解釈《げしゃく》し、坐禅の人の為には観心の解《げ》を作《な》す。

観心の料簡とは、問う、教理による理解ですでに満足されているのに、どうして煩わしくも心を観ずるということをするのか。

答う、大論に「仏は、他の教えを信じて修行する人のために、樹をもって喩えとし、自ら聖法に依って修行する人のためには身をもって喩えとする。」と云うが、まさに今、観心をするということはこのようなことである。すなわち、文字によって修行する人には教門によって解釈を示し、坐禅を好んで修行する人のためには観心の解釈をするのである。

《事解》 理観に対して教理的、理論的な理解をいう。《大論云》 大智度論四十一、三仮品の「復次菩薩有二種。一者坐禅。二者誦経。坐禅者。常観身骨等諸分和合故名為身。即以所観為譬喩言。……不坐禅者。以草木枝葉華実為喩。」(大正二五・三五八b) の文による。

2 観心の得失を述べる

又論作四句評。有慧無多聞是不知實相。譬如大闇中。有目無所見。多聞無智慧亦不知實相。譬如大明中。有燈而無照。多聞利智慧。是所說應受。無聞無智慧是名人身牛。今使聞慧兼修義觀雙擧。百論有盲跛之譬。牟子有說行之義。

又、論に四句を作《な》して評す。「慧有りて多聞無きは是れ実相を知らず、譬えば大闇の中には、目《まなこ》有れども見る所無きが如し。多聞にして智慧無きも亦た実相を知らず、譬えば大明《だいみょう》の中には燈《ともしび》有りて而も照らすところ無きが如し。多聞にして利智慧なるは、是の所説を応に受くべし。聞無く智慧無きは、是を人身牛《にんしんご》と名づく。」今聞慧《もんね》をして兼ね修せしめんとして、義と観と雙《なら》べ挙ぐ。百論に盲跛《もうは》の譬え有り。牟子《ぼうし》に説行の義有り。

また大智度論には、四句によって聞慧《もんえ》をさらに評《はか》り論じ、「自分で思惟考察する慧が備わっても、聴聞によって得られる慧、多聞がなければ、実相を知ることが出来ない。譬えば、大闇の中では、自分に目が有っても見る物がないようなことである。また多聞を得ていても、思惟する智慧がなければ、実相を知ることは出来ない。譬えば、大変に明るい所では小さな燈があっても照らす作用がないようなものである。また多聞にして、すぐれた智慧があれば、この教は受けるにあたいする。多聞もなく、智慧もないということは、身は人であるが中身は牛と同様であるといわれる。」と説かれるが、今ここでは、聞と慧を合わせ修めるために、教門と観門を雙《なら》べ挙げるのである。

百論には、盲人と跛者が助け合って去る譬えが説かれるが、これは、盲人は行があって解のない様、跛者は解があって行のない様を譬え、この二人が合すれば、ことが成就することをいうのであり、また牟子《ぼうし》の理惑論には、よく説き、よく行なうべき義が説かれている。

《論作四句》　大智度論巻五、摩訶薩埵品「有慧無多聞。是不知実相。譬如大闇中。有目無所見。多聞無智慧。亦不知実義。譬如大明中。有燈而無目。多聞利智慧。是所説応受。無慧亦無明。是名人身牛。」（大正二五・一〇一b）の文による。**《百論》**　百論巻上、破神品第二「若神無触。身不応到余処。何以故。去法従思惟生。従身動生。身無思惟。非覚法故。神無動力。非身法故。如是身不応到余処。外曰。如盲跛修姤路譬如盲跛相仮能去。如是神有思惟。身有動力。和合而去。」（大正三〇・一七二b）の文。**《盲跛》**　盲人、跛者。**《牟子》**　牟子の理惑論、漢末三国時代の書。仏教が儒教や老荘思想と反しないことを論じた。弘明集巻一、牟子理惑論「問曰。老子云。智者不言。言者不智。又曰。大弁若訥。大巧若拙。君子恥言過行。設沙門有至道。奚不坐而行之。何復談是非論曲直乎。僕以為此行徳之賊也。牟子曰。来春当大飢今秋不食。黄鍾応寒蕤賓重裘。備予雖早不免於愚。老子所云。謂得道者耳。未得道者何知之有乎。大道一言而天下悦。豈非大弁乎。老子不云乎。功遂身退天之道也。身既退矣。又何言哉。今之沙門未及得道。何得不言。老氏亦猶言也。如其無言五千何述焉。若知而不言可也。既不能知又不能言愚人也。故能言不能行国之師也。能行不能言国之用也。能行能言国之宝也。三品各有所施。何徳之賊乎。唯不能言。又不能行。是謂賊也。」（大正五二・五a）の文を指す。

3　観心の失を述べる

華嚴云。譬如貧窮人。日夜數他寶自無半錢分。偏聞之失也。下文云。未得謂得。未證謂證。偏觀之失也。何者。視聽馳散。如風中燈照物不明了。但貴耳入口出。都不治心。自是陵人。增見長非。把刃自傷。解牽惡道。由其不習觀也。若觀心人。謂即心而是。己則均佛。都不尋經論。墮增上慢。此則抱炬自燒。行牽惡道由不習聞也。

華厳に云わく、「譬えば貧窮《びんぐう》の人、日夜に他の宝を数うるも、自らに半銭の分無きが如し」と。偏聞の失《とが》なり。下の文に云わく、「未得謂得《みとくいとく》、未證謂證《みしょういしょう》」と。偏観の失なり。何となれば、視聴馳散《ちさん》すること、風中の燈の物を照らすこと明了ならざるが如ければなり。但だ耳より入り口より出づることを貴《たっと》みて、都《すべ》て心を治《じ》せず、自ら是《ぜ》として人を陵《しの》ぎ、見を増し非を長ず。刃《やいば》を把《と》りて自ら傷《やぶ》るものなり。解《げ》の悪道を牽《ひ》くこと、其の観を習わざるに由る。若し観心の人は、心に即して而も是《ぜ》なり、己れ即ち仏に均《ひと》しと謂《おも》い、都て経論を尋ねずして増上慢に堕す。此れ則ち炬《たいまつ》を抱いて自ら焼くものなり、行の悪道を牽くこと聞を習わざるに由る。

華厳経に「譬えて云えば、貧しい人が、日夜、他人の宝ばかりを数えていても、自らには半銭の得分もない。」と云うは、偏聞の失を云っているのであり、法華経に五千の比丘たちが増上慢の心を起して「まだ得ていないものを得たと思い、まだ證していないものを證したと思う」とは、偏観の失を云うのである。

なぜなら、視ることと聴くこととがばらばらで集中することがないならば、風の中の燈がゆれ動いて物を照らし出すことが明らかに出来ないようなものである。小人の学問が耳から入ったものをすぐに口に出すことが出来るのを貴ぶようなもので、すべて心を治めていないから、自分だけをよしとし、他人を軽んじ、さらに自分よがりになって欠点を増長してしまうのである。刃を持って自らを傷つけるようなもので、自分の勝手な理解がさらに悪道を引いてしまうのである。これは観心をなさないためなのである。

しかし、もし観心を修行する人が、己が心のあるがままであってしかもそれが真実そのものであり、自分はそのまま仏と均《ひと》しい存在であると満足し、経論を研鑽しようとしなければ、これも増上慢におちいってしまうのである。このことは、炬《たいまつ》を抱いて自分を焼いてしまうようなものである。修行によってかえって悪道に導きいれられてしまう、これは多聞の信行を学ばないことによるのである。

《華厳云》　華厳経巻五、菩薩明難品、「譬如貧窮人。日夜数他宝。自無半銭分。多聞亦如是。」（大正九・四二九a）の文による。**《下文云》**　法華経巻一、方便品、「爾時世尊告舎利弗。汝已慇懃三請。豈得不説。汝今諦聴。善思念之。吾当為汝分別解説。説此語時。会中有比丘比丘尼優婆塞優婆夷五千人等。即従座起礼仏而退。所以者何。此輩罪根深重及増上慢。未得謂得。未證謂證。有如此失。是以不住。世尊黙然而不制止。」（大正九・七a）の文。**《但貫耳入口出》**　荀子、勧学篇第一に、「君子之学也、入乎耳、箸乎心、布乎四体、形乎動静。端而言、蝡而動、一可以為法則。小人之学也、入乎耳、出乎口。口耳之間、則四寸、曷足以美七尺之軀哉。」（君子の学問は、耳から入ったものが心にしかと受けとめられ、からだ全体にゆきわたって起居動作に現われる。だから、わずかな言葉でも、ちょっとした身動きでも、すべて模範とすることができる。小人の学問は、耳から入ったものがすぐに口から出てしまう。口と耳との間はほんの四寸にすぎない。これでは、どうして七尺のからだ全体を立派にすることができようか。）（「中国古典文学大系3」一三七頁）とある文による。**《陵》**　侮る。軽んずる。**《増上慢》**　証悟をまだ得ていないのに得たと思い高ぶる心のこと。慢は憍と同じく、心の働きとしておごりを把えたものであるが、憍は己れの美質に執着するおごりであり、慢は妄想によって己れを誇るおごりを意味する。

4　観心の得を示す

若欲免貧窮。當勤三觀。欲免上慢。當聞六卽。世間相常住理卽也。於諸過去佛。若有聞一句名字卽也。深信隨喜觀行卽也。六根清淨相似卽也。安住實智中分證卽也。唯佛與佛究盡實相究竟卽也。修心內觀則有法財。正信外聞無復上慢。眼慧明聞具足利益。何得不觀解耶。

若し貧窮《びんぐう》を免れんと欲せば、当《まさ》に三観を勤むべし。上慢を免れんと欲せば、当に六即《ろくそく》を聞くべし。世間相常住なるは理即《りそく》なり、諸の過去の仏に於て、若し一句をも聞くこと有るは名字即なり、深信随喜は観行即なり、六根清浄は相似即なり、実智の中に安住するは分證即なり、唯仏与仏究尽実相は究竟即《くきょうそく》なり。心を修めて内に観ずれば即ち法財有り、正信して外聞《げもん》すれば復た上慢無し。眼慧《げんね》明聞、利益を具足す、何ぞ観解せざるを得ん耶《や》。

そこで、貧窮に譬えられた偏聞の失を免がれようとするなら、三観を修することを勤めるべきであり、増上慢となる偏観を免がれようとするなら六即を学ぶべきである。

六即とは、法華経に「世間の相は常住である」ということが理即のことであり、また「過去仏のみもとにおいて、法華経の一句を聞見したことがある」ということが名字即のことであり、また「深く信心して随喜する」ということが観行即のことであり、また法華経を聞けば「六根清浄となる」ということが相似即であり、また法華の教を聞いて、「実智の中に安住する」と云われることは分證即のことであり、仏の成就する境地は、「唯だ仏と仏とのみ、実相を究め尽す」と云われることが、究竟即のことである。

それゆえ自己の心をして、内面を観心すれば、現に法財はあり、正信して外に見聞すれば増上慢の心は起らないのである。そして外を見る眼と内を観ずる慧、すなわち明と聞を満足するならば必ず利益が具足するのである。それ故にどうして観察し理解して眼智を具えさせないようなことなど出来るであろうか。

《三観》 三種の観法の意味で、天台では瓔珞本業経等に基づいて、㈠に従仮入空観、㈡に従空入仮観、㈢に中道第一義諦観を立て、空観、仮観、中観と称し、空仮中の三観ともいう。これを四教に配せば、三観を修すのは、別教、円教であり、空観を修すのが、蔵教、通教である。空観（従仮入空観）には、析空観と体空観の二通りがあり、蔵教で説く析空観とは、すべての物心の存在を分析的に考えて、一々の実体を滅して、本来存在することはなく、空であると悟ることを云うのである。通教で説く体空観とは、諸法は縁によって仮に存在するので幻のようであるが、そのままが即ち空であると認識することをいうのであり、すなわち、仮より空に入る空観とは、我々が目にするすべての存在は、仮に因と縁がより集まって構成されたものであり、ことごとくが空であると認識することにある。仮観（従空入仮観）とは、空より仮に入ることで、空観を成就して、空理に留まることを空じることにより、種々な因縁によって現われた世界の真実の有りようを悟ることである。中道第一義諦観とは、空観と仮観を成就することによって自然に入る観である。すなわち空観とは妄有を離れて空理を悟り、仮観では空理を捨てて妙有に入るを知るのであって、一面では空有を肯定し、また空有を否定し、空観にも仮観にもとらわれない、絶対肯定・絶対否定をともに備えた観である。この三を別教では、個別のものであると、順次に隔てて観ずるため、次第三観・別相三観・隔歴三観などと云う。円教では、一心三観といい、空を観ずれば即仮即中であり、仮を観ずれば即仮即中であり、中を観ずれば即仮即空であるとし、一心一念中に空仮中が融じた真理を観ずることである。

《六即》　智顗の創称によるといわれる円教の行位で、理即・名字即・観行即・相似即・分真即・究竟即の六種を六即という。天台では、すべての存在は平等であり差別のないことを説くのであるが、修行の立場から云えば差別のあることを六即で示し、六がその明暗親疎の差を示し、即は迷悟の不二を表わす。理即とは、すべての衆生は本来、仏果と同体の理に住している訳であるが、現実には全くの凡夫であって、円教の中道実相の教理の名称すら聞かない位。名字即とは、経典或いは善知識に依って、中道実相の教理を聞見する位。観行即とは、理慧相応の位で、教を離れていても、行者の智慧は中道の理と常に相応している位で、随喜・読誦・説法・兼行六度・正行六度の五品弟子位である。相似即とは、三界での見思の惑が尽きて、無明を押し伏して六根がきよらかになり、真の悟りに相似する位。円教の十信位である。分真即とは、四十一品の無明の煩悩を断じ、真如の一部分が身に明らかになる位。十住・十行・十廻向・十地・等覚の四十一位である。究竟即とは、根本無明の煩悩を断じ尽し、完全にさとりつくした位、妙覚位をいう。以上、智顗は円教の六即位によって自己の現在の行位を正しく知らせて、人々をすべて中道実相の修行者として摂り入れ、未だ得てないものを得たとする増上慢や、自分はとうてい修行に耐えられないとする卑下慢を取り除こうとした。六即の典拠は、『止観私記』第一末によれば「涅槃経如来性品」「徳王品」、「大智度論」、「華厳経」、「起信論」、「貧女宝蔵」を挙げるが、明らかではない。

《世間相常住》　法華経巻一、方便品「未来世諸仏。雖説百千億。無数諸法門。其実為一乗。諸仏両足尊。知法常無性。仏種従縁起。是故説一乗。是法住法位。世間相常住。於道場知已。導師方便説。」（大正九・九b）による。

《於諸過去仏。若有聞一句》　法華経巻一、方便品「於諸過去仏。現在或滅後。若有聞是法。皆已成仏道。」（大正九・九a）の文による。　**《深信随喜》**　法華経巻六、如来神力品「過此無量無辺百千万億阿僧祇世界。有国名娑婆。是中有仏。名釈迦牟尼。今為諸菩薩摩訶薩。説大乗経。名妙法蓮華教菩薩法仏所護念。汝等当深心随喜。亦当礼拝供養釈迦牟尼仏。」（大正九・五二a）の文による。　**《六根清浄》**　法華経巻七、常不軽菩薩品「其罪畢已。臨命終時。得聞此経。六根清浄。神通力故。増益寿命。復為諸人。広説是経。」（大正九・五一b）による。　**《安住実智中》**　法華経巻二、譬喩品「聞仏柔軟音。深遠甚微妙。演暢清浄法。我心大歓喜。疑悔永已尽。安住実智中。我定当作仏。為天人所敬。転無上法輪。教化諸菩薩。」（大正九・一一b）による。　**《唯仏与仏究尽実相》**　法華経巻一、方便品「仏所成就第一希有難解之法。唯仏与仏乃能究尽諸法実相。」（大正九・五c）の文による。

〔妙法蓮華経玄義巻第一下〕

第七節　会　異

〔解説〕会異とは、道理にことよせれば、総合的に、一切の異なる名称を実相という真理と同一化することであり、意味合いにことよせれば、箇別的に、異なった種類の名称や形を会して、ここに明らかにした五重玄義と同じものであるとすることである。すなわち、横に十方、竪《たて》に三世の諸仏の諸説は広範であるといっても、如来の設教の方法を分類すると四悉檀《しったん》にすべて納められるのであり、それ故、四悉檀は大乗小乗および権実の諸部の教に亘っているのである。

ところでこの五重玄義とは、法華の経題を解釈する方法の上で、名・体・宗・用・教とされるのであるから、一応は法華に限定されるのである。そこでこの五重玄義と四悉檀の異なりを一致させるのであり、仏の説くところの一切の名相とこの五重玄義とは、名称は異なるけれども義理は同一であることを示すのである。

（一）四悉檀を以って五章に対す

(1) 問起

七會異者。問。佛有所説依四悉檀。今解五義。與彼會不。

(2) 五章に対す

答。此義今當說。先對五章。次解四悉檀。世界悉檀對釋名。名該一部。世界亦冠於三。第一義對體最分明。爲人對宗。宗論因果。爲人生善義同。對治對用。用破疑滯。與治病事齊。分別悉檀對敎相。敎相如後說。

七に会異《えい》とは、問う、「仏に所説有れば四《し》悉檀《しったん》に依る。今五義を解《げ》するは、彼と会《え》するや不《いな》や。」

答う、「此の義今当に説くべし。先に五章に対し、次に四悉檀を解せん。世界悉檀を釈名に対するに、名は一部を該《か》ね、世界も亦た三に冠たり。第一義を体に対するは、最も分明なり。為人《いにん》を宗に対するに、宗は因果を論ずれば、為人生善と義同じ。対治を用《ゆう》に対するに、用の疑滞を破するは、治病と事斉《ひと》し。悉檀を分別するを教相に対す、教相は後に説くが如し。」

七に、会異というのは、

問　「仏に説く所があるならば、すべて四悉檀によってなされている」と大智度論に述べられている。今この法華玄義は、名・体・宗・用・教の五義によって解釈されている。これと、彼の四悉檀と符合するのであろうか。

答　このことに関して、今説こうとしているのである。先に五章に対して説き、次に四悉檀を解釈しよう。世界悉檀を釈名に対比してみよう。名は一部全体を概括するものであるから、他の四章といっても妙法というもの以外には求められないのである。世界悉檀もまた他の三悉檀の利益は皆世俗の法をもととしているので、他の三悉檀の冠首にあるのである。

第一義悉檀を五章の体に対比するということは、最も分別理解がし易いであろう。為人悉檀を宗に対比してみると、宗は因果を論ずるのであって、これは為人の生善を論ずるのと義理が合致するのである。対治悉檀を用に対比することは、用とは疑い滞ることを破斥するのであって、これは治病と事柄が斉《ひと》しいのである。このように悉檀を分別するということは、教相に対比することが出来る。教相とは後に十門に分別して説くようなものである。

《仏有所説依四悉檀》　大智度論巻一、序品「復次仏欲説第一義悉檀相故。説是般若波羅蜜経。有四種悉檀。」（大正二五・五九b）の文の取意。《四悉檀》　悉檀とは梵語 siddhānta の音写で、成就の義である。仏が衆生を導いて悟りを完成させる方法として四種の教法を示すもので、世界悉檀・各各為人悉檀・対治悉檀・第一義悉檀の四種をいう。世界悉檀とは、仏が衆生の願いによって仮に世間のあらゆる存在を明らかにし、衆生の願いによって法を説く。各各為人悉檀とは、衆生の個々の機根（性質や能力）に合わせて法を説き、善を生じせしめようと教えるもの。対治悉檀とは、衆生の煩悩や悪業に応じた方法によって悪を断ち除くことを教えるもの。第一義悉檀とは、ただちに衆生に第一義の真理を教え悟らせることである。又、悉檀について智顗は『法華玄義』一下に、「南岳師例大涅槃梵漢兼称。悉是此言檀是梵語。悉之言遍。檀翻為施。仏以四法遍施衆生。故言悉檀也。」（大正三三・六八六c）と、悉は徧の意、檀は（檀那 dāna）施の意で、仏が四法を徧く衆生に施されるから四悉檀とするが、原語の上からは誤りとされる。

(3) 問答料簡

（a） 次第の不同を料簡

問。何不次第。答。悉檀是佛智慧。對利鈍緣則成四種。利人聞世界解第一義。此對釋名辨體卽足。若鈍人未悟。更須爲人生善對治破惡乃入第一義。則具用四也。五重玄義意兼利鈍。四悉檀法專爲鈍者。對義是同次第則異。

問う、「何ぞ次第ならずや。」答う、「悉檀は是れ仏の智慧なり、利鈍の縁に対するときは則ち四種を成ず。利人は世界を聞きて第一義を解す。此れ釈名に対して体を弁ずること即ち足る。若し鈍人は未だ悟らず、更に為人生善、対治破悪を須《もち》いて乃ち第一義に入る。則ち具《つぶさ》に四を用うるなり。五重玄義は意《こころ》利鈍を兼ね、四悉檀の法は専ら鈍者の為にす。対する義は是れ同じけれども、次第は則ち異れり。」

問　何《ど》うして四悉檀と五章とは次第しないのであるか。

答　悉檀というのは、本来これは仏の智慧なのであって、一つのものなのであるが、これが、明敏な人・愚鈍な人それぞれの機縁に対応して、その結果、四種の悉檀といわれるものになったのである。明敏な人は、世界悉檀の説かれるのを聞いて、ただちに第一義悉檀を理解するのである。これは、五重玄義の第一釈名を示すことに対応して、その次にその体を述べることによって、ただちに満足することと同様である。

もし、愚鈍の人に世界悉檀を説きしめしても、それによってすぐ第一義を悟ることが出来ず、その上に更に為人生善・対治破悪の二つの悉檀を説き示すことによって、そこで第一義に到達することが出来るのである。このように四悉檀が、世界・為人・対治・第一義と次第するありさまは、愚鈍の人は必ずこの四悉檀の順序を次第して用いることを示しているのである。

五重玄義の本意とするところは、名・体・宗・用・教と次第させることにより、名・体の次第をもって明敏な人のためにし、次に、宗・用・教と次第させることにより、愚鈍の人のためにというように、明敏な人・愚鈍な人両様のためになされているのであり、四悉檀のてだては、もっぱら愚鈍の人が用いられ易いように出来ている。このように両者一々の項目が意味するところのものは同じものなのであるが、順序次第が各々異なっているのである。

(b) 経論の異いを料簡

問。論専釋大品不渉法華。何得指彼悉檀通此五義。中論通申諸經。何意不用。

答。釋論云。四悉檀攝八萬法藏。十二部經。法華何得不預耶。

中論通申理宜須用。若具引論博而未巧。今取論題申於五章。中字申體。觀字申宗。論字申用。瓔珞云。破法方便。立法方便。利益衆生方便。論有研覈破執。立三寶四諦。得四沙門果。故知論字申用。

中觀理不可思議申妙。觀境是權實申法。觀智是因果申蓮華。觀詮申經。論之三字合四悉檀以對五義。通申意顯。若更以論申餘經者。取偈初句申三藏。次句申通。次句申別。次句申圓。法華又爲第四句所申也。豈止兩論申此五章。五章通申諸經論也。


問う、「論は専ら大品を釈して、法華に渉《わた》らず、何ぞ彼《か》の悉檀を指して此の五義を通ずることを得ん。中論は通じて諸経を申《の》ぶ。何の意《こころ》ぞ用いざるや。」

答う、「釈論に云わく、『四悉檀に八万の法蔵、十二部経を摂す』と。法華何ぞ預《あずか》らざることを得ん耶《や》。中論は通申《つうしん》なれば、理宜しく須用《もち》うべし。若し具《つぶさ》に論を引かば、博《ひろ》くして而も未だ巧みならず。今、論の題を取りて五章を申《の》べんに、中の字は体を申べ、観の字は宗を申べ、論の字は用を申ぶ。瓔珞に云わく、『破法の方便、立法の方便、利益衆生の方便』と。『論に研覈《けんかく》して執を破し、三宝四諦を立て、四沙門果を得ること有り』と。故に知んぬ、論の字は用を申ぶることを。

中観に理不可思議なるは妙を申《の》べ、観境の是れ権実なるは法を申べ、観智の是れ因果なるは蓮華を申べ、観の詮《せん》は経を申ぶ。論の三字を四悉檀に合して、以て五義に対するに通申の意顕《こころ》わる。若し更に論を以て余経を申ぶれば、偈の初句を取って三蔵を申べ、次の句は通を申べ、次の句は別を申べ、次の句は円を申ぶ。法華は又た第四句の所申と為す。豈に止《ただ》両論の此の五章を申ぶるのみならんや、五章通じて諸経論を申ぶるなり。」

問　大智度論は、もっぱら大品般若経を註釈することが中心なのであって、特に法華経とは関わりがないのに、どうして大智度論に説かれる四悉檀を指示して、此《こ》の書で用いられる五重玄義を会通することが出来るのであるか。また、中論は、広く諸経典に渉《わた》って申べられているものであるが、どのような理由で、この中論を用いようとしないのであるか。

答　大智度論には「四悉檀は、八万の法蔵・十二部経をおさめつくしている。」と述べられているのであって、どうして法華経が、この四悉檀と何ら関わりがないというようなことが云えようか。また、中論は、諸経を通じて申べるものであるから、その道理はぜひとも用いるべきものである。しかしながら、もし中論の文章を引用するとするならば、その示されるところは広博でありすぎて、しかもその説明はあまり巧みではないのである。

今、ちなみに中観論の題名を取り上げて、五章を開陳してみよう。中の字は中道を示し、これ体を述べており、観の字は因行は必ず果に至るのであるから、これは宗を述べ、論の字は用を述べているのである。瓔珞経には「法を破する方便、法を立てる方便、衆生を利益する方便」と三種の方便が説かれているが、中論には、理を攻究し、あきらかにして、執情を破析し、三宝四諦の法を確立し、四沙門果の利益を得ることが明らかにされている。これは瓔珞経に説かれていることと同様なのである。このような訳で、論の字には、用が述べられていることが明らかであろう。

中観の理は偏を離れ、しかも偏に応じ、言慮の及ぶ所でなく、全く不可思議であるのであって、このことは、妙であることを述べ、観の境は三諦であり、権は偏に応ずるから空仮二諦に当り、実は偏を離れるから中諦に当るのであり、これは、法であることを述べ、観の智が因果であることは、蓮華であることを述べ、観が詮《すじみち》であることは、経であることを述べているのであり、中観論の名と妙法蓮華経の名とが対応するのである。このように中観論の三字が四悉檀に合致して、そして五義に対応することは、諸経は四悉檀、五重玄義に納まるということを、通じて述べる意を顕わすのである。

もし、さらに中論の四句を用いて、余経について述べるなら、偈の最初の「衆因縁生法」の句は、三蔵教について述べるものであり、次の「我説即是無」は通教について、次の「亦為是仮名」は別教について、そして第四句「亦是中道義」は円教を述べたものである。法華経は第四句を明らかにするために述べられたところのものなのである。

どうして、ただこれら大智度論・中論においてのみ、この五章が述べられているだけであろうか。この五章というものは、諸々の経論においても述べられているものである。

《**釈論曰**》　大智度論巻一、初品縁起義に「四悉檀中一切十二部経。八万四千法蔵。皆是実無相違背。」（大正二五・五九b）の文。《**八万法蔵**》　八万四千の法蔵ともいう。八万、八万四千とは、数の無数に多いことを表わし、例えば、華厳経巻三十五、「或説八万四。乃至無量行」（大正九・六二二b）と、法華経、薬王品には「火滅已後収取舎利。作八万四千宝瓶。以起八万四千塔。」（大正九・五三c）と、法華経、見宝塔品には「持八万四千法蔵十二部経。為人演説。」（大正九・三四b）と表わすようなもので、八万の法蔵とは、仏の教えが数多いことを示し、仏の教え全体を指す。《**十二部経**》　十二分教、十二分聖教ともいい、すべての経典を叙述の形式と内容から十二種に分けたもの。大品般若によればその名称は、修多羅・祇夜・受記経・

伽陀・憂陀那・因縁経・阿波陀那・如是語経・本生経・方広経・未曾有経・論議経（大正八・二二〇b）と称される。⑴修多羅（梵）sūtra　契経、一般の経をいう。⑵祇夜（梵）geya　応頌、散文の教説を偈頌などで重説した部分。⑶受記経（梵）vyākaraṇa　記別、仏弟子の未来に関して證する部分。⑷伽陀（梵）gāthā　諷頌、初めから偈頌で教説したもの。⑸憂陀那（梵）udāna　自説、他の質問によらないで、進んで教説したもの。⑹因縁経（梵）nidāna　尼陀那、経や律を説く由来を記した部分。⑺阿波陀那（梵）avadāna　譬喩。⑻如是語経（梵）itivṛttaka　本事、次の本生以外の仏、弟子の前世の行為。⑼本生経（梵）jātaka　仏の前生の修行物語。⑽方広経（梵）vaipulya　方等、広大な深意を説くもの。⑾未曾有経（梵）adbhuta-dharma　仏の神秘、仏の功徳を歎じたもの。⑿論議経（梵）upadeśa　経説を論議したもの。

《瓔珞云》　菩薩瓔珞本業経巻下、因果品「仏子。十般若波羅蜜者。従行施有三縁。一財。二法。三施衆生無畏。戒有三縁。一自性戒。二受善法戒。三利益衆生戒。忍有三縁。一忍苦行。二忍外悪。三第一義諦忍。精進有三縁。一起大誓之心。二方便進趣。三勤化衆生。禅有三縁。一定乱相不起。二定生一切功徳。三定利衆生。慧有三縁。一照有諦。二無諦。三中道第一義諦。願有三縁。一自行願。二神通願。三外化願。方便有三縁。一進趣向果。二巧会有無。三一切法不捨不受。通力有三縁。一報通。二修定通。三変化通。無垢慧有三縁。一無相智。二一切種智。三変化智。」（大正二四・一〇一九b）の傍線部分によるか。**《破法》**　法を破析して真空の理を顕わす。**《立法》**　万法の縁起を論じて妙有の義を顕わす。

《論有研覈破執。……得四沙門果》　中論、観四諦品「問曰。破四顛倒通達四諦。得四沙門果。若一切皆空。無生亦無滅。如是則無有。四聖諦之法。以無四諦故。見苦与断集。證滅及修道。如是事皆無。以是事無故。則無四道果。無有四果故。得向者亦無。若無八賢聖。則無有僧宝。以無四諦故。亦無有法宝。以無法僧宝。亦無有仏宝。如是説空者。是則破三宝。」（大正三〇・三二b）の文を指す。**《研覈》**　しらべ考えて明らかに

する。《三宝》　梵語 **tri-ratna, ratna-traya** の訳。仏教徒が供養すべき仏宝と法宝と僧宝の三をいう。

《四諦》　仏教の実践的原理を示す根本教説で、四種の真理をいう。苦諦・集諦・滅諦・道諦の四で、苦諦とは、この世は苦であるという真理。集諦とは、苦の原因は世の無常と有情の愛執にあるという真理。滅諦とは、無常の世を超えて執着をたつことが苦滅のさとりの世界であるという真理。道諦は、滅諦に至るには八正道の正しい実践が必要であるという真理。

《四沙門果》　小乗仏教の修道階位の四果、須陀洹果・斯陀含果、阿那含果、阿羅漢果をいう。須陀洹果とは、（梵）srota-āpama の音写で預流果ともいわれ、三界の見惑を断じおわって無漏の道に入った位。斯陀含果とは（梵）**sakṛdāgāmin** の音写で一来果といわれ、欲界の思惑の九品の中、前六品を断じおわった位で、のこりの三品の思惑のため、一度天界に生まれ、再び人界に入って悟りを得る位。阿那含は（梵）**anāgāmin** の音写、不還と訳され、思惑九品を断じて、再び欲界に還ることのない位。阿羅漢果は（梵）**arhat** の音写、極果、無学果とも云われ、一切の見思の惑を断じ尽して、永く涅槃に入って再び生死に流転しない位。

《観境》　観法の対象として観ぜられるもの。《観智》　観法をなす智慧。《論》　中論偈「衆因縁生法。我説即是無。亦為是仮名。亦是中道義。」（大正三〇・三三b）の偈を指す。

（二）四悉檀を解釈する

〔解説〕四悉檀を解釈するのに十章に分かっているので、その十章の概要を示しておくことにする。一、釈名　四悉檀の名称を列ねる。二、弁相　四悉檀の相貌を解釈する。三、釈成　涅槃経を引用して四悉檀を解釈する。四、対治　四悉檀を四諦・二諦にことよせて解釈する。五、起教観　四悉檀が偏円の教を起し、偏円の観を起すことを示す。六、説黙　四悉檀を説くに当り、機に宜しければ説き、宜しからざれば説かず、機に随うことを示す。七、用不用　悉檀に預るのに、自ら惑を断ずることが出来れば徳であり、他をして惑を断じ理を證させることが出来るならば用である。自行の徳のみあって化他の用の無いもの、化他の用のみあって自行の徳のないもの、等を分別する。八、権実。九、開顕　四悉檀の説教も権実を出でざることを示す。十、通経　四悉檀の説教も法華を弘通するためのものであることを示す。以上の十章によって述べられるのであるが、この十章は通じて釈尊一代の説教に亘るのである。その内、前の七章は通じて諸教に約し、後の三章は法華経に当てられているのである。前の七章の内、初めの二章は直ちに悉檀の意味を明瞭にするものであって、一は総名、二は別相である。次の二章は名義の同異に係わるのであるが、三は名称に同異があっても義理は全く同じであり、四は名称は全く異なっているが義理は全く同じであることを示すのである。五は凡夫の起観と聖人の起教について、六は聖人の説黙について、七は凡聖の得失について、述べられている。後半の三章の内、八は権実を判定し、九は権実を開顕し、法華経の意を明らかにし、前七章の義理は法華経とつながりを持つけれども、それだけでは直ちに法華経の真意を顕わすことが出来ないと、釈尊一代の悉檀の持つ意味の不同を明らかにするのである。十は法華経の経文を示すのである。

一 名を列ねる

次解四悉檀為十重。

一釋名。二辨相。三釋成。四對諦。五起教觀。六説默。七用不用。八權實。九開顯。十通經。

次に四悉檀《しったん》を解《げ》するに十重と為す。

一に釈名《しゃくみょう》、二に弁相《べんそう》、三に釈成《しゃくじょう》、四に対諦《たいだい》、五に起教観、六に説黙《せつもく》、七に用不用《ゆうふゆう》、八に権実《ごんじつ》、九に開顕、十に通経なり。

次に、四悉檀を解釈するのに、一、名を釈す。二、相を弁ずる。三、釈を成ず。四、対諦。五、起教観。六、説黙。七、用不用。八、権実。九、開題。十、通顕。の十章とする。

二　十重の解釈

〔1〕　釈　名

(1)　古釈師

釋名者。悉檀天竺語。一云此無翻。例如修多羅多含。一云翻爲宗。成。墨。印。實。成就。究竟等。莫知孰是。

釈名とは、悉檀は天竺《てんじく》の語なり。一に云わく、「此《ここ》には翻《ほん》無し、例せば修多羅の多含《たがん》なるが如し」と。一に云わく、「翻《ほん》じて宗、成、墨《ぼく》、印《いん》、実、成就、究竟等と為す。」孰《いず》れか是《ぜ》なるを知ること莫《な》し。

悉檀の名称を解釈する。悉檀という言葉は、天竺の語彙である。一方では、例えば修多羅という天竺の語は、その意味する所が豊富であるので、翻訳せずにおいておくというように、この土《ど》の中国語に翻訳することがない、といわれる。

また他方では、これを翻訳して、宗・成・墨・印・実・成就・究竟などとしている。どちらが正しいのか私には判定出来ない。

《**修多羅**》　梵語 sūtra の音写。素怛纜ともいい、契経、正経とも訳す。釈尊の説かれた教を記したものをいい、広義にはすべての経典であるが、一般には、律・論と区別する。三蔵の一。《**一云……**》　四巻楞伽経巻二に「世尊所謂因縁生諸性言説。有間悉檀。無間悉檀 悉檀者訳義或言宗或言成或言黙」(大正一六・四九三a)とある。《**宗**》　尊。主。《**成**》　則。法則。《**墨**》　建築の際、寸法を示すに用いる墨のように、経文が軌範となるを譬える。《**印**》　梵語 mudrā の訳。しるしのこと。教義の規範。《**実**》　永久に変わることないもの。《**成就**》　得し已って失しないもの。《**究竟**》　梵語 uttara 至極の意。

(2) 古師を破す

地持菩提分品說。一切行無常。一切行苦。一切法無我。涅槃寂滅。是名四優檀那。此翻爲印。亦翻爲宗。印是楷定不可改易。佛菩薩具此法。復以傳敎。此就敎釋印。如經世智所說有無無二。此法楷定。以此傳授。經過去寂默諸牟尼尊展轉相傳。此就行釋印也。經增上。踊出。乃至出第一有。最上衆共歸仰。世間所無。此釋宗義。彼明文了義釋優檀那。諸師何得用宗印翻四悉檀。如此旣謬。餘翻亦叵信。

(3) 正釈 (南岳の釈)

南岳師例大涅槃梵漢兼稱。悉是此言檀是梵語。悉之言徧。檀翻爲施。佛以四法徧施衆生。故言悉檀也。

地持の菩提分品に説くらく、「一切の行は無常、一切の行は苦、一切の法は無我、涅槃は寂滅なり。是を四優檀《しうだん》那《な》と名づく。」此れに翻じて印と為し、亦は翻じて宗と為す。印は是れ楷定《かいじょう》なり、改易《かいえき》すべからず。仏、菩薩は此の法を具して、復た以て伝教す。此れ教に就いて印を釈するなり。経に、「世智の所説は有無二なきが如し、此の法は楷定なり、此れを以て伝授す」と。経に、「過去の寂黙諸牟尼尊は展転《てんでん》して相伝う」と。此れ行に就いて印を釈するなり。経に、「増上、踊出《ゆじゅつ》、乃至第一有を出だし、最上にして衆共に帰仰《きごう》す、世間に無き所なり」と。此れ宗の義を釈す。

彼の明文《みょうもん》了義、優檀那《うだんな》を釈す。諸師何ぞ宗印を用いて、四悉檀を翻ずることを得ん。此の如《かく》く既に謬《あやま》る。余の翻も亦た信じ叵《がた》し。

南岳師は、大涅槃に例して梵漢兼称とす。悉《しつ》は是れ此の言、檀は是れ梵語なり。悉の言は徧《へん》なり。檀を翻じて施《せ》と為す。仏は四法を以て徧《あまね》く衆生に施したまう、故に悉檀と云うなり。


地持論の菩提分品に「一切の行は無常である、一切の行は苦である。一切の法は無我である。涅槃は寂滅である。是れを四優檀那《うだんな》と名づける。」と説かれており、この優檀那を翻訳して「印」とし、または翻訳して「宗」ともしている。印というのは、これは手本として定まっているものであり、改易するべからざるものである。仏・菩薩は、完全にこれらの法を内證し、また、これをもって教えを伝えるのである。このように解釈するのは、教えについて印を解釈した時である。経に「仏菩薩が化他のためにする世俗智で説かれたものには、真俗ともにその道理は極まっているのであるから、有とか無の二はなく、この法は楷定《かいじょう》している。これを以って伝授する。」という場合である。

経に「昔の寂黙の聖者達が展転して相い伝える」というは、これは行によって、印を解釈しているのであり、経に「増上や、踊出、そして第一有を出し、最上にして衆生が共に帰依し従うところで、この世に類を見ない。」というは、これは宗の義を解釈しているのである。

しかし地持経の文の意味するところは明瞭であり、優檀那を宗とか印とかに解釈しているのである。翻訳家達はどのような訳で、宗とか、印を用いて優檀那と同じく四悉檀を翻訳することが出来たのであろうか。このようにどうも翻訳に謬りがあり、そのような訳で他の翻訳も信じがたいのである。

南岳大師は、大涅槃の用語の例にならって、この四悉檀を梵漢を兼ね称していると、次のように述べている。悉とは、これは漢語であって、檀、これは梵語の音である。悉の語は徧ねしということであり、檀は翻訳すれば、施す、ということになる。仏はこの四種の法をもって、徧ねく衆生に施す、という意味のゆえに、悉檀というのである、と。

《地持菩提分品説》 菩薩地持経巻八、菩薩地持菩提分品に「有四憂檀那法。諸仏菩薩為令衆生清浄故説。云何為四。一切行無常是憂檀那法。一切行苦是憂檀那法。一切法無我是憂檀那法。涅槃寂滅是憂檀那法。」（大正三〇・九三四c）とある文による。又、大乗義章巻二、四憂檀那義には「四優檀那。出地持論。名者所謂一切行無常。一切行苦。諸法無我。涅槃寂滅。有為集起。目之為行。行流非恒。称曰無常。逼悩名苦。行同前釈。自体名法。法無性実。故曰無我。何故前二云一切行。後門之中説諸法乎。以苦無常止在有為。是故云行。無我通於一切法。故説諸法也。涅槃無為。恬泊名滅。優檀那者。是中国語。此名為印。故大智論。明法無常無我涅槃。名三法印。成実亦爾。法相揩定。不易之義名印也。」（大正四四・五〇七b）の傍線部分のように、『玄義』と同じ説明がみられる。

《優陀那》 梵語 udāna の音写で、無問自説と訳す。仏が弟子の問をまたないで自ずから説いたもの。

《揩定》 さだまっている様。 **《改易》** 変更する。

《如経世智……》 菩薩地持経巻八、菩薩地持菩提分品「諸仏菩薩具足此法。復以此法伝授衆生。是名憂檀那。過去寂黙諸牟尼尊展転相伝。是名憂檀那。増上勇出乃至具足出第一有。是名憂檀那。」（大正三〇・九三四c）《寂黙》 煩悩を静めること。賢人。《牟尼》 梵語 muni の音写。寂黙、煩悩を静めた人。《増上》 力が加わり、はたらきが助長進展せしめる。《了義》 明らかに説かれた究竟の実義。仏法の道理が直接、明了に説き明かされている義をいう。

〔2〕 弁相

(1) 智顗の釈 四悉檀

① 世界悉檀

二辨相者。世界如車。輪輻軸輞和合故有車。無別車也。五衆和合故有人。無別人也。若無人者。佛是實語人。云何言我見六道衆生。當知有人。人者世界故有。非第一義。第一義可是實。餘不應實。答。各各實。如如法性等世界故無。第一義故有。人等第一義故無。世界故有。有於五陰。十二入。十八界。一切名相隔別。名爲世界。外人迷此世界不達法相。或計無因緣有世界。或計邪因緣有世界。大聖隨順衆生所欲樂聞。分別爲說正因緣世界法。令得世間正見。是名世界悉檀相。

二に弁相《べんそう》とは、世界は車の如し、輪輻軸輞《りんぷくじくもう》和合するが故に車有り、別の車無し。五衆和合するが故に人有り、別の人無し。

若し人無くんば、仏は是れ実語の人なるに、云何《いかん》ぞ我れ六道の衆生を見ると言わん。当に知るべし、人有ることを。人は世界の故に有り、第一義には非ず。第一義は是れ実なるべし、余は実なるべからずや。答う、各各実なり。如如法性等は世界の故に無く、第一義の故に有り。人等は第一義の故に無く、世界の故に有り。五陰《おん》、十二入、十八界、一切の名相《みょうそう》隔別すること有るを名づけて世界と為す。外人《げにん》は此の世界に迷いて法相に達せず、或は無因縁にして世界有りと計《け》し、或は邪因縁にして世界有りと計す。大聖は、衆生の聞かんと欲楽《よくぎょう》する所に随順して、分別して為に正因縁世界の法を説きて世間の正見を得せしめたまう。是を世界悉檀の相と名づく。

（1）　世界悉檀

二に相を弁ずる。世界というのは、あたかも車のごときものであって、輪と輻（車のや、車の轂《こしき》と輪とをささえる木）と軸と輞《もう》（車の外周を包むたが）とが和合することによって、車が存在するのである。この外に別に車というべきものは存在しないのである。色・受・想・行・識の五衆が和合することによって人が存在するのであって、この外に人というものが別に存在する訳ではない。おたずねしますが、しかし、もし別に人というものが存在しないとするならば、まさに真実を語る人である仏、この人がどうして、我は六道の衆生を見る、というようなことを言うのであろうか。であるから、たしかに人は存在すると知るべきであります。お答えします、人は、世俗の随情の世界においてのゆえに存在するのであって、情を離れた第一義の中には有るのではありません。それではおたずねしますが、第一義のみが真実であって、余の三は随情の事であるから、まったく真実ではないのではないか。

答　各々が真実なのである。如如・法性等は、世界悉檀においては無く、理に称《かな》う第一義悉檀においてはあるのである。人等は随情の事柄であるので、第一義においてはないのであり、世界においてはあるのである。五陰・十二入・十八界の一切の名称や相貌の各々を分別することが出来ることを、名づけて世界というのである。仏教徒以外の人はこの世界に迷って、色心の法相の差別を認識することがなく、片や因縁を認めることなく、世界があると思い、片や邪しまな因縁を認めて、世界があると思ってしまうのである。大聖は、衆生が聞きたいと欲するところに随順し、分別して、衆生のために正しい因縁の世界の法を説くことによって、世間の正見を獲得させようとなさるのであって、このような有り方を世界悉檀の相貌と名づけるのである。

《弁相》　弁相における四悉檀の説明は、ほぼ大智度論（大正二五・五九b～六一c）と合致する。**《輻》**　車のや。**《軸》**　よこがみ。車の轂を貫いて輪を保持する横木。**《輞》**　車輪の外周をつつむわ（たが）。**《五衆和合》**　五蘊（色受想行識）の古訳で、意味は同じ。具体的な個々の事物はすべて五蘊が因縁和合したものであることをいう。**《実語》**　語は真実であり、おこないと語とが一致するを実語という。大集経十、海慧菩薩品「猛風可説索繋縛。須弥可説口吹動。不可説仏有二語。実語真語及浄語。」（大正一三・六六c）とある。**《世界故有》**　般若思想の真空俗有論を示すもので、すなわち真諦の上からすれば空であるが、俗諦の上よりすれば有であるということ。**《如如》**　梵語 tathā 如、真如、如実とも訳し、すべてを通じ真実にして不変なこと。**《法性》**　梵語 dharmatā 諸法の体性、万有の本性をいう。**《五陰》**　五蘊と同じ。存在が因縁して仮に集まってあるとする場合の存在の五つの性質で、色陰、受陰、想陰、行陰、識陰の五である。**《十二入》**　十二処ともいう。心とその作用が起る所依となり、それを養うものとして、眼・耳・鼻・舌・身・意の六根と色・声・香・味・触・法の六境を数え、一切法を包摂する。

《十八界》 感覚器官としての六根（眼・耳・鼻・舌・身・意）と、その対境である六境（色・声・香・味・触・法）と、感覚器官と対境とを縁じて生じた六識（眼識・耳識・鼻識・舌識・身識・意識）とを合わせて十八界という。**《随》** 随に三種ある。随情、俗情に随ってあらわした差別俗諦の方面。随情智、差別と平等とを融合した真俗二諦の不離なる方面。随智、真実の智慧に随ってあらわした平等・真諦の方面の三であって、各々の立場からなされた説法を随他意語・随自他意語・随自意語という。涅槃経三十二（大正一二・八二〇c～八二一a）参照。

(2) 各各為人悉檀

二各各爲人悉檀者。大聖觀人心而爲説法。人心各各不同於一事中或聴或不聽。如雜業故雜生世間得雜觸雜受。更有破羣那經説。無人得觸。無人得受。爲二人疑後世不信罪福墮斷常中。故作此説。

此意傍爲破執。正是生信。增長善根。施其善法也。故名各各爲人悉檀。


二に各各為《い》人悉檀《にんしつたん》とは、大聖は、人の心を観じて為に法を説きたまう。人心各各不同なれば、一事の中に於て或は聴《ゆる》し、或は聴さず。雑業の故に雑《まじわ》りて世間に生じ、雑触《ぞうそく》、雑受を得るが如し。更に破群那《はぐんな》経に説くこと有り、「人、触を得ること無く、人、受を得ること無し」と。二人、後世《ごせ》を疑いて、罪福を信ぜざるが為に、断常の中に堕す、故に此の説を作《な》す。

此の意《こころ》は、傍らに執を破せんが為にすれども、正《まさ》しくは是れ信を生ぜしめ、善根を増長して其の善法を施すなり。故に各各為人悉檀と名づく。

(2) 各各為人悉檀

大聖は、人々の心を観察した上で、その人達のために法を説くのである。人の心というものは同じではないのであって、一事の中において、あるものはその説に耳を傾けて聞き入り、またあるものはその説に全く耳を借さないということがある。

例えば、ある人には、善悪の種々の業によって、苦楽いりまじって世間に生きながらえており、雑多な触、雑多な受を得るのであると説き、さらに破群那経にあっては「人として触を得ることがないし、人として受を得ることもない。」とも説かれるのである。このように説かれる二人は、後世を疑い、罪福を信ぜずに、断滅の見解におちいったり、存在の常恒を信じているのであって、そのために以上のように説かれるのである。

このように説かれる真意は、傍には、断常の見解に執着することを破析するためであり、正しくはまさに信を生ぜしめて善根を増長し、その善法を施すということなのである。その故に、各々為人悉檀というのである。

《大聖……》 前注**弁相**（二三七頁）参照。**《触・受》** 触は、梵語 sparśa の訳。心のはたらきで、根と境と識（認識する心）とが合致して生ずる精神作用で、主観と客観との接触感覚である。受とは、触によって生ずる印象感覚をいう。**《破群那経》** 中阿含五十、牟犁破群那経第二（大正一・七四四a〜七四六a）を指すものか。ただし、本文「於一事中。或聴……無人得触。無人得受。」までは大智度論の各々為人悉檀の解説（大正二五・六〇a）からの引用である。《断常》 五悪見の第二、辺見。断常二見ともいう。衆生の身心は一期を限って断絶すると見るのを断見、これに反し、身心共に常住不滅と見るのを常見という。

（3） 対治悉檀

三對治悉檀者。有法對治則有。實性則無。對治者。貪欲多敎觀不淨。瞋恚多敎修慈心。愚癡多敎觀因緣。對治惡病說此法藥。徧施衆生。故名對治悉檀相也。

三に対治《たいじ》悉檀《しったん》とは法有り、対治には則ち有り、実性には則ち無し。対治とは、貪欲多からんものには不浄を観ずることを教え、瞋恚《しんに》多からんものには慈心を修することを教え、愚癡多からんものには因縁を観ずることを教う。悪病を対治するに、此の法薬を説きて徧《あまね》く衆生に施す、故に対治悉檀の相と名づくるなり。

（3） 対治悉檀

対治するに当って色々な方法が存在するが、対治する時に当ってはすなわち存在するけれど、もともとその実性というものを持っていない。対治というのは、貪欲の多い人には、不浄を観ずることを教え、瞋恚の多い人には慈心を修することを教え、愚癡の多い人には因縁を観ずることを教える、というようなものである。

悪病を対治しようとするには、このような法薬を説くことによって、あまねく衆生に施すのである。故にこれを、対治悉檀の相と名づけるのである。

《実性》　真如の異名。本来的性質。《貪欲》　梵語 lobha の訳。己れの欲望に対してむさぼり求める心を起すこと。三毒の一。《観不浄》　自他の肉体の不浄な有りようを観じて貪欲を止める。五停心観（不浄観・慈悲観・数息観・因縁観・念仏観）の一。《瞋恚》　梵語 krodha　瞋も恚も他に対する怒りの心。三毒の一。《修慈心》　一切衆生に対して慈悲の心を起して瞋恚を止める。慈悲観で五停心観の一、《愚癡》梵語 moha　智慧がなく愚かで迷いとまどう心のこと。三毒の一。《観因縁》　諸法の因縁より生ずることを観じて愚癡を止める。因縁観を指し五停心観の一。《法薬》　仏の教えが能く衆生の苦しみをとりのぞくことを薬に喩えて法薬という。涅槃経巻四、如来性品には、「度衆生故為説無上微妙法薬。為断一切煩悩樹故。種植無上法薬之樹。」（大正一二・三八九c～三九〇a）とある。

（4）**第一義悉檀**　（a）不可説　（b）可説

四第一義悉檀者。有二種。一不可説二可説。不可説者。卽是諸佛辟支佛羅漢所得眞實法。引偈云。言論盡竟。心行亦訖。不生不滅。法如涅槃。說諸行處名世界。說不行處名第一義。二約可說者。一切實。一切不實。一切亦實亦不實。一切非實非不實。皆名諸法之實相。佛於如是等處處經中。說第一義悉檀相。此亦是一家明四門入實之意。故中論云。爲向道人說四句。如快馬見鞭影卽入正路。

四に第一義悉檀とは二種有り、一に不可説、二に可説なり。不可説とは即ち是れ諸仏、辟支仏、羅漢所得の真実の法なり。偈を引きて云わく、「言論尽き竟《おわ》り、心行も亦た訖《おわ》んぬ。生ならず滅ならず、法、涅槃の如し。諸の行処を説くを世界と名づけ、不行処を説くを第一義と名づく」と。

二に可説に約せば、一切実、一切不実、一切亦《やく》実亦不実、一切非実非不実、皆な諸法の実相と名づく。仏は是の如き等処処の経の中に於て、第一義悉檀の相を説きたまう。此れ亦、是れ一家《け》に四門入実を明かすの意なり。故に中論に云わく、「向道の人の為に四句を説くに、快馬《けめ》の鞭影《べんえい》を見て即ち正路に入るが如し」と。

（4） 第一義悉檀

これには二種あり、一には不可説と、二には可説とである。

説くことの出来ないものとは、これはまさしく諸仏・辟支仏・羅漢達が獲得したところの真実の法である。偈を引用して云えば「言葉でもって、言い論ずることは、すべて尽き竟《おわ》って、心の作用も思慮分別もまた訖《や》んでしまって、しかも不生不滅であって、在るべき姿は涅槃のようなものである。諸の行処を説くことを世界と名づけ、不行処を説くことを第一義と名づける。」と述べられるごときものである。

二に説くことの出来るものという点から述べるならば、「一切は実であり、一切は不実であり、一切は亦実亦不実であり、一切は非実非不実である。皆これらを諸法の実相と名づける。」と述べられるように、処々の経の中において仏はこのようなことを第一義悉檀の相として説きたまう。これはまた天台一家が四門によって実に入ることを明かすことの真意でもある。であるから中論には、「向道の人のために四句を説くことは、快馬が鞭《むち》の影を見ると正しい路に入るようなものである」と云うのである。

《不可説、可説》　真理は体得すべきであって、言説で示すことは出来ないものであるとするのが不可説であり、しかしながら、教化化他のためには言葉をもって示されねばならないとするのを可説という。涅槃経徳王品（大正一二・七三三c）には「不生生不可説。生生亦不可説。生不生亦不可説。不生不生亦不可説。生亦不可説。不生亦不可説。有因縁故亦可得説。」と六句の不可説を説いている。天台は、この内の四種の不可説を選んで四教に配当し、諸法はもともと不可説不思議であるけれども、四悉檀の因縁によって説くならば蔵・通・別・円の四教の区別が生ずるとする。一、生生不可説　諸法を生じさせる因縁と、それによって生じるところの諸法とは倶に実有であるとするのが生生で、これを蔵教に当てる。二、生不生不可説　因縁・諸法ともにその当体は空であるとするのが生不生で、これを通教に当てる。三、不生生不可説　真実不生の一理から十界差別の一切の事が生ずるとするのが不生生で、これを別教に当てる。四、不生不生不可説　真実不生の理も十界差別の事も、互いに具し、互いに融じ合って不一不二であるとするのが不生不生であり、これを円教に当てるのである。この四種ともに不可説であるとするのは、この四教の理は智によって證すべきものであって、言説のよく及ぶ所でないので、不可説とするのである。

《辟支仏》　梵語 pratyeka-buddha の訳。縁覚、独覚ともいう。各自に覚った者の意。声聞と共に二乗の一。十二因縁によって修行する人の意も持つ。《羅漢》　阿羅漢。梵語 arhan の音写。一切の煩悩を断尽し、更に学ぶべきことなく、人々から尊敬供養されるに値する理想の聖者。四諦の理を学ぶ人の意も持つ。小乗における最高の悟りを得た聖者。

《引偈云》　大智度論（大正二五・六一b）の文を指す。《行処》　身口意の造作の及ぶ所。《一切実……

皆名諸法之実相》 大智度論（大正二五・六一b）の文。また、中論巻三、観法品の偈には、「一切実非実。亦実亦非実。非実非非実。是名諸仏法。」（大正三〇・二四a）とあり、又、同処に、「問日。若仏不説我非我。諸心行滅。言語道断者。云何令人知諸法実相。答日。諸仏無量方便力。諸法無決定相。為度衆生或説一切実。或説一切不実。或説一切実不実。或説一切非実非不実。一切実者。推求諸法実性。皆入第一義平等一相。……而此中於四句無戯論。聞仏説則得道。」）（大正三〇・二五a〜b）とある。

《四門入実》 仏教の真理に入る門は無数にあるが、智顗は四門によって真理に到達するという。四門とは、有門・空門・亦有亦空門・非有非空門の四で、蔵・通・別・円の四教にこの四門が備わるため十六門あることになり、教用に闕くことのないことを表わし、四教のどこから入門しても真理に到達するという。また、とりわけ、四教の特徴よりいえば、蔵教は有門、通教は空門、別教は亦有亦空門、円教は非有非空門と云われる。

(2) 結

若聞四句心生取著皆是戯論。豈第一義耶。

若し四句を聞きて心に取著《しゆじやく》を生ずるは、皆な是れ戯論なり、豈《あ》に第一義ならん耶《や》。

もし、四句を聞いて、心に取著を生ずるならば、それは皆、まさしく戯論なのである。どうして第一義といえようか。

〔灌頂の私釈〕

〔解説〕智顗の釈名と弁相との四悉檀の解説に加え、更に筆録者章安が十五番の四悉檀の解説をしている。その十五番とは、一、事理。二、仮実。三、善悪人。四、善悪陰。五、善悪法。六、三世。七、内外凡。八、見修聖。九、凡及聖非学非無学。十、世界悉檀。十一、各各為人悉檀。十二、対治悉檀。十三、第一義悉檀。十四、以四悉通為一番。十五、別約四諦。である。初めの六番は所観の人法にことよせ、次の三番は凡聖にことよせ、次の五番は所施の方法にことよせ、後の一番は所観の諦にことよせて論述している。そして十五章の解釈の後、一番の料簡を置いて結んでいる。

(1)　十五番釈

私十五番釋其相令易解。

(1)〔初めの六番は所観の人法に約す〕

1　事理に約す（事理）

隨說事理聞者適悅是世界。舊善心生是爲人。新惡除遣是對治。得悟聖道是第一義。

2　仮実に約す（仮実）

雙說假實是世界。論輪輻軸輞故有車。五陰和合故有人。單說假人卽爲人。論或說有人。或說無人。單說實法卽對治。論對治則有。實性則無。雙非假實卽第一義。論言語道斷。心行亦訖。云云。

3 仮人に約す（善悪人）

因緣和合有善人惡人之異是世界。善緣和合有善人是爲人。惡緣和合有惡人是對治。雙非善惡是第一義。

私に十五番をもって其の相を釈して解《げ》し易からしめん。事《じ》の理を説くに随って聞く者適悦《ちゃくえつ》するは是れ世界なり。旧《く》の善心生ずるは是れ為人《いにん》なり。新悪を除遣《じょけん》するは是れ対治なり。聖道を悟ることを得るは是れ第一義なり。雙《なら》べて仮実《けじつ》を説くは是れ世界なり。論に、「輪輻軸輞《りんぷくじくもう》の故に車有り、五陰和合の故に人有り」と。単に仮人《けにん》を説くは即ち為人なり。論に、「或は人有りと説き、或は人無しと説く」と。単に実法と説くは即ち対治なり、論に、「対治は則ち有り、実性は即ち無し」と。雙べて仮実を非《ひ》するは即ち第一義なり、論に、「言語の道断《た》え、心行も亦た訖《おわ》る」と云云。

因縁和合して善人と悪人の異なり有るは是れ世界なり、善縁和合して善人有るは是れ為人なり、悪縁和合して悪人有るは是れ対治なり、雙べて善悪を非するは是れ第一義なり。

私、章安は、十五通りにその四悉檀の相貌を解釈し、天台の意味を理解し易くしようと思う。

1　差別的なものと普遍的なものを説くことに応じて、聞く人が楽しみ喜ぶということ、これは世界悉檀である。宿世に修した善心が今生じてくるという、これは為人悉檀である。新たに悪を作《な》さないこと、これは対治悉檀である。聖道を悟ること、これは第一義悉檀である。

2　仮の存在と実体あるものとを双《なら》べて説くこと、これは世界悉檀である。たとえば大智度論に、輪・輻・軸・輞等が和合するから車という存在があり、五陰が和合するから人という存在がある、と説かれるようなものである。単に仮の人を説くことが為人悉檀である。大智度論に、或る時は人ありと説き、また或る時は人なしと説くようなものである。単に実の法のみを説くならば、対治悉檀である。論には、対治の法はあるが、そこに真実不変の本性が有る訳ではない、と説くごときである。仮と実とを双べて否定すること、これが第一義悉檀である。論に、言語の道は断えはて心行もまた訖《おわ》ってしまう、というごとくである。

3　（先に仮人といったが）因縁和合して、善人と悪人の異なりがあるとする、これは世界悉檀である。善き縁が和合して善人があるとする、これは為人悉檀である。悪縁が和合して悪人があるとする、これは対治悉檀である。もとより善人・悪人を否定する、これが第一義悉檀である。

《事理》　事とは差別的な対象、理とは普遍的真理、平等な本体。**《適悦》**　よろこぶ。たのしむ。**《旧善》**　仏教が説かれる以前の世俗的な善根を旧善といい、これに対して仏教で説かれる善根を客善という。**《除遣》**　おいはらう。おいやる。**《仮実》**　仮法と実法、仮りの存在と実体のあるもの。**《論、輪輻軸輞故有車。……》**　大智度論巻一（大正二五・五九b）による。**《論、或説有人。或説無人》**　大智度論巻一「観人心行而為説法。於一事中或聴或不聴。如経中所説。雑報業故。雑生世間得雑触雑受。更有破群那経中説。無人得触無人得受。」（大正二五・六〇a）の文によるか。**《論、対治則有。実性則無》**　大智度論巻一「有法対治則有。実性則無。」（大正二五・六〇a）による。《論、言語道断。心行亦訖》　大智度論巻一「語言尽竟。心行亦訖。不生不滅。法如涅槃。説諸行処。名世界法。説不行処。名第一義。」（大正二五・六一b）の文。《縁》　狭義では、結果をもたらす原因を因として、これを外から助ける間接的原因を縁というが、広義では両方合して縁という。

4　**実法に約す**（善悪陰）

五陰實法隔歴是世界。從善五陰生善五陰是爲人。以善五陰破惡五陰是對治。無漏五陰是第一義。

5　**善悪に約す**（善悪法）

善法惡法異是世界。説今善法生後善法是爲人。以今善法破今惡法是對治。非善非惡是第一義。

問曰。人通善惡。何得言生善是爲人。答。善業爲人所乘。令生其善故言爲人。問。爲人生善秖應生善。那復斷惡。答。爲人者。生善是舊是正。斷惡是傍是新。治中治惡是舊是正。生善是新是傍。云云。

6　**三世に約す**（三世）

三世隔別是世界。來世是爲人。現世是對治。非三世是第一義。

五陰《おん》実法の隔歴《きやくれき》するは是れ世界、善の五陰より善の五陰を生ずるは是れ為人《いにん》、善の五陰を以て悪の五陰を破するは是れ対治、無漏の五陰は是れ第一義なり。

善法と悪法と異なりあるは是れ世界、今の善法を説きて後の善法を生ずるは是れ為人、今の善法を以て今の悪法を破するは是れ対治、非善非悪は是れ第一義なり。

問うて曰わく、「人は善悪に通ず、何ぞ生善は是れ為人なりと言うことを得んや。」答う、「善業は人の所乗たり、其の善をして生ぜしむるが故に為人と言う。」問う、「為人は生善ならば秖応《ただまさ》に善を生ずべし、那《なん》ぞ復《ま》た悪を断ぜんや。」答う、「為人は、生善なるは是れ旧《く》、是れ正、断悪は是れ傍《ぼう》、是れ新なり。治の中の治悪は是れ旧、是れ正、生善は是れ新、是れ傍なり云云。」

三世の隔別なるは是れ世界、来世は是れ為人、現世は是れ対治、三世に非ざるは是れ第一義なり。

4　先に実法といったが、五陰が実の法であって別々になっているとすること、これが世界悉檀である。善い五陰にしたがって善い五陰が生じてくる、これが為人悉檀であり、善い五陰によって悪い五陰を破する、これは対治である。無漏の五陰、これは第一義である。

5　行なったところの行為が善法となり悪法となるように異なるのは、これは世界であり、今ここに善き法を説いて未来に善き法を生じるようにする、これが為人であり、今の善法によって今の悪法を破る、これは対治であり、善にも非ず悪にも非ざるもの、これが第一義である。
問うて曰《い》う。人という名は善悪に通じている。どうして善を生じることのみを、ただ為人《いにん》（人の為め）ということができるのであるか。答えていう。善なる行為は本来、人の乗るべきものである。その善を生ぜしむるから、為人と言うのである。

問うて曰う。為人が生善であるならば、ただ善を生ずるべきである。それならば何で更に復《ま》た悪を断じなくてはならないのか。答えていう。為人は生善であるという、この善は已に生じた旧い善なのであって、これは正位のものである。悪を断ずるという善は、これ傍位のものであって、これは未だ生じてこない新しい善なのである。対治の中でいう治悪の悪は、これは旧悪なのであり、これを正位とし、生善の善は、これは未だ生じてこない善であり、これは傍位なのである。

6 過去・現在・未来の三世が各々別々であるとするのは、これは世界である。来世はこれは為人であり、現世はこれは対治であり、三世が各々別々であるとしない、これは第一義である。

《無漏五陰》 五分法身。無漏は煩悩のないこと。漏は過ちや苦しみを漏泄す、また輪廻を流れるの意から、煩悩をいう。無漏五陰とは、最高の悟りに至ったものが具備する五つの功徳(五分法身)を意味し、通常の五陰(色受想行識)と異なり、戒陰(陰は衆、蘊、品とも称される)・定陰・慧陰・解脱陰・解脱知見陰をいう。有漏の五陰が五妄想とも称されるのに対して、悟りの世界での一切の有為法を示す。《善業》 善事の作業。《三世》 過去、現在、未来。

(2)〔能観の凡聖に約して〕

7 **内外凡に約す**

四善根内外凡隔別是世界。煖頂是爲人。總別念處是對治。世第一法近眞是第一義。

8 **見修聖に約す**

見道修道異是世界。見道是爲人。修道是對治。無學道是第一義。

9 凡及聖非学非無学に約す

非學非無學是世界。見學是爲人。修學是對治。無學是第一義。

世界悉檀中有爲人。爲人中有對治。對治中有第一義。第一義中無三悉檀。云云。

四善根の内外凡《ないげぼん》と隔別なるは是れ世界、煗《なん》、頂《ちょう》は是れ為人、総別念処は是れ対治、世第一法の真に近きは是れ第一義なり。

見道と修道と異なるは是れ世界、見道は是れ為人、修道は是れ対治、無学道は是れ第一義なり。

非学非無学は是れ世界、見学は是れ為人、修学は是れ対治、無学は是れ第一義なり。

世界悉檀の中に為人有り、為人の中に対治有り、対治の中に第一義有り、第一義の中には三悉檀無し。云云。

7 四善根の内凡と外凡とが各々別であるとする、これは世界であり、煗《なん》・頂《ちょう》は、善縁が漸《よう》やく生ずるのであるから、生善の意味に当り、これは為人である。総相念処・別相念処はこれは対治であり、世第一法は真に近いのであって、これは第一義である。

8 聖位についていえば、見道と修道が異なるのは、これは世界である。見道は理善を生ずるのであるから、これは為人であり、修道は事悪を治するのであるから、これは対治である。無学道は聖位を極めたものであるので、これは第一義である。

9 凡と聖とを共に考えるならば、非学と非無学との分別があるのは、これは世界である。見学は、これは為人であり、修学は対治であり、無学は第一義である。

先に人等は第一義の故に無し、と説かれているが（二三五頁）、実は世界悉檀の中には、為人悉檀が含まれている。為人悉檀の中には対治悉檀が含まれている。対治悉檀の中には第一義悉檀が含まれている。このように後は前を受けているのである。第一義悉檀の中には他の三悉檀は含まれていない。云云。

《四善根》　三賢と合せて小乗の七賢位（七方便位）といわれる。三賢を外凡といい、四善根を内凡という。外凡というのは、外に向って理を求める仏道修行の人をいう。外界の相貌を息めて内心に真性を縁ずることがないので外といい、六道分段の生死を捨て切ることが出来ないので凡というのである。ようやく法性を見て、心が理内に遊ぶのであるが、身は有漏に居り、正道がまだ生ぜず、似解を獲得するのを内凡という。四善根位とは、修行階位において、無漏智（煩悩のない智）を発す須陀洹直前の階位で内凡位である。同じ凡夫位ではあるが、有漏（煩悩があること）の善根が生長する段階を意味し、見道無漏の善を生ずる根本となるから四善根という。（図参照）

- 七賢位（七方便位）
  - 外凡（三賢）
    - 五停心
    - 別相念処
    - 総相念処
  - 内凡（四善根）
    - 煖法
    - 頂法
    - 忍法
    - 世第一法

《煖》　四善根位の一。煖は暖かみのこと。見道無漏智（煩悩を断じて、はじめて四諦を見る位）を火に喩え、その前提となる有漏の善根が生ずる位を、火の前ぶれの暖（煖）に喩える。

《頂》　四善根位の一。四諦の理を観る慧が明らかになり山の頂上から四方を見るごとくになるが、進むか退くかの境でもある。この位に達すると、生じた善根は地獄に堕ちても断たれないという。

《総別念処》

別相念処と総相念処のこと。別相念処とは、五停心位から進んで得る位。身・受・心・法の四念処観を、個別に次第して、身は不浄、受は不楽、心は非常、法は非我であると観じ、四顚倒を破し、またその各々が不浄・不楽・非常・非我であると共相を観ずること。総相念処とは、別相念処位から更に進んだ位。四念処をただちに総縁して、非常・苦・空・非我であると観ずること。**《世第一法》** 煗・頂・忍（四諦の理に安住して退堕することのない位、下品で具さに四諦を観じ十六行相を修し、上品ではただ欲界の苦諦のみ観ずるというように、四諦の観境を次第に減じて上品に進む。）と次第する四善根位の最後の位。有漏法つまり生死迷いの世間中で、最上の善根が生じ、次の刹那には見道の位に入って聖者となる直前の位。

《見道、修道、無学道》 修行の階位。合わせて三道と称し、無漏智を得た聖位である。見道は見諦道ともいい、四諦を明瞭に見る位。修道は、見道の後、具体的な事例に対し繰返し修習する位。見道と修道と合わせて有学道という。無学道は究極的な悟りを得、既に学ぶべき何ものもない位。小乗では四沙門果（声聞乗の聖位の差別。須陀洹（預流）、斯陀含（一来）、阿那含（不還）、阿羅漢をいう。）が三道で、須陀洹が見道、斯陀含と阿那含が修道、阿羅漢が無学道。大乗では菩薩の初地が見道、二〜九地が修道、十地と仏が無学道である。因みに大乗の外凡位は十信位、内凡位は十住、十行、十廻向位の三位をいい、この三十心は大乗の三賢位ともいう。

(3)〔所施の方法。一悉檀に四悉檀あり〕

10 世界に約す

一悉檀通有四悉檀。論云。陰入界隔別是世界。因縁和合故有人是爲人。正世界破邪世界是對治。聞正世界得悟入是第一義。

11　為人に約す

爲人有四者。雜業因緣得雜觸雜受是世界。於一事中或聽是爲人。或不聽是對治。無人得觸無人得受是第一義。

一の悉檀に通じて四悉檀有り、論に云わく、「陰入界《おんにゅうかい》の隔別なるは是れ世界、因縁和合の故に人有るは是れ為人、正世界の邪世界を破するは是れ対治、正世界を聞きて悟入することを得るは是れ第一義なり。

為人に四有りとは、雑業の因縁をもって雑触、雑受を得るは是れ世界、一事の中に於て或は聴《ゆる》すは是れ為人、或は聴さざるは是れ対治、人の触を得ること無く、人の受を得ること無きは是れ第一義なり。

10　一つの悉檀に、それぞれ四つの悉檀が具わっているのであり、大智度論には次のように云われている。

世界悉檀のうち、陰・入・界の相貌が隔別であるとするのは、これは世界悉檀であり、因縁和合しての故に人が存在するとするのは、これは為人悉檀であり、正しい世界が邪しまな世界を対破するとするのは、これは対治悉檀であり、正しい世界の有り方を聞いて、世間に対する正しい見解の善を正し、悟入することが出来るとするのは、これは第一義悉檀なのである。

11　為人悉檀に四つの悉檀がある。種々雑多な行為の因縁によって、種々なる感触・種々なる感受作用を得るという、これは世界悉檀である。一事の中にあって、或る者は宿善によってそれを聴くことがあるという、これは為人悉檀であり、或る者は現感によってそれを聴くことが出来ない、その現惑を対治せねばならない、これを対治悉檀というのである。

人あって業による感触を得ることもなく、感受作用も起らないという、これは第一義悉檀である。

《論云》　前出、二三五頁。《陰入界》　五陰、十二入、十八界。《因縁和合故有》　二三五頁参照。《正世界破邪世界……開正世界得悟入》　二三五頁参照。《雑業因縁得雑触雑受》　二三八頁参照。大智度論巻一「雑報業故。雑生世間得雑触雑受。」（大正二五・六〇a）《於一事中或聴或不聴》　二三八頁参照。大智度論巻一「観人心行而為説法。於一事中或聴或不聴。」（大正二五・六〇a）《無人得触。無人得受》　二三八頁参照。大智度論巻一「有破群那経中説。無人得触無人得受。」（大正二五・六〇a）

12　**対治に約す**

對治中有四者。佛三種法治人心病。藥病異故是世界。治人是爲人。對病是對治。實性則無是第一義。

13　**第一義に約す**

第一義中四者。一切實乃至四句是世界。佛支佛心中所得法豈非理善是爲人。一切語論。一切見。一切著皆可破。一切不能通第一義能通是對治。言語道斷。法如涅槃是第一義。

14　**通して四悉に約す**

又通作者。四悉檀不同通是世界悉檀也。四悉徧化衆生通是爲人。四悉檀皆破邪通是對治。隨聞一種皆能悟道通是第一義也。

対治の中に四有りとは、仏三種の法をもって人の心病を治したまうに、薬、病異なるが故に是れ世界、人を治するは是れ為人、病に対するは是れ対治、実性則ち無きは是れ第一義なり。

第一義の中の四とは、一切実、乃至、四句は是れ世界なり。仏、支仏の心中所得の法、豈《あ》に理善に非ずやとは、是れ為人なり。一切の語論、一切の見、一切の著《じゃく》皆な破すべく、一切通ずること能わざるを第一義のみ能く通ずとは、是れ対治なり。言語の道断え、法、涅槃の如しとは是れ第一義なり。

又た通じて作《な》さば、四悉檀の不同なるは通じて是れ世界悉檀なり。四悉遍《あまね》く衆生を化《け》するは、通じて是れ為人なり。四悉檀皆な邪を破するは、通じて是れ対治なり。一種をも聞くに随いて皆な能く道を悟るは、通じて是れ第一義なり。

12　対治悉檀の中に四つの悉檀がある。仏は不浄観・因縁観・慈悲観の三種の方法によってよく人の心の病を治すのであるが、薬も病もそれぞれ異なるのであるから、これは世界悉檀なのである。人の心の病を治療するという、これは為人悉檀であり、治す所の病に対するときは対治悉檀なのである。その病の真実の本性とは、もともと存在しないのである、これは第一義悉檀なのである。

13　第一義悉檀の中の四つの悉檀というのは、一切は実である、一切は非実である、一切は亦実亦非実であり、一切は非実非々実であると四句分別すること、これが世界悉檀であり、仏と辟支仏の心中所得の法というものがどうして理善でないはずがあろうかとすることは、これが為人悉檀であり、すべての語や論、すべての見解、すべての執著はみな破せられて、すべて通じることはなく、ただ第一義悉檀だけがよく通じるのであるとすることは、対治悉檀であり、言語によっていい表わすことは出来ない法は、まさしく涅槃のようであることは、第一義悉檀である。

14　また、四悉檀全体を通して考えてみると、四悉檀が別々にある状態は、全体として世界悉檀の有り方を示しているのであり、この四悉檀はことごとく衆生を教化するためのものであるという状態は、全体として為人悉檀の有り方を示すものである。また四悉檀はみな邪宗を対破するのであるから、これは全体として対治悉檀であることを示し、ただ一種の悉檀をも聞くに随って、衆生みな仏道を悟ることが出来るというのは、全体として、これは第一義悉檀であることを示しているのである。

《仏三種法治人心病。薬病異》　二四〇頁参照。大智度論巻一（大正二五・六〇a～b）の取意であるが、三種法とは、不浄観・慈悲観・因縁観である。　**《治人》**　同巻一「仏法中治心病亦如是」（大正二五・六〇a）

《実性則無》　大智度論巻一「有法対治則有。実性則無。」（大正二五・六〇a）の文。　**《一切実乃至四句》**　二四一頁参照。大智度論巻一「一切実一切非実。及一切実亦非実。一切非実非不実。是名諸法之実相。」（大正二五・六一b）の文。　**《仏支仏心中所得法豈非理善》**　大智度論巻一「諸仏辟支仏阿羅漢所行真実法」（大正二五・六〇c）の文によるか。　**《一切語論。……一切不能通》**　大智度論巻一「一切法性一切論議語言。一切是法非法。一一可分別破散。諸仏辟支仏阿羅漢所行真実法。不可破不可散。上於三悉檀中所不通者。此中皆通。」（大正二五・六〇c）の文による。　**《言語道断。法如涅槃》**　二四一頁参照。大智度論巻一「問曰。若諸見皆有過失。第一義悉檀。何者是。答曰。過一切語言道断。心行処滅遍無所依不示諸法。諸法実相無初無中無後不尽不壊。是名第一義悉檀。如摩訶衍義偈中説。語言尽竟。心行亦訖。不生不滅。法如涅槃。説諸行処。名世界法。説不行処。名第一義。」（大正二五・六一b）の文による。

(4)〔所観の諦に約して〕

15　別して四諦に約す

別作者。約苦集諦明世界。約道諦能治明爲人。約道諦所治明對治。約滅諦明第一義。

別して作《な》さば、苦・集《じつ》諦に約して世界を明かし、道諦の能治に約して為人を明かし、道諦の所治に約して対治を明かし、滅諦に約して第一義を明かす。

15　四悉檀全体を別して考えてみると、苦集の諦にことよせてあるあり方は、世界悉檀を明かしており、道諦の衆生教化するという方面にことよせてあるあり方は、為人悉檀を明かし、道諦の教化される方面にことよせてあるあり方は、対治悉檀を明かし、滅諦にことよせてあるあり方は、第一義悉檀のあり方を明かしているのである。

《四諦》　諦は梵語 satya 真理の意。四聖諦、四真諦といい、苦・集・滅・道の四種の間違いのない真理。苦諦とは、迷いのこの世界はすべて苦であると認識する真理。集諦とは、苦を招く原因は、貪・瞋・癡の煩悩や善悪の行為であるということを認識する真理。滅諦とは、修行により苦・集の滅した窮極の境地に達するという真理。道諦とは、苦・集を滅して滅諦におもむくための、八正道等の三十七道品の正しい修行で正しい悟りに通じる真理。それをさらに智顗は、涅槃経聖行品に依るといわれる生滅の四諦・無生の四諦・無量の四諦・無作の四諦の四種の四諦により、蔵・通・別・円の四教の法門を対照的に説明するのである。

蔵教の**生滅の四諦**というのは、生死の世界に沈没している凡愚に対し、現実が苦界であることを自覚させ、地獄・餓鬼・畜生・人・天の三界、二十五有、六道の世界が苦楽の不同はあっても間断なく生きては死し、死しては生きるという生死の苦に束縛されていると説くのが、蔵教の苦諦である。このような苦界に生滅する原因となるものは、八十八使の見惑、八十一品の思惑であると人の断ずべき苦原因を明らかにする、これが集諦である。二十五有の子縛果縛を断じて、集も染めえず、苦にも悩まされず、道も通ずることの出来ず、滅も浄めること能わざる法性真理に到達すべきことを明らかにするのが滅諦であり、この法性真理に到達するための実践修行方法を戒定慧の三学、七科三十七道品ありとして、その行規を説くのが道諦である。智顗は迷悟の因果を示す四諦が蔵教では実有と考えて、空に即しないから生滅すべきものとし、滅は真諦に非ず、滅に因って真に会す、と滅さえ真諦でないから、他の三聖諦が真諦であるはずがないとする。この蔵教の行位は、声聞・縁覚・菩薩を区別し、声聞の行位は七賢七聖を建てる。七賢は五停心・別相・総相念処・煗・頂・忍・世第一法であり、七聖は随法行・信解・見得・時解脱・不時解脱羅漢である。声聞は四諦を、縁覚は十二因縁を、菩薩は六度をもって説明されるが、蔵教は正しく被せられるのは声聞のみである。

通教の**無生の四諦**とは、生滅の四諦は色心の差別を説くが、空観の原理がない訳ではない。ただ色心諸法を分析し極微を推尋するという析空観という分析的方法によって我空法有を示すのである。しかし通教では、因縁によって生じている諸法は初めから一切皆空の無生無滅の理法に基づいていることを證得する。すなわち、苦の無生を知って逼迫の相のないのを知ることを苦諦、和合の相のないのを知ることを集諦、道とは空有を不二の相を以って観るを道諦といい、滅とは、法の本より不生であることを滅諦という。色心諸法を分析するという間接的な手法によらずに、最初から一切空の理法にもとづき諸法の空を主体的に把握し、体證する体空の観法による。通教では、声聞は已弁地、縁覚は支仏地、菩薩は菩薩地まで登る。三乗倶に到達するのは第七已弁地までで、これを三乗共位という。仏地もあるが、菩薩は別教・円教へ接続し引入されるので、一応設けられているにすぎず、これを果頭無人という。

別教の**無量の四諦**とは、無量とは中に迷うことが重いので、事にしたがって名を得るのである。小法界の集が不同であるから苦に無量の相があり、五住の煩悩が不同であるから集に無量の相があり、洹沙の仏法が不同であるから道に無量の相があり、波羅蜜に不同があるから滅に無量の相がある、と述べられる。円教と異なる点は、別教の根本原理である中道が空・有の二辺を離れた空・仮・中の三諦が不融であり別箇であるという原理として説かれていて、隔歴《きやくりやく》三諦といわれる点にあるという。別教の行位は、十信・十住・十行・十廻向・等覚・妙覚の五十二位であり、十信で見思を伏し、初住位で見惑を断じ、八住・九住・十住で三界の内の塵沙の惑を断じ、十行位で三界の外の塵沙を断じ、十廻向で無明を伏し、初地以後、妙覚に至って十二品の無明を断ずというのである。

円教の**無作の四諦**とは、前三の四諦においては、煩悩と菩提、すなわち苦・集という生死の因・果と、滅・道という涅槃の因・果を別のものと考え、生死と涅槃とは隔歴不融の関係にあるが、円教では、菩諦である三界・六道ももともと菩提に迷うが故に現前しているにすぎず、その本体は清浄なる仏智である。滅諦である涅槃の内容である法身・般若・解脱も新たに生じて来るものでなく、現実の惑・業・苦の三道の本性がそのまま現われ出たものである。道諦は煩悩即菩提であることをよく解することである。生死と涅槃を絶対相即の立場に立ち四諦を説くので、無作の四諦と称するのである。無作とは中に迷うこと軽きが故に理に従って名を得るとされ、理法の立場に立ち、別教のように中道を空有の二辺と歴別の原理とせず、空有即中とする円融三諦を示し、生死即涅槃・煩悩即菩提と證得体悟する訳である。

円教の実践法は四種三昧と十乗観法であって、十乗観法は最初から実相を観ずるのであって一行即一切行である円頓行であるから、理の上からは本来断ずべき煩悩も求むべき菩提もないのであるが、実践の上からは、證悟に高低浅深の差があるので一応行位を設ける。それは五品弟子位・十信位・十住位・十行位・十廻向位・等覚位・妙覚位である。五品弟子位で五住煩悩を伏し、十信の初信で見惑、第七信で思惑を断じ、第八、第九信で塵沙の惑を断じ、初住以後妙覚までに四十二品の無明の惑を断ずるとするのである。見思の惑は界内の惑であり、これは空観により断ずる。塵沙の惑は界内・界外の洹沙塵数の法に迷うのであるから仮観により断じ、無明の惑は界外の惑であり、中道第一義諦の理法に迷うことを本質としているので中観によって断ずるという。円教は一心三観であるから、これらの行位も実質的には三惑は同時に断ぜられ、一断即一切断であるので、別教にことよせて示すにすぎない。

《能治、所治》　能と所とは、或る動作の主体となるを能といい、目的となるものを所という。

(2) 料簡

問。依論解相已足。何用多釋。答。論云。四悉檀攝八萬四千法藏。私約十五法分別何咎。

問う、論に依って相を解すること已に足れり、何ぞ多釈を用いんや。答う、論に云わく、「四悉檀に八万四千の法蔵を摂す」と。私に十五法に約して分別するに何の咎《とが》かあらん。

問う、大智度論によって四悉檀の相貌を解釈することで已にことたりているのに、なぜさらに多くの解釈をすすめるのか。

答う、大智度論には、「四悉檀には、八万四千の法蔵を摂している」と云う。私（灌頂）が十五番の法によって解釈することに何の咎があるだろうか。

《論云》　大智度論巻一「四悉檀中一切十二部経。八万四千法蔵。皆是実無相違背。」（大正二五・五九b）の文による。

〔3〕　釈　成

(1)　釈成の意（来意　列経）

三釋成者。四悉檀是龍樹所説。四隨禪經佛所説。今以經成論於義彌明。所謂隨樂欲。隨便宜。隨對治。隨第一義。

(2)　釈成の正釈

(a)　世　界

樂欲從因得名。世界從果立稱。釋論云。一切善惡欲爲其本。淨名云。先以欲鉤牽。後令入佛道。佛經擧修因之相。論明得果之相。擧隨樂欲釋成世界悉檀也。

(b)　為　人

隨便宜者。隨行人所宜之法。各各爲人者。是化主鑒機照其可否。論云。於一事中或聽或不聽。宜聽不宜不聽。如金師子宜數息。浣衣子宜不淨。經擧行者之堪宜。論明化主之鑒照。以釋成也。餘兩種經論名義同。云云。

三に釈成《しやくじよう》とは、四悉檀は是れ龍樹の所説、四随は禅経に仏の説きたまう所なり。今、経を以て論を成ずるに、義に於て弥《いよいよ》明らかなるものあり。所謂る楽欲《ぎようよく》に随い、便宜に随い、対治に随い、第一義に随う。楽欲は因に従って名《みよう》を得、世界は果に従って称を立つ。釈論に云わく、「一切の善悪は欲を其の本と為す」と。浄名に云わく、「先に欲の鉤《かぎ》を以て牽《ひ》き、後、仏道に入らしむ」と。仏経は修因の相を挙げ、論は得果の相を明かす。随楽欲《ずいぎよう》を挙げて、世界悉檀を釈成するなり。随便宜とは行人所宜《ぎようにんしよぎ》の法に随い、各各為人とは是れ化主《けしゆ》の機を鑑《かんが》みて其の可否を照らす。論に云わく、「一事の中に於て或は聴《ゆる》し或は聴さず」と。宜しきには聴し、宜しからざるには聴さず。金師の子は数息《すそく》に宜しく、浣《かん》衣《え》の子は不浄に宜しきが如し。経は行者の堪宜《かんぎ》を挙げ、論は化主の鑒照《かんしよう》を明かして、以て釈成するなり。余の両種は、経論の名義同じ。云云。

第三の釈成《しやくじよう》というのは、四悉檀とはこれは龍樹が説いたところのものであり、四随は禅経において仏が説いたものである。いま経の説によって論の意を完うするならば、その意味合いはますます明瞭になる。四随とはいわゆる、楽欲《ぎようよく》に随うと、便宜に随うと、対治に随うと、第一義に随うとの四つである。

四随の第一の楽欲は原因に重点をおいて名づけられ、世界悉檀は結果に重きをおき名づけられている。大智度論に、「一切の善悪は欲をその根本としている。」と説き、維摩経に、「先に欲の鉤をもって誘引し、その後に仏道に導入させる。」と説かれるように、仏経では修行の原因となる相貌を挙げ、論では得たところの結果の相貌を解明している。このように随楽欲を挙げて、世界悉檀を釈成するのである。

随便宜というのは、修行者の希望するところの方法に随うことであり、各々為人悉檀、これは教化の主が衆生の機根を考察して、その人達に対し良いものと悪しきものとを分明にすることである。大智度論に、「一事の中において、或る人には聴し、或る人には聴さず」と述べられるように、適当する者には聴し、適当しない者には聴さないのである。例えば、金師の子には数息観を修させるのがよく、浣衣《かんえ》の子には不浄観を修させるのがよろしい、というようなものである。

経には修行者の能力と好みとを挙げ、論は教化主の鑒照《かんしょう》を明かし、そして釈成するのである。余の両種（対治・第一義）は経論共に同じ名であり義理も同じである。

《龍樹》 梵語 Nāgārjuna の音写。二〜三世紀頃の南インドの人。初め小乗仏教を学んだが、後、大乗を学び、大乗経典の註釈書を数多く作り、小乗や在来のインド思想に対し般若空観を宣明し、中観学派の祖とされる。主著は、中論頌・十二門論・大智度論・空七十論・廻諍論・十住毘婆沙論等、大乗仏教の理論的基礎を確立し、後世諸宗の祖と仰がれ、密教の菩提心論さえ龍猛作と龍樹に仮託される程である。**《四随》** 随楽・随宜・随治・随義の四。四悉檀とほぼ同義。仏の説法は、衆生の楽欲・機宜・所迷の対治・第一義に随ってなされるという。**《禅経》** 蔵経中には、禅経と呼ばれるものに禅秘要法経・坐禅三昧経・禅法要解・達摩多羅禅経、等があるが「四随」の出典は不明。**《釈論云。一切善悪……》** 大智度論巻二十六、

（大正二五・二四九ｂ）。又、（大正二五・二四九ｃ）の文による。《浄名云。先以欲鉤……》維摩詰所説経巻中（大正一四・五五〇ｂ）の文による。《鉤》かぎ。尖頭の屈曲した器具の総称。《論云。於一事中……》大智度論巻一（大正二五・六〇ａ）の文による。《宜》都合がよい。よい。よろしい。《如金師子宜数息。浣衣子宜不浄》金師子、浣衣子は共に舎利弗の弟子。始め金師子に骨観、浣衣子に数息観を教えたが、多年、修行しても二子共に定を得ないで、邪見を生じた。後に舎利弗は、金師子に数息、浣衣子に骨観を教えたところ、共に阿羅漢を得たことをいう。涅槃経巻二十四、高貴徳王菩薩品、（大正一二・七六四ａ〜ｂ）、（北本・大正一二・五二〇ａ）の所説である。《金師》鍛冶を業とするもの。《浣衣》衣類を洗うことを業とするもの。《鑒照》鏡に照らすように見きわめる。

〔４〕対　諦

四對諦者。直對一番四諦如前說。廣對四種四諦者。四種四諦一一以四悉檀對之。復總對者。生滅四諦對世界。無生四諦對爲人。無量四諦對對治。無作四諦對第一義。

四に諦《たい》に対すとは、直ちに一番の四諦に対することは前に説くが如し。広く四種の四諦に対すとは、四種の四諦一一に四悉檀を以て之に対す。復《また》、総じて対すれば、生滅の四諦を世界に対し、無生の四諦を為人に対し、無量の四諦を対治に対し、無作の四諦を第一義に対す。

四に諦に対するというのは、直ちに一番の四諦に対するということは前に説いたようなものである。

広く四種の四諦に対するというのは、四種の四諦の一つ一つに四悉檀をもって之にあてるということである。また総じて対するということは、生滅の四諦は世界悉檀に対し、無生の四諦は為人悉檀に対し、無量の四諦は対治悉檀に対し、無作の四諦は第一義悉檀に対するのである。

《如前説》 前の章安の私釈第十五を指す。二五八頁参照。《四種四諦》 前注「四諦」の項、二五八頁参照。

〔5〕 起観教

五起觀敎。幽微之理非觀不明。契理之觀非悉檀不起。

(1) 観を起す

1 空観

(a) 世界を釈す

修從假入空觀時。先觀正因緣法。此法內外親疎隔別。若不殷勤樂欲。則所習不成。必須曉夜精勤。欣悅無斁。此卽世界悉檀起初觀也。

五に観教を起す。幽微《ゆうみ》の理は観に非ずんば明らかならず、契理《かいり》の観は悉檀《しつたん》に非ずんば起らず。

従仮入空観《じゅうけにっくう》を修する時は、先に正因縁の法を観ず。此の法は内外、親疎隔別す、若し殷勤《おんごん》に楽欲《ぎょうよく》せずんば則ち所習成ぜず、必ず須らく、暁夜に精勤《しょうごん》し、欣悦《ごんえつ》して斁《いと》うこと無かるべし。此れ即ち世界悉檀に初観を起すなり。

五に観と教とを起すということは、情を離れる玄妙の理というものは、法体を観照するということでなければ明らかにならないのである。情を亡じ理に契《かな》う観というものは、執著を離れ、物を益する四悉檀によらなければ、起って来ないのである。

世俗の虚妄であることを了解し、空理の真実を照らすという従仮入空観《じゅうけにっくう》を修する時には、まず正しい因縁の法を観ぜよ。此の法は、自らの内なる惑業の因と、外なる他に資《たす》けらるるところの縁との親と疎とが隔別しているのであって、正因縁の理は顕われ難いのであって、もし殷勤《おんごん》に楽《ねが》い欲しなければ、習修しても了し難いのである。必ず暁夜に精勤し、欣悦《ごんえつ》して、厭うてはいけない。これが世界悉檀の状態における、初めの観を起すということである。

《幽微》　奥ぶかくかすかで知りがたいこと。**《従仮入空観》**　三観の一で空観。前注、二一五頁以下の「三観」の項参照。**《殷勤》**　ねんごろ。真心。ていねい。**《楽欲》**　欲求。願い求めること。**《斁》**　いとう。いやになる。

(b) 為人を釈す

若欲觀假入空。須識爲人便宜。若宜修觀卽用擇精進喜三覺分起之。若宜修止則用除捨定三覺分起之。念通兩處。是爲隨宜善心則發。

（c）対治を釈す

若有沈浮之病。須用對治悉檀。若心沈時。念擇進喜治之。若心浮時。念捨除定治之。若善用爲人善根則厚。若善用對治煩惱則薄。

（d）第一義を釈す

於七覺中。隨依一覺怳然如失。即依此覺分研脩能發眞明見第一義。

（e）結

是爲用四悉檀起從假入空觀。成一切智。發慧眼也。

若し仮を観じて空に入らんと欲せば、須らく為人の便宜を識るべし。若し観を修するに宜しきは、即ち択《ちゃく》、精進、喜《き》の三覚分を用いて之を起す。若し止を修するに宜しければ、即ち除、捨、定の三覚分を用いて之を起す。是は両処に通ずるなり。是を随宜に善心則ち発《おこ》ると為す。

若し沈浮《ちんぷ》の病有らば、須らく対治悉檀を用うべし。若し心沈む時は、念、択、進、喜をもって之を治す。若し心浮く時は、念、捨、除、定をもって之を治す。若し善く為人を用うれば善根則ち厚く、若し善く対治を用うれば煩悩則ち薄し。

七覚の中に於て、随って一覚に依るに怳然《きょうねん》として失するが如し。即ち此の覚分に依りて研修《けんしゅ》するに、能く真明《しんみょう》を発《ほっ》して第一義を見る。

是を、四悉檀を用いて従仮入空《じゅうけにっくう》観を起し、一切智を成じて慧眼《えげん》を発《ひら》くと為す。

もし仮を観じて空に入ろうとするならば、必ず為人悉檀の便宜を知るべきである。

もし観を修するに宜しければ、簡択《けんちゃく》分別・勤勇精進・分別して意にかなう喜、の三覚分を用いて観を起発し、もし止を修するに宜しければ、身心の麁重を離れる除・心の沈浮を離れる捨・散乱を離れる定、の三覚分を用いて止を起発し、明記して失せざる念は、止と観の両処に通ずるのである。これを宜しきに随って善心が起発するとするのである。

もし沈浮の病があるならば、必ず対治悉檀を用いるべきである。もし心が沈む時は、念・択・精進・喜を用いて沈を治すのであり、もし心が浮ぶ時には、念・捨・除・定を用いて治すのである。もしよく為人悉檀を用いるならば、宿世の善根・空観善心が厚くなり、もしよく対治悉檀を用いるならば、現在時において道を修する障となる煩悩が薄くなるのである。

この七覚の中において、その内の一覚の中において、怳然《きょうねん》と心慮を亡じてしまって、事益の念を失い、まさに理に入らんとするのが、第一義悉檀のすがたであり、この證に入る前の一々の覚分によって研修して能く真明を発し、第一義を見るのである。

これを、四悉檀を用いて従仮入空観を起発し、一切智を成じ慧眼を開発すとするのである。

《三覚分》　七覚分中の三。七覚分とは択法・精進・喜・除（普通は、軽安）・捨・定・念で、三十七道品の一つの行法である。七覚支、七覚意、七菩提分ともいう。覚支は悟りのための手足の意で、悟りを助長する七つの方法である。㈠択法分は、教法から真を選び偽を捨てる。㈡精進分は、真の正法を択び取ったらそれに専念し精進すること。㈢喜分は、正法を行ずるを喜ぶ。㈣軽安分は、身心を軽快で安穏にする。㈤捨分、執着を捨てること。㈥定分、心を集中する。㈦念分は、常に禅定と智慧を念じて心に明らかに憶いとどめ忘れないこと。但しここでは、軽安を除という名で挙げる。《恍然》 さだかでないさま。後漢書、范式伝、「恍然覚寤」 《一切智》 一切智と道種智と一切種智の三智の一。一切智とは、すべての存在を総括的に知る智慧。道種智とは、菩薩が衆生を教化するためにすべての道を知り尽しているをいう。一切種智とは、すべての存在の差別の相を平等の相の立場から更に知り尽す智慧をいう。このそれぞれを、天台は別教において次第に観じ得て行くとして、一切智を空観、道種智を仮観、一切種智を中観によって得るとし、円教においては一心に同時に得るとされる。 《慧眼》 次頁注参照。

2 余の二観と一心 (仮観・中観・一心)

若従空入假観巧用四悉檀取道種智。法眼亦如是。若脩中道第一義観。巧用四悉檀取一切種智。佛眼亦如是。若一心三観巧用亦如是。

若し従空入仮観《じゅうくうにっけかん》に、巧みに四悉檀を用いて道種智、法眼を取るも亦た是の如し。若し中道第一義観を修し、巧みに四悉檀を用いて一切種智、仏眼を取るも亦た是の如し。若し一心三観に、巧みに用うることも亦た是の如し。

もし我法の執を離れ、薬病の法に達する従空入仮観によって、巧みに四悉檀を用いるならば、道種智を獲得し法眼を得ることが出来る、ということも、またまた前と同様である。もし中道第一義観を修し、巧みに四悉檀を用いるならば、一切種智・仏眼を獲得するということは、また前と同様である。智に従って前後する次第三観とは別に、円融の一心三観を巧みに用いるというのも、また前と同様である。

《慧眼、法眼、仏眼》　眼は眼根（視的感覚器官またはその機能）。異説もあるが、一般に、慧眼は空理を見るが他を利益しない二乗の眼、一切智に対応し、法眼は他を利益するために一切の法門を照了する菩薩の眼、道種智に対応し、仏眼はすべてを見透し他の為にすべてを知る仏の眼、一切種智に対応する。この他、肉身が持つ肉眼、天人が持つ天眼と、先の三を合せて五眼と称し、仏眼は他の四をすべて具備するという。大智度論三三（大正二五・三〇五c）参照。**《従空入仮観》**　二一五頁「三観」の注、参照。**《道種智》**　二七〇頁の「一切智」の注、参照。**《中道第一義観》**　二一五頁「三観」の注、参照。**《一心三観》**　同上。**《一切種智》**　二七〇頁の「一切智」の注、参照。

(2)　教を起す

1　不可説を明かす

起教者大論云。佛常樂默然不樂説法。淨名亦論杜口。此經云。不可以言宣。大經云。生生不可説。乃至不生不生不可説。

起教とは、大論に云わく、「仏は常に黙然を楽《ねが》いて説法を楽わず」と。浄名に亦た杜口《とく》を論じ、此の経には言《ことば》を以て宣《の》ぶべからずと云う。大経に云わく、「生生不可説、乃至、不生不生不可説」と。

起教というのは、まず理は元来、観を修し證すところのものであるから説くことは出来ないのであり、大智度論に「仏は常に黙然をねがって、説法をねがわず」といい、浄名経にはまた、杜口《とく》を論じている。此の法華経でも、言葉によって宣《の》べることは出来ない、といっている。涅槃経では、生生不可説ないし不生不生不可説といっている。

《大論云》 大智度論巻二十六、「仏是楽寂静人。見汝等静黙或能来此。」（大正二五・二五一b）の文を指すか。《浄名亦論杜口》 維摩経巻十、入不二法門「何等是菩薩入不二法門。時維摩詰黙然無言。」（大正一四五五一c）を云う。《杜口》 口をふさいで言わないこと。《此経云》 法華経巻一、方便品「諸法寂滅相不可以言宣。」（大正九・一〇a）の文による。《大経云》（南本） 涅槃経巻十九、光明遍照高貴徳王菩薩品（大正一二・七三三c）の文による。智顗はこの内、四種の不可説を取って四教に配す。生生不可説とは、蔵経であり、生不生不可説とは、通教であり、不生生不可説は、別教であり、不生不生不可説は円教であり、不生によって起された十界の差別の相がそのまま中道実相のありのままの姿であると説くものである。二四三頁の「可説、不可説」の注、参照。

2 可説を明かす（説因・正釈）

又云。亦可得說。十因緣法爲生作因亦可得說。十因緣者。從無明至有。此十成於衆生。具四根性能感如來說四種法。

又た云わく、「亦た説くことを得べし、十因縁の法は生の為に因と作《な》る。亦た説くことを得べし。」十因縁とは無明より有に至るまでにして、此の十をもって衆生を成ず。四の根性を具して、能く如来の四種の法を説きたまうを感ず。

しかしまた説くことが出来るともいう。というのは、十因縁の法が衆生を所成する原因であるから、また説くことが可能なのである。十の因縁というのは無明から有にいたるものであり、この十が衆生を所成しているのである。衆生があって四種の根性のどれかを具足しておれば、必ず如来が四種の法のどれかを説くことを感得するのである。

《又云》　二七二頁注**《大経云》**の当該箇処に続いて説かれる。**《十因縁》**　十二因縁中の過去から現在に至る因縁を示す、無明から有までの十支。**《四根性》**　一般的には衆生の機根を下・中・上の三根に分類していうが、智顗は四教の区別が衆生の機根の差別の上からなされたという観点から、下・中・上・上上の四根があるとする。またそれらの機根それぞれに観があるとして、涅槃経巻二五、師子吼品に「観十二縁智凡有四種。一者下。二者中。三者上。四者上上。下智観者不見仏性。以不見故得声聞道。中智観者不見仏性。以不見故得縁覚道。上智観者見不了了。不了了故住十住地。上上智観者見了了。故得阿耨多羅三藐三菩提道。」（大正一二・七六八c）とある文によって、下智観・中智観・上智観・上上智観の四乗智観を立てる。

（1）　経を説く

（a）四教（蔵・通・別・円）

若十因縁所成衆生。有下品楽欲。能生界内事善。拙度破惑。析法入空。具此因縁者。如來則轉生滅四諦法輪起三藏敎也。若十因緣法所成衆生。有中品樂欲。能生界內理善。巧度破惑體法入空。具此因緣者。如來則轉無生四諦法輪起通敎也。若十因緣所成衆生。有上品樂欲能生界外事善。歷別破惑。次第入中。具此因緣者。如來則轉無量四諦法輪起別敎也。若十因緣所成衆生。有上上品樂欲能生界外理善。一破惑一切破惑。圓頓入中。具此因緣者。如來則轉無作四諦法輪起圓敎也。

若し十因縁所成の衆生ありて下品《げぼん》の楽欲《ぎようよく》有れば、能く界内の事善を生ず。拙度《せつど》に惑《わく》を破し、析法《しやくほう》をもって空に入る。此の因縁を具する者には、如来則ち生滅の四諦の法輪を転じて三蔵教を起したまう。若し十因縁の法所成の衆生ありて中品の楽欲有れば、能く界内の理善を生ず。巧度《ぎようど》をもって惑を破し、体法をもって空に入る。此の因縁を具する者には、如来則ち無生の四諦の法輪を転じて、通教を起したまう。若し十因縁所成の衆生ありて上品の楽欲有れば、能く界外《かいげ》の事善を生ず。歴別《りやくべつ》に惑を破し、次第して中に入る。此の因縁を具する者には、如来則ち無量の四諦の法輪を転じて別教を起したまう。若し十因縁所成の衆生にして、上上品の楽欲有れば、能く界外の理善を生じ、一の惑を破すれば、一切の惑を破し、円頓《えんどん》に中に入る。此の因縁を具する者には、如来則ち無作の四諦の法輪を転じて円教を起したまう。

もし十因縁の所成の衆生が下品の楽欲をそなえているならば、凡夫の所見に随う界内の事善を生じ、理を離れて観を立てる拙度の観を修し、惑を破析し、法を析し、空に入るのであり、このような因縁を具えている者には、如来は因縁に実を存する生滅の四諦の法輪を転じて、三蔵教を起すのである。

もし十因縁の法の所成の衆生が中品の楽欲をそなえているならば、よく聖人の所見にしたがう界内の理善を生じ、理によって行を立て巧度に惑を破し、事を離れずして理に達し法を体し空に入ることが出来る。その因縁をそなえている者には、如来は因縁に実を亡ずる無生の四諦の法輪を転じて、通教を起すのである。

もし十因縁の所成の衆生が上品の楽欲をそなえていて、よく無明の能所に附属する界外の事善を生じ、界内界外の法を隔て、歴別に惑を破し、二観を方便として次第に中に入るならば、この因縁をそなえているものには、如来は平等の理において無量の差別の相を示す無量の四諦の法輪を転じて、別教を起すのである。

もし十因縁の所成の衆生に上上品の楽欲があって、よく仏の智見に順ずる界外の理善を生じ、性に称って融即し、一の惑を破し一切の惑を破して、円頓に中に入る。この因縁をそなえている者には、如来は事理の別なき無作の四諦の法輪を転じ、円教を起すのである。

《界内、界外》　界内とは、欲界・色界・無色界の三界の内に入るもの。界外とは、三界を越えてその外にあるものをいう。

《析法入空……体法入空……次第入中……円頓入中》　それぞれ析空観、体空観、次第三観、一心三観をいう。析空観とは、三蔵教で説くところの観法で、万有の諸法を一々分析して、諸法の実我実性のないことを知り、本来空であるという空理を悟るのが析空観である。体空観とは、通教の観法であって、三界の諸法がそのまま本来空であると達観することを体空観という。次第三観とは、別教所説の観法であり、まず従仮入空観（仮より空に入る観）により、妄仮を断破して真諦の空理に悟入することで、適宜に析空観、体空観を用いて空じ尽す空観である。さらに空理に達したところで、従空入仮観（空より仮に入る観）を修して、さまざまな因縁に依って生じた諸法の差別の相に達することである。すなわちこの空・仮観により、空有を並べて否定する非有非空と、空有を肯定する而有而空に達して、おのずから中道第一義諦観に達することを次第三観という。すなわち別教の様相は、非有非空の絶対否定と而有而空の絶対肯定の世界が並び立っている世界としてとらえられる。一心三観とは円教の所説であり、この三観が一心一念の中に円かに実現されることをいう。二一五頁以下の注の「三観」の項、参照。

《三蔵教、通教、別教、円教》 化法の四教といわれ、化儀の四教（頓・漸・秘密・不定）が説法形式による釈迦一代の教説の分類なのに対して、説法の内容から一代の教説を分類したのが化法の四教である。この化法の四教は北地地論宗の四宗判（因縁宗・仮名宗・誑相宗・常宗）を改造したものであるといわれるが、化法の四教を立てるには、大本四教義にも明かすように、涅槃経徳王品の四不可説、聖行品の四種四諦、中論の四句偈や、智度論の四悉檀の説が大きな影響を及ぼしたといわれる。（左の上図）また、化法四教の内容とする教理の浅深広狭を分別するため、界内界外および事理によって分ければ、下の図のようになる。化法の四教

涅槃経 四種の四諦	涅槃経 四不可説	中論 四句偈	四教
生滅四諦	生生不可説	因縁所生法	蔵
無生四諦	生不生不可説	我説即是空	通
無量四諦	不生生不可説	亦名為仮名	別
無作四諦	不生不生不可説	亦是中道義	円

界内	事教	事外に理を立つ	蔵教
	理教	事即理と談ず	通教
界外	事教	事外に理を立つ	別教
	理教	事即理と談ず	円教

を最も体系的に述べているのは大本四教義であり、四教の名称・所詮・四門入理・位不同・権実・観心等を説明している。（「四種四諦」は二五八頁「四諦」の注、参照。）**蔵教**（三蔵教）とは、修多羅（経）蔵・毘尼（律）蔵・阿毘曇（論）蔵の三蔵のことで、天台では小乗仏教のことをいう。この法には、有門（阿毘曇論）・空門

(成実論)・亦有亦空門・非有非空門の四門(二四四頁「四門入実」の注、参照)があるが、智顗によれば、蔵教の代表的な法門は有門にあるとされる。**通教**とは、正しく菩薩を教え、傍に二乗に通ずると云われるように、大乗の初門の教えであり、證悟によっては、大小どちらへも展開するところから通教と称され、また声聞・縁覚・菩薩の三者が同じく空理を体達する点からも、通教と称される。すなわち、通教は因縁即空の理を説くことを主とするため、界内の理教といわれる。この中、三乗が共に般若を学ぶ共般若と、通教の教よりさらに高次の別教円教にも共通する不共般若の説があり、通教のものが別教に転進する別接通、通教のものが円教へ転進する円接通がある。**別教**は、別とは二乗と共通せずただ菩薩のための教であるという点で三教と別異し、別教の法門が隔歴不融であることより別という。この法門は、無量の四諦を説き、無量相を説くことに特色がある。すなわち別教が無量の法門を説くとは、別教が中道の理によって四諦が開説されているため、理より説かれる法は、際限なく多くとめどもなく表わされることは当然である。**円教**とは、円は偏らないで、すべてのものが互いにとけあって完備されていることで、相対する概念を認めず、円融三諦とか、事理不二、一即一切、一切即一、煩悩即菩提、生死即涅槃とかいう語で表わされるのである。

(bの一)十二部経・蔵

復次一一教中。各各有十二部經。亦用悉檀起之。若十因縁法所成衆生。樂聞正因縁世界事。如來則爲直説陰界入等假實之法。是名修多羅。或四五六七八九言偈。重頌世界陰入等事。是名祇夜。或直記衆生未來事。乃至記鴿雀成佛等。是名和伽羅那。或孤起偈説世界陰入等事。是名伽陀。或無人問自説世界事。是名優陀那。或約世界不善事而結禁戒。是名尼陀那。或以譬喩説世界事。

是名阿波陀那。或説本昔受生事。是名闍陀伽。或說世界廣大事。是名毘佛略。或說世界未曾有事。是名阿浮陀達磨。或問難世界事。是名優婆提舍。此是世界悉檀。爲悅衆生故起十二部經。或作十二種說生衆生善。或作十二種說破衆生惡。或作十二種說令衆生悟。是名四悉檀起三藏十二部經。

復た次に、一一の教の中に各各十二部経有り、亦た悉檀を用いて之を起す。若し十因縁の法所成の衆生にして、正因縁世界の事を聞かんと楽《ねが》うものには、如来、則ち為に直ちに陰界入等《おんかいにゅうとう》仮実《けじつ》の法を説く、是を修多羅《しゅたら》と名づく。或は四、五、六、七、八、九言の偈《げ》をもって、重ねて世界陰入等の事を頌す、是を祇夜《ぎや》と名づく。或は直ちに衆生の未来の事を記し、乃至は、鴿雀《こうじゃく》の成仏等を記するは、是を和伽羅《わから》那《な》と名づく。或は孤起《こき》の偈をもって、世界陰入等の事を説く、是を伽陀《かだ》と名づく。或は人の問うこと無きに自ら世界の事を説く、是を優陀那《うだな》と名づく。或は世界の不善の事に約して而も禁戒を結す、是を尼陀那《にだな》と名づく。或は譬喩を以って世界の事を説く、是を阿波陀那《あばだな》と名づく。或は本昔世界の事を説く、是を伊帝目多伽《いていもくたか》と名づく。或は本昔受生の事を説く、是を闍陀伽《じゃだか》と名づく。或は世界広大の事を説く、是を毘仏略《びぶりゃく》と名づく。或は世界未曾有の事を説く、是を阿浮陀達磨《あぶだだるま》と名づく。或は世界の事を問難す、是を優婆提舎《うばだいしゃ》と名づく。此れは是れ世界悉檀に衆生を悦ばしめんが為の故に十二部経を起す。或は十二種の説を作して衆生の善を生《な》ぜしめ、或は十二種の説を作して衆生の悪を破し、或は十二種の説を作して衆生をして悟らしむ。是を四悉檀に三蔵の十二部経を起すと名づく。

また次に一々の蔵・通・別・円教の中に各々十二部経があるのである。これらもまた四悉檀によって説き起されるのである。

もし十因縁法所成の衆生が、外道の邪の因縁に対し、正しい因縁の世界の事を聞きたいとねがえば、如来はそれに対し、直ちに陰界入《おんかいにゅう》等の仮実の法を説くのであり、これを修多羅と名づけるのである。

また四・五・六・七・八・九言の偈頌を用いて、重ねて世界の陰界入等の事を頌することがあり、これを祇夜《ぎや》と名づける。

または、ただちに衆生六道の因果の未来の事を記し、乃至、鴿雀《こうじゃく》の未来成仏等を記すのであり、これを和伽羅那《わからな》と名づけるのである。

または、独立した偈頌を用いて、世界の陰界入等の事を説く、これを伽陀《かだ》と名づける。

または、人の質問をまたないで、自分から世界の事を説く、これを優陀那《うだな》と名づける。

または、世界の不善の事の因縁にことよせて禁戒を結ぶ、これを尼陀那《にだな》と名づける。

または、譬喩を用いて世界の事を説く、これを阿波陀那《あばだな》と名づける。

または本昔の世界の事を説く、これを伊帝目多伽《いていもくたか》と名づける。

または、本昔の受生の事を説く、これを闍陀伽《じゃだか》と名づける。

または世界の広大なる事を説く、これを毘仏略《びぶりゃく》と名づける。

または世界の未曾有の事を説く、これを阿浮陀達磨《あぶだだるま》と名づける。

または世界の事を問答論難する、これを優婆提舎《うばだいしゃ》と名づける。

これらのこと、これは世界悉檀を用いて衆生を愉悦させようとするためであり、そのために十二部経を説き起すのである。または十二種の説明をして衆生の善を生じ、あるいは十二種の説を作《な》して衆生の悪を破し、あるいは十二種の説を作して衆生をして悟らしめようとするのである。
これを四悉檀をもって三蔵の十二部経を説き起すと名づけるのである。

《十二部経》 前注(二三六頁)にも十二部経について述べたが、以下に再び説明を加えておく。**《修多羅》** 梵語 sūtra の音写。経のこと。ここでは十二部経の一なので、長行と訳す。叙述形式から散文で教説を述べた部分。**《祇夜》** 梵語 geya の音写。重頌、応頌と訳す。繰り返された偈頌の意。十二部経の一で、叙述の形式から前段の散文(長行)の教説を韻文(偈頌)で重説、敷衍された部分。**《乃至記鴿雀成仏等》** 大智度論巻十一(大正二五・一三八c～一三九a)に鴿隠仏影といわれる鴿の未来授記の話がある。**《和伽羅那》** 梵語 vyākaraṇa の音写。授記、記別、授決、記説と訳す。元来の意は、分析、区別、発展で教意の解説であったが、予言、未来への証言に転じ、十二部経の一に分類する時は、弟子たちの未来世の證果、特に成仏を約する証言の部分を意味するようになった。
《伽陀》 梵語 gāthā の音写。偈頌、諷頌と訳す。韻文、歌謡の意である。十二部経の一とする時は、叙述形式から、前段に散文がなく、直ちに韻文(偈頌)で始まるものをいい、孤起偈とも訳される。但し、口承がある時点で成文化されたという経典成立事情を考えれば、「十万頌般若」と称される梵本がある如く、漢訳では明確ではないが、散文とされる部(長行)も元来は広義の韻文、偈頌だったといえる。**《優陀那》** 梵語 udāna の音写。無問自説と訳す。経は普通弟子の問に仏が答える形式で始まるが、弟子の問を待たず自らの感興のままに説きおこされる形式の経をいう。小乗を九部教とする時は、授記、方広と共に除かれることが多い。十二からどの三を除くかは、数種の異説がある。**《禁戒》** 戒律のこと。ここでは、十二部経の一の尼陀那の意訳。**《尼陀那》** 梵語 nidāna の音写。因縁、縁起と訳される。原因の意で、仏が経かれることがある。

や律を説く由来縁由を明かした部分。通常、経の冒頭部分である。大乗の九分教分類の譬喩、論義と共に除かれることがある。

《阿波陀那》 梵語 avadāna の音写。譬喩と訳す。譬喩はインド論理学（因明）の重要な論法の一つでもあるが、ここでは十二部経の一。教説の内容を解し易くする為に寓話や実例を用いて説明する部分。小乗の九分教分類の時、無問自説、論義と共に除かれる場合もあるが、逆に小乗の当分として、大乗を九分教分類する時、因縁または本生、論義と共に除かれることもある。**《伊帝目多伽》** 梵語 iti-vṛttaka の音写。本事、出因縁と訳される。是くの如き出来事の意。但し内容をみると、本生以外の仏や仏弟子などの過去世の事蹟、因縁譚と、「如是仏語」で始まる経の集録であり、前者は正しく本事であるが、後者は如是語経、此説過去如是と訳され、是くの如き言説の意の梵語 ity-uktaka のことであり、伊帝目多伽は両者が統合または混同されているらしい。

《闍陀伽》 梵語 jātaka の音写。本生と訳す。仏が過去世に菩薩として修行し衆生を利益した前生譚を集めた経、またはその部分。インドの説話・伝説に仏教色を加味し成立したと考えられ、世界東西の説話文学の比較研究の重要な資料でもある。また、大乗仏教の成立と関係深く、菩薩思想発展の素地、材料、媒介となり、長期に亘り、増幅、発展した部分である。**《毘仏略》** 梵語 vaipulya の音写。方広、方等と訳す。広大甚深な義を広説詳説したものの意。十二部経の一であるが、後、大乗仏教の側から、方広の甚深を大乗と同義に看取し、小乗の仏典には方広経なしとされ、方広を除く十一部経、或いは、方広、授記、無問自説を除く九部経が小乗といわれたり、大乗経典を方等経典と呼んだりした。経の標題に大方広、大方等と大の字を冠するのは、小乗に紛らわしい十二部経のそれと明確に一線を画す謂である。

《阿浮陀達磨》 梵語 adbhuta-dharma の音写。未曾有と訳す。仏などの神秘不可思議なこと、及び仏の功徳を称歎した部分。希有、勝法、希特法、未曾有経、未曾有法とも訳す。《優婆提舎》 梵語 upadeśa の音写。論義、説義、註釈章句経等に訳す。『妙法蓮華経優波提舎』のように註釈書の標題にも用いるが、一般に十二部経の一で、仏または高弟等が、教説を論義、解説した部分を指す。後世、論として広義に解する場合は、アビダルマと区別がなくなり、各々は〝論〟の異名となった。

(bの二) 十二部経・通

若十因縁法所成衆生樂聞空者。直爲説五陰。十二入。十八界。無不卽空。或四五六七八九言偈。重頌陰界入卽空。或説能達陰入界卽空者便與授記。或孤然説陰界入卽空。或無問自説陰界入卽空。或説知陰界入卽空名爲禁戒。或擧如幻如化等喩陰界入卽空。或説本昔世間國土卽空。或説本生陰界入卽空。或説卽空廣大。或説陰界入卽空希有。或難問陰界入卽空。是爲隨樂欲世界悉檀。起通敎十二部經。或作十二種説卽空生善。或作十二種説卽空破惡。或作十二種説卽空令悟理。是爲四悉檀起通敎十二部經也。

若し十因縁の法所成の衆生にして、空を聞かんと楽《ねが》わば、直ちに為に五陰、十二入、十八界は即空ならざる無しと説く。或は四、五、六、七、八、九言の偈をもって、重ねて陰界入即空を頌《じゅ》す。或は能く陰入界即空と達する者には、便ち授記を与うと説く。或は孤然《こねん》として、陰界入即空なりと説く。或は問無きに自ら陰界入即空なりと説く。或は陰界入即空なりと知るを名づけて禁戒と為すと説く。或は如幻如化《にょげんにょけ》等を挙げて、陰界入の即空なるを喩う。或は本昔の世間国土即空なりと説く。或は本生の陰界入即空なりと説く。或は即空は広大なりと説く。或は陰界入の即空は希有《けう》なりと説く。或は陰界入の即空なるを難問す。是を、随楽欲世界悉檀《ずいぎょうよく》をもって、通教の十二部経を起すと為す。或は十二種を作して即空を説き善を生ぜしめ、或は十二種を作して即空を説き悪を破せしめ、或は十二種を作して即空を説き、理を悟らしむ。是を四悉檀に通教の十二部経を起すと為す。

もし十因縁の法所成の衆生が空を聞くことをねがうならば、直ちに五陰・十二入・十八界はすなわち空ならざるはないと説きたもうのである。あるいは四・五・六・七・八・九偈を用いて、重ねて陰界入のすなわち空であることを頌するのである。あるいは、よく陰界入はすなわち空であると達した者には、授記を与えると説くのである。あるいは孤然として偈を用いて陰界入のすなわち空であることを説くのである。あるいは質問を受けないのに自分から進んで陰界入すなわち空であることを説くのである。あるいは陰界入の即空の理に達し事の過《とが》から離れることを、禁戒と名づけると説くのである。あるいは幻の如く化の如し等を挙げて、陰界入の即空を喩えるのである。あるいは本昔の世間や国土の即空であることを説くのである。あるいは本生における陰界入の世はすなわち空であると説くのである。またあるいは即空なるさまは広大無辺であると説くのである。あるいは陰界入の即空であることは希有なることであると説くのである。あるいは陰界入の即空であることを問答論難するのである。これらを随楽欲の世界悉檀を用いて、通教の十二部経を説き起すとするのである。あるいは十二種を作して、即空を説いて善を生じさせようとするのであり、あるいは十二種を作して即空を説いて悪を破ろうとするのであり、あるいは十二種を作して即空を説いて理を悟らせようとするものである。これを、四悉檀を用いて通教の十二部経を説き起すとするのである。

《五陰。十二入。十八界》 すべてのものを実に存すると迷う人にその執われを取りのぞくために、すべてのものの存在を、五陰、十二入、十八界に分けたもの。五陰とは、色(物質)・受・想・行・識(四は心の作用)をいう。十二入(十二処)とは、眼・耳・鼻・舌・身・意の六根(知覚する主体)と、色・声・香・味・触・法の六境(知覚される客体)、十八界とは、六根と六境とによって生じた、眼識・耳識・鼻識・舌識・身識・意識の認識作用の計十八をいう。 **《授記》** 梵語 vyākaraṇa 和伽羅那の訳。仏が弟子に未来の弟子の證果を予言的に授けることをいう。 **《如幻如化》** 大智度論巻六(大正二五・一〇二a)に大品経十喩を挙げる内の二。 **《希有》** 事例の甚だ少ないこと。類のないこと。法華経巻一、序品には、「今仏世尊入于三昧。是不可思議現希有事」(大正九・二b)とある。

(bの三) 十二部経・別

若有十因縁法所成衆生。樂聞一切世界。一切陰界入及不可説世界。不可説陰界入等事者。如來卽直説一切正世界及陰入等。一切翻覆世界及陰入等。一切仰世界及陰入等。一切倒住世界及陰入等。一切穢國。一切淨國。一切凡國。一切聖國。如是等種種世界。不可説世界。種種陰入界。不可説陰入界。云云。或作四言乃至九言偈重頌。或孤起偈。或能知國土陰入界者卽與記成佛。或能知者卽具禁戒或譬喩説。或説昔國土事。或説昔受生事。或説廣大事。或説希有事。或説論議事。如是等十二種説。悅其樂欲。或生其善。或破其惡。或令悟入。是名四悉檀起別教十二部經。

若し十因縁の法所成の衆生有りて、一切世界、一切の陰界入、及び不可説の世界、不可説の陰界入等の事を聞かんと楽《ねが》わば、如来即ち直ちに一切の正世界、及び陰入等一切の翻覆《ほんぷく》世界、及び陰入等、一切の仰《ぎょう》世界、及び陰入等、一切の倒住世界、及び陰入等の、一切の穢《え》国、一切の浄国、一切の凡《ぼん》国、一切の聖《しょう》国、是の如き等の種種の世界、不可説の世界、種種の陰入界、不可説の陰入界を説く云云。或は四言、乃至、九言の偈を作して重頌す。或は孤起《こき》の偈をもってす。或は能く国土陰入界を知る者は、即ち与記成仏す。或は能く知る者は即ち禁戒を具す。或は譬喩をもって説く。或は昔の国土の事を説く。或は昔の受生の事を説く。或は広大の事を説く。或は希有の事を説く。或は論議の事を説く。是の如き等の十二種の説は其の楽欲を悦ばしめ、或は其の善を生ぜしめ、或は其の悪を破し、或は悟入せしむ。是を四悉檀に別教の十二部経を起すと名づく。

もし十因縁の法所成の衆生が一切の世界、一切の陰界入および不可説の世界、不可説の陰界入の事を聞きたいとねがうならば、如来は、ただちに一切の平正の世界および陰界入等、一切の翻覆せる世界および陰入等、一切の仰世界および陰入等、一切の倒住世界および陰入等、一切の穢国、一切の浄国、一切の凡国、一切の聖国、これらの種々の世界、不可説の世界、種々の陰入界、不可説の陰入界等を説明する。あるいは四言ないし九言の偈を作って重ねて頌し、或は孤起の偈を作り、あるいはよく国土の陰入界を知る者に仏に成るとの記を与え、あるいはよく知る者は禁戒を具足させ、あるいは譬喩をもって説き、或は昔の国土の事を説き、あるいは昔の受生の事を説き、あるいは広大の事を説き、或は希有の事を説き、あるいは論議の事を説く。

このような十二種の説は、その楽欲を悦ばし、あるいはその善を生じさせ、あるいはその悪を破し、あるいは悟入せしむるのである。これを、四悉檀をもちいて別教の十二部経を説き起すと名づけるのである。

《如来即直説一切正世界……翻覆世界……仰世界……倒住世界……穢国……浄国、凡国……聖国……》八十華厳経巻十七、初発心功徳品「欲了知妙世界。即是麁世界。麁世界。即是妙世界。仰世界。即是覆世界。覆世界。即是仰世界。小世界。即是大世界。大世界。即是小世界。広世界。即是狭世界。狭世界。即是広世界。一世界。即是不可説世界。……穢世界。即是浄世界。浄世界。即是穢世界……」（大正一〇・八九c）の文による。六十華厳では（大正九・四五〇c）に当る。《孤起偈》前述の十二部経の一、伽陀の異訳。

（bの四）十二部経・円

若十因縁所成衆生。樂聞不可説國土。不可説陰界入。皆是眞如實相。卽直説一切國土依正卽是常寂光。一切陰入卽是菩提。離是無菩提。一色一香無非中道。離是無別中道。眼耳鼻舌皆是寂靜門。離此無別寂靜門。或作偈重頌。或作孤起偈。或作無問自説。或知者與記。或知者具戒。或作譬説。或指昔世界。或指本生。或説廣大。或説希有。或作論議。是爲赴樂欲世界悉檀起圓教十二部經。或作十二種説生妙善。或作十二種説頓破惡。或作十二種説頓會理。是爲四悉檀起圓教十二部經。

若し十因縁所成の衆生ありて、不可説の国土、不可説の陰界入皆な是れ真如実相なることを聞かんと楽《ねが》わば、即ち直ちに一切の国土依正《えしょう》は即ち是れ常寂光、一切の陰入即ち是れ菩提にして、是を離れて菩提あること無し。一色一香も中道に非ざる無く、是を離れて別の中道あること無し、眼、耳、鼻、舌は皆な是れ寂静門なり、此を離れて別の寂静門あること無しと説く。或は偈を作して重頌す。或は孤起の偈を作し、或は無問自説を作し、或は知る者に記を与え、或は知る者は戒を具す、或は譬説《ひせつ》を作し、或は昔の世界を指し、或は本生を指し、或は広大を説き、或は希有を説き、或は論議を作す。是を楽欲に赴く世界悉檀に円教の十二部経を起すと為す。或は十二種の説を作して妙善を生ぜしめ、或は十二種の説を作して頓《とみ》に悪を破し、或は十二種の説を作して頓に理に会《え》せしむ。是を四悉檀に円教の十二部経を起すと為す。

もし十因縁所成の衆生が、不可説の国土、不可説の陰界入は皆これは真実実相であるということを聞きたいとねがうならば、ただちに一切の国土の依と正とは、そのまま常寂光であり、一切の陰入はそのまま菩提である。これを離れて菩提はなく、一色一香といえど中道にあらざるものはなにもない。これを離れて別の中道はなく、見聞覚知の当処、情を離れ理を顕わすから眼耳鼻舌等もみな寂静の門であり、これを離れて別の寂静の門はないと説くのである。あるいは偈を作りて重頌し、あるいは孤起の偈を作り、あるいは無問自説を作り、あるいは知る者に記を与え、あるいは知る者には戒を具足させ、あるいは譬説を作り、あるいは昔の世界を指示し、あるいは本生を指す、あるいは広大を説き、あるいは希有を説き、あるいは論議を作る。これを楽欲に赴いて世界悉檀をもって円教の十二部経を説き起す、と名づける。あるいは十二種の説を作って妙善を生じ、あるいは十二種の説を作って頓に悪を破し、あるいは十二種の説を作って頓に理に会《え》させようとする。これを、四悉檀をもって円教の十二部経を起すとするのである。

《依正》　依報と正報のこと。依報とは環境的存在、正報とは主体的存在。正報とは、過去の業より受けた心身、依報とは、心身の依り所とする環境、一切世間。　**《常寂光》**　真理は静寂にして、しかも真智の光が光り照らすことをいう。天台は凡聖同居土・方便有余土・実報無障礙土・常寂光土という四土説を立て、そこに常寂光を用いている。凡聖同居土とは、凡夫と聖者とが雑居する世界で、浄・穢二土があり、穢土は娑婆世界、浄土は西方極楽世界のような世界を指す。方便有余土は、分段身は捨ててもまだ変易生死をまぬかれることのできない阿羅漢や辟支仏の所住。実報無障礙土とは、地上（初地以上）の菩薩の所住で、報身の如来を現見することができる。常寂光土とは、法身如来所居の仏土をいう。この天台の四土説は、南道派地論宗の浄影寺慧遠の三浄土（事浄土・相浄土・真浄土）の影響を多分に受けているといわれる。

《一切陰入即是菩提》　勝思惟梵天所問経巻三に、「一切法無縁。以諸縁不合故。一切法諸縁生。以満足平等故。一切法是菩提。以如実見故。一切法是涅槃。以不成就故。」（大正一五・七七a）の如き文を指す。**《一色一香無非中道》**　中道実相の理は、一色一香の微細な物質にも普遍しており、およそありとあらゆるもので中道でないものはないという意。色香中道とも呼ばれ、摩訶止観一上の円頓止観を述べる箇処で述べられる。「円頓とは初めより実相を縁ず、境に造《いた》るに即ち中、真実ならざること無し。縁を法界に繋《か》け、念を法界に一《ひとし》うす、一色一香も中道に非ざる無し。己界及び仏界、衆生界も亦た然り。陰入皆な如《にょ》なれば苦の捨つ可き無く、無明塵労即ち是れ菩提なれば集として断ず可き無く、辺邪皆な中正なれば道として修す可き無く、生死即ち涅槃なれば滅として證す可き無し。苦無く集無し、故に世界無く、道無く滅無し、故に出世間無し、純一実相にして実相の外更に別の法無し。法性寂然なるを止と名づけ、寂にして常に照らすを観と名づく。

初後を言うと雖も二無く別無し。是れを円頓止観と名づく。」（大正四六・一c〜二a）《本生》前の闍陀伽の訳。

（c）五時によって結す

復次用別圓兩種四悉檀説十二部經者。是起華嚴敎也。但用一番四悉檀説十二部經者。是起三藏敎也。若用四番四悉檀説十二部經者。是起方等敎也。若用三番四悉檀説十二部經者。是起般若敎也。若但用一番四悉檀説十二部經者。是起法華敎也。大論云。四悉檀攝十二部經。其義如是。

復た次に、別、円両種の四悉檀を用いて十二部経を説くは、是れ華厳教を起すなり。但だ一番の四悉檀を用いて十二部経を説くは、是れ三蔵教を起すなり。若し四番の四悉檀を用いて十二部経を説くは、是れ方等教を起すなり。若し三番の四悉檀を用いて十二部経を説くは、是れ般若教を起すなり。若し但だ一番の四悉檀を用いて十二部経を説くは、是れ法華教を起すなり。大論に云わく、「四悉檀に十二部経を摂す」とは、其の義是《かく》の如し。

またつぎに別・円の両種の四悉檀を用いて十二部経を説くことは、これは華厳の教を説き起すことである。ただ一番（三蔵）の四悉檀を用いて十二部経を説くのは、これは三蔵の教を起すのである。もし四番（蔵・通・別・円）の四悉檀を用いて十二部経を説くのは、これは方等の教を起すのであり、もし三番（通・別・円）の四悉檀を用いて十二部経を説くのは、これは般若の教を起すのであり、もしただ一番（円）の四悉檀を用いて十二部経を説くのは、これは法華の教を起すのである。大智度論に四悉檀に十二部経を摂すといわれる、その意味はこのようなものである。

《大論云》　大智度論巻一、「四悉檀中一切十二部經。八万四千法蔵。皆是実無相違背。」（大正二五・五九b）の文による。

（2）論を明かす

（a）論造の意を明かす

地持云。菩薩入摩得勒伽造不顛倒論。爲令正法得久住禪而作論也。菩薩住是禪觀衆生。於佛去世後。根緣不同。作論通經。

（b）論相を明かす

天親用兩番四悉檀造地論通華嚴。舍利弗用初番四悉檀造毘曇。五百羅漢造毘婆沙。通三藏見有得道意也。訶黎跋摩亦用初番四悉檀。造成實論通三藏見空得道意也。迦旃延亦用初番四悉檀造昆勒論。通三藏見空有得道意也。龍樹用四番四悉檀造中論。三番正通大乘。一番傍通三藏。彌勒用二番四悉檀。造地持通華嚴。無著亦用二番四悉檀造攝大乘。龍樹用三番四悉檀造大智度通大品。天親用一番四悉檀通法華。世人傳。天親龍樹各作涅槃論。未來此土準例可知。

地持《ぢじ》に云わく、菩薩は摩得勒伽《まとろくぎゃ》に入りて不顛倒論を造す、正法をして久しく禅に住することを得せしめんが為に論を作るなり。菩薩は是の禅に住して衆生を観るに、仏世を去る後に於ては根縁不同なれば、論を作りて経を通ず。

天親は両番の四悉檀を用いて地論を造り、華厳を通ず。舎利弗は初番の四悉檀を用いて毘曇《びどん》を造り、五百の羅漢は毘婆沙《びばしゃ》を造り、三蔵の有《う》を見て道《どう》を得るの意《こころ》を通ず。訶黎跋摩《かりばつま》も亦た初番の四悉檀を用いて、成実論を造り、三蔵の見空得道の意を通ず。迦旃延《かせんねん》も亦た初番の四悉檀を用いて昆勒論《こんろくろん》を造り、三蔵の空有を見て得道する意を通ず。龍樹は四番の四悉檀を用いて中論を造る、三番は正《まさ》しく大乗を通じ、一番は傍《ぼう》に三蔵を通ず。弥勒は二番の四悉檀を用いて地持を造り、華厳を通ず。無著も亦た二番の四悉檀を用いて摂大乗《しょうだいじょう》を造る。龍樹は三番の四悉檀を用いて大智度を造り、大品《だいぼん》を通ず。天親は一番の四悉檀を用いて法華を通ず。世人伝うらく、「天親と龍樹と各涅槃論を作る」と。未だ此の土に来らざるも、準例して知んぬべし。

地持経に、「菩薩は摩得勒伽《まとろくきや》に入って不顚倒論を造り、正法をして久しく禅に住することを得せしめんために論を作るなり。」と。菩薩はこの禅に住んで、衆生を観察し、仏が世を去った後において、衆生の根縁が同じでないのを知って、論を作って経を理解させるようにする。

天親は別・円両番の四悉檀を用いて地論を造り、華厳経を理解させるようにした。舎利弗は初番（蔵）の四悉檀を用いて毘曇を造り、五百の羅漢は毘婆沙を造り、三蔵教の有を見て道を得ることの意味を通じた。訶黎跋摩《かりばつま》は、また初番の四悉檀を用いて成実論を造り、三蔵教の空を見て得道する意味を通じた。迦旃延《かせんねん》はまた初番の四悉檀を用いて昆勒論《こんろくろん》を造り、三蔵教の空と有を見て得道する意味を通じた。龍樹は四番（蔵・通・別・円）の四悉檀を用いて中論を造ったのであり、三番は正しく大乗に通じ、一番は傍に三蔵教に通じている。弥勒は二番（別・円）の四悉檀を用いて、地持論を造り、華厳経を通じ、無著もまた二番の四悉檀を用いて摂大乗論を造ったのである。龍樹は三番（通・別・円）の四悉檀を用いて大智度論を造って大品般若を通じ、天親は一番（円）の四悉檀を用いて法華経を通じた。世人は天親と龍樹はおのおの涅槃論を作ったと伝えており、まだこの中国には伝わっていないが、以上の例に準じて知るべきである。

《地持云》 菩薩地持経巻六、方便処禅品、「造不顚倒論微妙讃頌摩得勒伽為令正法久住世禅。」（大正三〇・九二二a～b）。**《摩得勒伽》** 梵語 mātṛkā の音写。本母、行母、智母、論母等に訳す。一般には、論蔵の異名、または阿毘達磨、優波提舎等の論蔵の総称であるが、ここでは智母三昧を意味する。菩薩や仏はこの三昧（禅定）に入って論を造り、経旨を述べるという。論は理を顕わし、教の本となり、智や行を生ずる源であるから、母という。南伝の論では、その冒頭、章初に掲げる目次的標記、法数要目を mātikā（論母）といい、これは論の原初形態であると云われる。**《禅》** ここで云われる禅は、菩薩の禅波羅蜜を九種挙げる中の此世他世楽禅の一つの姿で、その九種とは——自性禅・一切禅・難禅・一切門禅・善人禅・一切行禅・除煩悩禅・此世他世楽禅・清浄浄禅である。**《天親》** Vasuvandhu の旧訳。世親。五世紀頃、犍陀羅国富婁沙富羅の人。初め小乗教を信じ、後に大乗に入る。著書に、阿毘達磨倶舎論・弁中辺論・唯識三十頌・十地経論・摂大乗論釈、等がある。**《地論》** 十地経論を指す。**《舎利弗》** Śāriputra 仏十大弟子の一。智慧第一と称される。舎利弗阿毘曇論、集異門足論は舎利弗の所造と伝えられるが、真実ではない。**《毘曇》** 前出の舎利弗阿毘曇論（大正二八）**《毘婆沙》** 阿毘曇毘婆沙論。迦栴延子造、五百羅漢釈、北涼浮陀跋摩共道泰等訳（大正二八）

《**五百羅漢**》　迦膩色迦王の第四結集の時、来会して毘婆沙論を結集した五百人の羅漢。脇尊者が上首。
《**訶黎跋摩**》　Harivarman　成実宗の祖。中印度婆羅門の家に生まれ、初め数論派を学び、薩婆多部鳩摩羅駄に発智論を聞き、摩訶僧祇部に転じ、また大乗を研究して成実論二百二品を著わす。《**成実論**》　訶梨跋摩造、姚秦鳩摩羅什訳。《**迦旃延**》　Kātyāyana　仏十大弟子の一。論義第一と称せられる。《**昆勒論**》　大智度論巻十八、般若波羅蜜品に「蜫勒有三百二十万言。仏在世時大迦栴延之所造。」(大正二五・一九二b)と記されるが、現存せず。《**弥勒**》　Maitreya の音写。兜率天の弥勒菩薩に擬することもあるが、歴史上では三世紀後半、インド唯識瑜伽行派を開いた人。無著の師で、主著は瑜伽師地論・分別瑜伽論・大乗荘厳経論・中辺分別論・金剛般若経論等。インド仏教では、この瑜伽と龍樹の中観を二大教系とするが、中観学派は瑜伽学派に先行し、中観哲学をもって従来の修行実践を再構成し、実在における心の優位性を極限まで展開したのが瑜伽行派といえる。つまり、般若空観を根底に止観の実践(瑜伽行)を基礎として唯識説を立てると共に、自性清浄心に依る如来蔵縁起説を唱えた。
《**無著**》　Asaṅga の意訳。紀元四世紀の北インドの人。瑜伽教派初期の大論師で弥勒の弟子。無著の名は弥勒に〝空観〟を教えられ、その意をとってアサンガと名乗ったという。倶舎論の作者世親は弟といわれ、この兄の戒めにより小乗から大乗に転向したという。主著は摂大乗論・顕揚聖教論・順中論・金剛般若論・大乗阿毘達磨集論等。《**摂大乗**》　摂大乗論、無著造。唯識説に基づく仏教統一論の一種。漢訳は、後魏仏陀扇多訳二巻、梁真諦訳三巻、唐玄弉訳三巻の三本。シナに於ける流布は、世親・無生両師の註釈書を俟って隆盛し、世親釈は梁真諦、隋達摩笈多、唐玄奘の三訳、無生釈は玄奘訳の一本。大正蔵三十一巻所蔵。
《**法華**》　俗に世親の法華論と呼ばれる妙法蓮華経優婆提舎のこと。漢訳は菩提流支訳二巻本と勒那摩提訳一巻本の二。大正蔵二十六巻に所蔵。《**涅槃論**》　涅槃論、婆藪槃豆(世親)作、達磨菩提訳。涅槃経本有今無偈論、天親菩薩造、真説の二本が大正蔵二十六巻に所蔵される。

(c) 論の所摂を明かす

又五通神僊。種種諸論。釋天善論。大梵出欲論皆用初番悉檀方便利益意也。書云。文行誠信定禮刪詩。垂裕後昆。卽世界也。官人以德。賞延于世卽爲人也。叛而伐之。刑故無小卽對治也。政在清靜。道合天心人王無上。卽是世間第一義悉檀也。

又、五通の神僊《しんせん》、種種の諸論、釈天の善論、大梵の出欲論は、皆な初番の悉檀を用う、方便利益する意なり。書に云わく、「文行誠信、礼を定め詩を刪《けず》り、裕《ゆう》を後昆《こうこん》に垂る」とは即ち世界なり。人を官するに徳を以てし、賞して、世に延《の》ぶるは、即ち為人《いにん》なり。叛《そむ》けるは之を伐《う》ち、故《もと》を刑するに小無きは、即ち対治なり。政《まつりごと》、清静に在り、道、天心《てんじん》に合して人王無上なるは、即ち是れ世間の第一義悉檀なり。

また、五神通力を持った神仙の種々の諸論、帝釈天の十善の論、大梵天の出欲論は皆、初番の悉檀を用いて、方便し利益する意味を持っている。

書経に「学問の学習は、文・行・誠・信によって行なわれるべきであるとか、礼を修めて三百五編の詩を選んだとか、王者はこの豊かな道を後世までのこして示さねばならない。」と云われることは、世界悉檀のことである。また、人に官位を与えるには徳を以ってし、賞を与え徳を世間にまで延《およ》ぼすと云われることは、為人悉檀のことである。また、叛《そむ》くものがあれば、それを征伐するのであり、故《ふる》き罪はあますところなく罰を加える、と云われることは対治悉檀のことであり、また、政が正しく行なわれ、政道が天命を完うしていて、人王は最もりっぱな人であるといわれることは、これは世間の第一義悉檀を示すものである。

《五通》　神足通・天眼通・天耳通・他心通・宿命通をいう。神足通とは、思いどおりにどこへでも行けること、思いどおりに相・姿を変えること、外界を思いどおりに変化させること。天眼通とは、世間のすべての様相を見とおすこと。天耳通とは、世間のすべての声を聞けること。他心通は、他人の心の中を知り尽していること。宿命通とは、自分や他人の過去の世の生活をことごとく知るはたらき。**《神僊》**　神仙に同じ。**《釈天善論》**　帝釈は欲界にあって十善を説く。**《大梵出欲論》**　大梵は色界に居り、欲界を出で色界に入らんことを説く。

《書云。文行誠信……》　文行誠信とは、論語、述而に、「子以四教、文行忠信」（先生は四つ〔の目標〕を以て教えられた。〔教養としての〕文と〔修身としての〕行と〔人間の基礎としての〕忠と信である）による。垂裕後昆とは、尚書、仲虺之誥に、「大徳建中于民。以義制事。以礼制心。垂裕後昆。」（王は大いなる徳を明らかにするようにつとめ、中正の法を人民に建てて、常に義によってものごとを裁定し、礼によって心の動きを制えなさり、この豊かな道を後世までのこしてお示しにならねばなりません）という文による。

《官人以徳。賞延于世》　尚書、仲虺之誥、「徳懋懋官。功懋懋賞。用人惟己。」の文によると考えれる。

《叛而代之。刑故》　尚書、仲虺之誥、「乃葛伯仇餉。初征自葛。東征西夷怨。南征北狄怨。」の文による。

〔6〕　説　黙

六起聖説聖默者。思益云。佛告諸比丘。汝等當行二事。若聖説法。若聖默然。聖説如上辨。聖默然者。夫四種四諦竝是三乘聖人所證之法。非下凡所知。故不可説。假令説之如爲盲人設燭。何益無目者乎。故不可説名聖默然。

(1) 説黙の来意

六に聖説《しょう》、聖黙を起すとは、思益《しやく》に云わく、「仏、諸の比丘に告げたまわく、汝等《なんだち》当に二事を行ずべし。若《も》しは聖説法、若しは聖黙然なり」と。

聖説は上に弁ずるが如し。聖黙然とは、夫れ四種の四諦は竝《なら》びに是れ三乗の聖人所證の法なり。下凡の知る所に非ず、故に説くべからず。

仮令《たと》い之を説くとも、盲人の為に燭を設くるが如し、何ぞ無目の者を益《やく》せん乎《か》。故に不可説をもって聖黙然と名づく。

第六に、言葉によって衆生を利益させる聖説と、言葉を離れて衆生を利益させる聖黙とについて説き起す、というのは思益経に「仏は諸の比丘に告げられた、汝等はまさに二事を行ずべきである、その一つは聖説法であり、もう一つは聖黙然である。」と説かれるからである。

聖説というのは上来述べ来たった如きものである。聖黙然ということを考えてみると、四種の四諦は皆なこれは三乗の聖人の證するところの法門なのであって、下凡の者の了知するところのものでない、それ故に説くべからざるものである。

たとえこれを説いたところで、盲人の為に灯りをともしてあげるようなものであって、どうしてそれが目の無い者を利益することになるであろうか。であるから、説くべからざるということを聖黙然と名づけるのである。

《思益云》　思益梵天所問経巻三（大正一五・五〇b）の文による。

(2) 正釈（五時の中、華厳・三蔵・方等）

華嚴中數世界不可說不可說明理極不可說不可說。約無量無作兩番四諦。不生生。不生不生法明不可說。不可說名聖默然。

若三藏中憍陳如比丘。最初獲得眞實之知見。寂然無聲字。身子云。吾聞解脱之中無有言說者。是約生滅四諦生生之法明不可說。不可說名聖默然。

淨名杜口。大集無言菩薩。不可智知。不可識識。言語道斷。心行亦訖。不生不滅法如涅槃。此約四番四諦不可說。不可說名聖默然。

華厳の中に世界の不可説不可説を数うるは、理極《りごく》の不可説不可説を明かす。無量と無作《むさ》との両番の四諦、不生生、不生不生の法に約して不可説を明かす。不可説なれば聖黙然と名づく。

若し三蔵の中には、憍陳如《きょうちんにょ》比丘、最初に真実の知見を獲得《ぎゃくとく》し、寂然として声字無し。身子《しんじ》の云わく、「吾れ聞く、解脱の中には言説有ること無し」とは、是れ生滅の四諦生生の法に約して不可説を明かすなり。不可説なれば聖黙然と名づく。

浄名の杜口《とく》、大集の無言菩薩は、「智をもって知るべからず、識をもっても識るべからず。言語の道断《みちた》え、心行亦た訖《おわ》んぬ。不生不滅にして、法、涅槃の如し」と。此れ四番の四諦不可説に約す、不可説なれば聖黙然と名づく。


華厳経の中に、事相の差別の千変万化の世界のありさまの全く不可説であることを数え挙げているが、これは、それによって理の実際の極めたさまは、全く不可説であることを明らかにしているのである。無量と無作の二つの四諦の立場、すなわち、不生という中道の理を縁として、生という九界差別の諸法の相を起す、ということと、不生不生という、事と理が一体となってそこに全く差別の姿がない、ということにことよせて、不可説であることを明らかにしようとするのである。この不可説であることを聖の黙然と名づけるのである。

もし三蔵教の中で、憍陳如比丘《きょうちんにょ》が最初に四諦の理を證し、真実の知見を獲得したことも、ただ智の照らすところであり、言葉の及ぶところでなく、知見の理は寂然として声も文字もない、と説かれ、また身子舎利弗が私は解脱の中には言説があることなしと聞いた、というこれらのことは、生滅の四諦の、生生の法にことよせて不可説であることを明らかにしているのであり、不可説という点から、聖の黙然と名づけるのである。

浄名経に杜口《とく》、大集経に無言の菩薩が説かれている。情を離れ、智をもってしても知ることが出来ず、法に対し分別する識をもってしても識ることが出来ず、名字の及ぶところでなく、言語の道断え、分別の係りがないので心行も止んでしまう。所證の法体は智不生にして惑不滅であり、自證の法は例えば諸仏の證したところの涅槃のごときものである、と。これは四番の四諦の不可説を集約したものである。不可説であるから、聖黙然と名づけるのである。

《華厳中数世界……》　前の注（二八六頁）にも挙げたが、六十華厳経（大正九・四五〇c）、八十華厳経では（大正一〇・八九c）の文を指す。**《若三蔵中……無声字》**　大集経巻二、陀羅尼自在王菩薩品「甚深之義不可説。第一実義無声字。憍陳比丘於諸法。獲得真実之知見。即是我往無量世。所得菩提今已得。」（大正一三・一三c）の文による。**《憍陳如比丘》**　釈尊と共に苦行し、初転法輪の際、最初に帰依した五比丘の一人。仏の説法が終わらないのに法眼を得たといわれ、それから阿若（已知・了本際の意）の称を仏より受け、阿若憍陳如と呼ばれるようになった。**《身子云》**　維摩詰所説経巻中、観衆生品「天曰。耆年解脱亦何如久。舎利弗黙然不答。天曰。如何耆旧大智而黙。答曰。解脱者無所言説。故吾於是不知所云。」（大正一四・五四八a）の文。**《浄名杜口》**　維摩詰居士の黙然をいう。維摩経巻中、「文殊師利曰。如我意者。於一切法無言無説。無示無識離諸問答是為入不二法門。於是文殊師利。問維摩詰。我等各自説已。仁者当説。何等是菩薩入不二法門。時維摩詰黙然無言。」（大正一四・五五一c）の文。**《大集無言菩薩》**　大集経巻十二、無言菩薩品（大正一三・七四c〜七五a）に説かれる菩薩で、無言童子とも呼ばれ、諸天の誡を受け無言の行を修し、世尊から大菩薩と称される。**《言語……涅槃》**　大智度論巻一（大正二五・六一b）二五七頁注参照。

⑵′ 正釈（五時の中、大品・法華）

若大品句句悉不可得。不可得者。不可以身得。不可以心得。不可以口得。此約三番四諦。生不生。不生生。不生不生法明不可得。不可得故不可說。不可說名聖默然。此經明。止止不須說。我法妙難思。是法不可示。言辭相寂滅。不可以言宣。非思量分別之所能解。此約無作四諦。不生不生法明不可說。不可說故名聖默然。

若し大品《だいほん》には、句句悉く不可得なり。不可得とは、身を以て得べからず、心を以て得べからず、口を以て得べからざるなり。此れ三番の四諦、生不生、不生生、不生不生の法に約して不可得を明かす。不可得の故に不可説なり、不可説を聖黙然と名づく。此の経に明かさく、「止《や》みなん止みなん説くべからず、我が法は妙にして思い難し。是の法は示すべからず、言辞の相寂滅す。言を以て宣《の》ぶべからず、思量分別の能く解する所に非ず」と。此れ無作の四諦、不生不生の法に約して不可説を明かすなり、不可説の故に聖黙然と名づく。

もし大品経に説かれるようであるならば、般若は所得の法ならざるゆえ、句々は悉く不可得であるのである。不可得というのは、身を以ってしても得るべからざるものということであり、心を以ってしても得るべからざるものであり、口を以ってしても得るべからざるものであるということである。これは、通と別と円の三番の四諦の所証の事を離れずして理とするから、生不生・不生生・不生不生の法にことよせて、自證に実際なく、不可得であるということを明らかにしているのである。不可得であるから、不可説なのである。不可説であるから聖黙然と名づけるのである。

この法華経では、止みなん止みなん説くべからず、我が法は妙にして思い難し、この法は示すべからず、言辞の相は滅し、言をもって宣べるべからず、思量し分別してよく解るというものでもない、と説かれる。これは、無作の四諦の不生不生の法に集約して不可説を明らかにしているのである。不可説であるから聖黙然と名づけるのである。

《大品》　摩訶般若波羅蜜経巻三、相行品「学般若波羅蜜。是法不可得……」（大正八・二三八c）以下の文、参照。**《此経》**　法華経巻一、方便品「止止不須説。我法妙難思。諸増上慢者。聞必不敬信。」（大正九・六c）「是法不可示。言辭相寂滅。諸余衆生類。無有能得解。」（同・五c）、「是法非思量分別之所能解。唯有諸仏乃能知之。」（同・七a）の文による。

(3)　問答（その一）

問。爲樂他故有聖説法。爲自樂故名聖默然。默然則不益他。
答。正爲自樂傍亦益他。若人厭文不好言語。爲悦是人故聖默然。如律中爲福他故受供。聖則默然。如脇比丘對破馬鳴。是故默然。如佛結跏正念。身心不動。令無量人得悟道跡。是故默然。皆是四悉檀起此默然。利益一切。何謂無益。

問う、「楽他の為の故に聖説法有り、自楽の為の故に聖黙然と名づく。黙然は則ち他を益せざるや。」
答う、「正《まさ》しくは自楽の為にし、傍らに亦た他を益するなり。若し人、文《もん》を厭い言語を好まざれば、是の人を悦ばしめんが為に、かるが故に聖黙然す。律の中に、他を福《さいわい》せんが為の故に供《く》を受け、聖則ち黙然したまうが如き、脇比丘《きょうびく》の馬鳴《めみょう》を対破するが如きは、是の故に黙然す。仏、結跏し、正念して、身心動ぜざるが如し。無量の人をして道跡《どうしゃく》を悟ることを得せしむ、是の故に黙然す。皆な是れ四悉檀に此の黙然を起し、一切を利益す。何ぞ無益と謂わん。」

問う。他を楽しませるために、聖の説法があり、自分が楽しむために、聖は黙然であると名づける。黙然であるならば、それは他を利益することにはならないではないか。

答う。黙然という本当の意は、自ら楽しむことのためであるが、また傍に他をも益しているのである。というのは、もし人が文章を厭い、言語することを好まないならば、この人を悦ばしめるために聖は黙然するのであり、例えば律の中で説かれるように、他を福《さいわい》せんがために供養を受けて、しかも聖は黙然としたまえるというようなものであり、脇比丘が馬鳴の論難を対破するという、このためのゆえに黙然とするというようなものもあり、たとえば、仏が結跏正念し、身心を動じないままで、無量の人にその道跡を悟り得させる、ということのゆえに黙然とするようなものである。みなこのように四悉檀を用いてこの黙然を発起し、一切を利益させるのであって、どうして黙然に益なしといえようか。

《如脇比丘対破馬鳴》　西暦一～二世紀頃、中印度に生まれた馬鳴が、始め外道を学び、一切の論議を破析する大弁才を誇っていたが、脇尊者の黙然不言に破れて仏教に帰依したことをいう。この事情については、注維摩経巻八（大正三八・三九九b）を参照。　《馬鳴》　Aśvaghoṣa　一～二世紀頃、中印度の人。伝えられるところによると、始め外道に帰依し仏法を非難していたが、脇尊者に遇って仏教に帰依する。文学・音楽にすぐれ、五百の王子を出家せしめたという。著作に、仏所行讃、大荘厳論経・犍稚梵讃、梵文の Saundarānandakāvya, Śāriputa-prakaraṇa 等がある。ただし同名異人が多いといわれる。

(3)′ 問答（その二）

問。論云。四悉檀攝八萬四千法藏。其相云何。

答。賢劫經云。從佛初發心去乃至分舍利。凡三百五十法門。一一門各有六度。合二千一百度。用是度對破四分煩惱合成八千四百。約一變爲十合八萬四千也。

若作八萬四千法藏名是世界悉檀攝。若作八萬四千塵勞門名爲人悉檀攝。八萬四千三昧。八萬四千陀羅尼門亦如是。若作八萬四千對治。八萬四千空門對治悉檀攝。

若作八萬四千諸波羅蜜。八萬四千度無極第一義悉檀攝。

又一說。佛地三百五十法門。一一門有十善。合三千五百善。治四分則一萬四千。又治六根。卽八萬四千也。

問う、論に云わく、「四悉檀に八万四千の法蔵を摂す」と、其の相云何。

答う、賢劫経に云わく、「仏の初発心より去って、乃至舎利を分つまで、凡そ三百五十の法門あり。一一の門に各六度有り、合して二千一百度なり。是の度を用《もっ》て四分の煩悩を対破すれば、合して八千四百を成ず。一変して十と為るに約して、合して八万四千なり。」と。

若し八万四千の法蔵の名を作《な》すは、是れ世界悉檀の摂《しょう》なり。若し八万四千の塵労《じんろう》門の名を作すは、為人悉檀の摂なり。八万四千の三昧、八万四千の陀羅尼門も亦た是の如し。若し八万四千の対治、八万四千の空門を作すは、対治悉檀の摂なり。若し八万四千の諸波羅蜜、八万四千の度無極《どむごく》を作すは、第一義悉檀の摂なり。又た一説に、仏地に三百五十の法門あり、一一の門に十善有り、合して三千五百の善あり、四分を治すれば則ち一万四千なり。又た六根を治すれば即ち八万四千なり。

問う。大智度論に、四悉檀は八万四千の法蔵を摂するという、その相はどのようなものであるか。

答う。賢劫経《けんごうきょう》に、仏の初発心より以来、舎利を分割するまでに、大体三百五十の法門があって、その一つ一つの法門にそれぞれ六波羅蜜がある。合して二千一百度となる。この二千一百の度を用いて四分の煩悩を対破するのであるから、合して八千四百となる。この一つが変じ四大六塵の十となるのであるから、合して八万四千となるのである。

もし、八万四千の法蔵という名を作れば、これは世界悉檀に摂せられるのであり、もし八万四千の塵労門という名を作れば、為人悉檀に摂せられるのであり、八万四千の三昧とか、八万四千の陀羅尼門とか名づければ、これもまた同様である。もし八万四千の対治、八万四千の空門と名づけるならば、これは対治悉檀に摂せられるのであり、もし八万四千の諸波羅蜜とか八万四千の度無極《どむごく》と名づけるならば、これは第一義悉檀に摂せられるのである。

また一説には、仏地に三百五十の法門があって、一つ一つの門に十善があり、合して三千五百の善となる。四分の煩悩を対治すれば、一万四千となり、また六根を対治すれば、すなわち八万四千となるともいわれる。

《論云》　大智度論巻一、縁起義（大正二五・五九b）の文。《賢劫経云》　賢劫経巻二、諸度無極品「……有流布教度無極。有分舎利度無極。是諸比丘菩薩所行。二千一百寂然度無極。……貪婬怒癡等分四事。各二千一百。合八千四百。八千四百各別有十事。合八万四千。以能具足度無極。」（大正一四・一二c～一三a）の文による。《四分煩悩》　三界の惑である見惑、思惑と相応する無明を四に分け、見一処住地・欲愛住地・色愛住地・有愛住地の惑をいう。《塵労門》　煩悩によって通じる生死迷いへの入口。《陀羅尼門》　陀羅尼とは、すべてのものごとを記憶し忘失させない念。これより善法をよく持し、悪法をよく遮するのである。《度無極》　梵語 pāramitā の旧訳。彼岸に至るための行に際限のないことをいう。

〔7〕　用不用（四悉檀の用不用）

(1)　用不用の意

七明得用不得用者。夫四悉檀。獨有如來究竟具得。微妙能用。下地已去得用不同。凡有四句。不得不用。得而不用。不得而用。亦得亦用。

七に得用《とくゆう》、不得用を明かさば、夫《そ》れ四悉檀は独り如来のみ有りて究竟《くきょう》して具さに得、微妙に能く用いたまう。下地已去《げちいこ》は得用同じからず。凡そ四句有り、得ず用いず、得て而も用いず、得ずして而も用い、亦は得亦は用ゆ。

第七に、四悉檀の得用と不得用とを明らかにする。四悉檀というのは、独り如来のみの所有なのであって、如来のみ究竟して具さに獲得していて、これを微妙にうまく用いるのである。下地已去の得用は同じでなく、そのさまにおよそ四句がある。四悉檀を得ず用いず、得ても用いず、得ずして用いる、得ることもあるし用いることもある、というのである。

(2) 正釈

(a) 凡夫

凡夫外道。苦集流轉尚不能知四悉檀名字。誰論其得。既其不得。云何能用也。

凡夫外道は苦集流転して、尚お四悉檀の名字だも知ること能わず。誰か其の得を論ぜん。既に其れ得ず、云何《いかん》ぞ能《よ》く用いんや。

まして凡夫や外道は、苦集に流転して、四悉檀の名字すら知ることは出来ない、誰が四悉檀を得たことを論ずることが出来ようか。それを得ることが出来ない以上、よくそれを用いることが出来ようか。

《**下地**》　初地以下をいう。　《**名字**》　事物の名称。

(b) 二乗

若三藏教二乘。殷勤自行者知苦斷集脩道證滅入眞。亦名爲得。不度衆生故不能用。假令用者差機不當。故淨名訶滿願云。不知人根不應說法。無以穢食置于寶器。如富樓那九旬化外道反被嗤笑。文殊暫往師徒皆伏。此是不知樂欲不能用世界悉檀也。如身子教二弟子。善根不發更生邪疑。此不能用爲人悉檀也。如五百羅漢。爲迦絺那說四諦都無利益。佛爲說不淨觀卽得破惡。此不能用對治悉檀也。如身子不度福增。大醫不治小醫拱手。五百皆不度。佛度卽得羅漢。此不能用第一義悉檀也。

若し三蔵教の二乗は、殷勤《おんごん》に自ら行ずる者は苦を知り、集を断じ、道を修し、滅を證して真に入る、亦た名づけて得と為すべし。衆生を度せず、故に用うること能わざるなり。仮令《たと》い用うる者も、機に差《たが》うて当らず、故に浄名に満願を訶《か》して云わく、「人の根を知らずんば法を説くべからず、穢食《えじき》を以て宝器に置くこと無し」と。富楼那《ふるな》の如きは、九旬に外道を化して反って嗤笑《ししょう》せられ、文殊は暫く往きて師徒皆な伏す。此れは是れ楽欲《ぎょうよく》を知らず、世界悉檀を用うること能わざればなり。身子《しんじ》の如きは、二弟子を教えて善根発せず、更に邪疑を生ず。此れ為人悉檀を用うること能わざればなり。五百の羅漢の如きは、迦絺那《かちな》が為に四諦を説きて都《すべ》て利益無し。仏は為に不浄観を説きたまうに即ち悪を破することを得たり。此れ対治悉檀を用うること能わざればなり。身子の福増を度せざるが如き、大医にして治せざれば小医は手を拱《こまぬ》く、五百も皆な度せず。仏度して即ち羅漢を得たり。此れ第一義悉檀を用うること能わざればなり。

もし三蔵経に属する声聞・縁覚の二乗のうち、ねんごろに自ら進んで修行にはげむ者は、苦という果報は業のよるところであり、自らの智慧に関わっているのではない、苦の原因が無ければ自然と尽きてしまうものであると、四諦の苦を知るのである。また、集という原因は迷いに起因するものであるから、智の力によって、その相続を断絶するのであると集を断ずるのである。また、道とは進み趣くという功徳を持っているのであるから、用意された道を修治して行くのである。また、滅とはもともと作られたところのものではないのであって、契会《かいえ》すべきものであると滅を證するのである。このようにして真際に入って行くのである。これをまた四悉檀の得と名づけるのであるが、しかしこの人達は衆生を度脱することが出来ないので、四悉檀を用いることは出来ないのである。たとえ分に随って教化をなそうと四悉檀を用いるにしても、対機の能力才能を計り知ることを違えてしまって当ることがないので、浄名が満願に対して、人の機根を熟知していないのであれば、その人に向って法を説くべきでない。それは粗末な食物を宝器に盛ることがないのと同様である、と叱るのと同様である。

富楼那が九年間にわたり外道を教化して却ってあざけられてしまったのに、文殊が一度び足をはこんだら師徒皆な伏し拝んだ、といわれるが、これはまさしく、人々の楽欲を熟知することが出来なければ世界悉檀を用いることが出来ない、ということを示しているのである。身子舎利弗にいたりては、二人の弟子を教化するのに、却って善根が発《おこ》らないばかりか、その上、邪疑まで生じさせてしまった、という。これは身子が為人悉檀を用いることが出来なかったということを示している。五百羅漢が迦《か》絺《ち》那《な》のために四諦を説いたところ、全く何の利益すら生じさせえなかったが、仏がこのために不浄観を説いたところ、ただちに破悪の心を獲得したという。これは五百羅漢が対治悉檀を用いることが出来なかったことを示している。

身子すら福増を度脱することが出来なかったのであり、大医者が治療することが出来なければ、まして小医者は手を拱いているのみである。五百羅漢が度脱させることが出来ず、仏が度するやただちに羅漢となった、というようなことは、身子や五百羅漢は第一義悉檀を用いることが出来なかった、ということを示しているのである。

《浄名訶満願云》　維摩経巻上、弟子品（大正一四・五四〇c）の文による。**《満願》**　Pūrna 新訳、満慈子。尊者富楼那の翻名。仏十大弟子の一人。説法第一といわれる。**《文殊》**　Mañjuśrī 文殊師利と音写す。般若経典と関係が深い。已成の仏、実在の人物との異説も多い。普通、普賢菩薩とともに釈迦の左脇に侍して、智慧を司るといわれる。**《如富楼那……文殊暫往師徒皆伏》**　大方広宝篋経巻下（大正一四・四七六b〜四七八a）の文の取意。**《如身子教二弟子……》**　涅槃経巻二十四、光明遍照高貴徳王菩薩品「善男子。我昔住於波羅㮈国時。舎利弗教二弟子。一観白骨。一令数息。経歴多年皆不得定。以是因縁即生邪見。言無涅槃無漏之法。」（大正一二・七六四a）の文による。**《如五百羅漢。為迦絺那……》**　禅秘要法経巻上（大正一五・二四三a）の文による。**《不浄観》**　屍相観、白骨観ともいい、屍体が腐爛し骨と化していく有様を通じて、人の身体の汚濊を観想し、貪欲を対治する観法。仏道修行の最初位（五停心位）に、貪・瞋・癡・我見・散乱心の五心を止める為に行うとされる五停心観（不浄観・慈悲観・因縁観・界分別観・数息観）の一。**《如身子不度福増。大医不治……》**　賢愚経巻四、出家功徳尸利苾提（福増）品（大正四・三七六c〜三七七a）の取意。

(c) 支仏

支佛亦然。是名得而不用也。

(d) 三蔵教菩薩

次明三藏教菩薩者。雖知苦集脩道止伏結惑未有滅證。但得三悉檀。雖未得一而能用四。所以者何。如病導師具足船栰身在此岸而度人彼岸。常以化人爲事。自未得度先度人。是爲不得而用。

(e) 通教

通教二乘體門雖巧得而不用。與三藏同也。通教菩薩初心至六地亦得亦用用而未巧。七地入假其用則勝也。

(f) 別教

若別教十住。但得析法體法兩種四悉檀而未能用。十行方能用。十廻向進得相似四悉檀。亦能相似用。登地分眞得亦分眞用。

(g) 円教

圓教五品弟子未能得用。六根淸淨相似得用。初住分眞得用也。唯佛究竟得究竟用。

支仏も亦た然《しか》なり、是を得て而も用いずと名づく。

次に三蔵教の菩薩を明かさば、苦集を知り、道を修すと雖も止《た》だ結惑《けつわく》を伏《ぶく》して、未だ滅の證有らず。但だ三悉檀を得るのみ。未だ一を得ずと雖も、而も能く四を用う。所以は何《いか》ん、病導師の船栰《せんばつ》を具足して身は此岸《しがん》に在れども而も人を彼岸に度《わた》すが如し。常に人を化《け》するを以て事《じ》と為し、自ら未だ度を得ずして先に人を度す。是を不得而用《ふとくにゆう》と為す。
通教の二乗は、体門は巧みなりと雖も、得て而も用いざること三蔵と同じ。通教の菩薩は、初心より六地に至るまで、亦たは得、亦たは用うるも、用いて而も未だ巧みならず。七地に仮《け》に入りて、其の用則ち勝る。若し別教の十住は、但だ析法《しゃくほう》と体法と両種の四悉檀を得て、而も未だ用うること能わず。十行に方《まさ》に能く用う。十廻向に進みて相似の四悉檀を得、亦た能く相似に用ゆ。登地は分真に得、亦た分真に用う。円教の五品《ぼん》弟子は未だ得用すること能わず、六根清浄は相似に得用し、初住は分真に得用す。唯だ仏のみ究竟して得、究竟して用う。

辟支仏もまた同様である。これを、四悉檀を獲得しても用いることが出来ない、と名づける。次に三蔵教における菩薩は、苦集を知って道を修するのであるが、ただ結惑を伏するのみで、まだ滅の證を所有することがなく、ただ三悉檀を獲得するのみである。しかしまだ第一義悉檀を得ることがないといっても、よく四悉檀を用いることが出来るのである。その理由は何かというに、煩悩を断じないままの病める導師が、船栰《せんばつ》を用意して、自分の身はこの岸にあっても、他人をこそかの岸辺に渡そうとしているようなものであって、常に人々を教化することを己が事業としていて、自分はまだ得度していなくても、先ず人を得度させようとしているからである。これを、不得而用とするのである。

通教の二乗は体空観の門を修して、蔵教の二乗より巧みであるといっても、得而不用という点に関しては蔵教の人達と同じである。通教の菩薩は、初心から六地に亦得亦用であるが、用いるといっても、相似の出仮のために、まだまだ巧みではない。七地において仮に入ると、ほぼ性徳に称《かな》うから、四悉檀を用いることに勝れている。

もし別教の十住位に入った菩薩は、析法・体空の法の両種の四悉檀を得るのであるが、まだ用いることは出来ず、十行位に入ってこそよく用いるのである。十廻向位に進んでから相似の四悉檀を得て、そしてよく相似に用いるのである。登地の位のものは、分真に得て、また分真に用いるのである。

円教の五品弟子位は、まだ得用することは出来ず、六根清浄位において相似に用するのである。初住においては分真に得用する。仏のみがただ究竟して得、究竟して用いるのである。

《**伏結惑**》 結惑とは煩悩の異名。三蔵の菩薩が結惑を伏すとは、見思の惑を制伏することである。煩悩を断じ尽さないで、衆生を教化するために三祇百劫の長い期間にわたって悟りに至る修行を実践するために結惑（煩悩）を制伏してとどめておくのである。四教と断惑の関係を図表にすると次のようになる。（三一三頁）《**如病導師具足船栰……**》 無量義経、十功徳品（大正九・三八七c）の文による。《**船栰**》 ふねといかだ。《**初心至六地**》 通教、三乗共の十地の乾慧地より、欲界の見思の煩悩を断じ尽す離欲地までをいう。しかし初心については、見惑を断じ始める八人地とする説や、性地、薄地とする説もある。《**七地入仮**》 通教では、入仮（出仮）に、菩薩の機根に上・中・下の差があることによっても異なりがある。上根は初心、中根は二地、下根は七地（又は八地）と云われる。（止観巻六下、大正四六・七九b）《**十廻向進得相似四悉檀……登地分真**》 次頁の図参照。又、摩訶止観巻六下に「修中観位者。……別教十廻向論修登地論證。」（大正四六・八三a）とあるも、同じことをいう。《**円教五品……初住分真得用**》 次頁の図参照。《**五品弟子**》 随喜品・読誦品・説法品・兼行六度品、正行六度品を五品弟子位といい、十信以前の外凡位である。《**六根

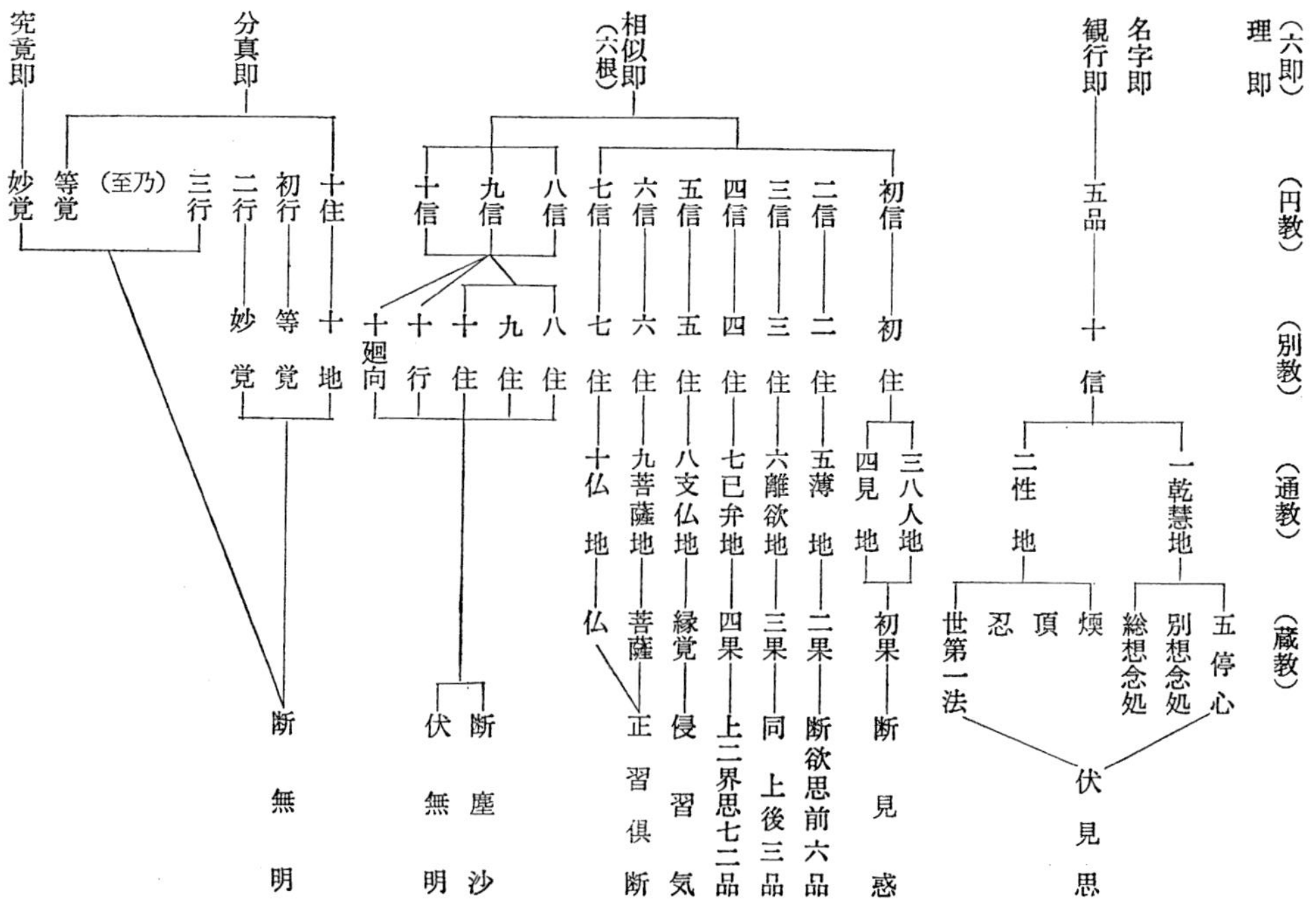

（六即）理即
名字即
観行即
五品
十信
一乾慧地
二性地
五停心
別想念処
総想念処
煖
頂
忍
世第一法
伏見思
（円教）
（別教）
（通教）
（蔵教）
相似即（六根）
初信
二信
三信
四信
五信
六信
七信
八信
九信
十信
初住
二住
三住
四住
五住
六住
七住
八住
九住
十住
十行
十廻向
三八人地
四見地
初果
五薄地
二果
六離欲地
三果
七已弁地
四果
八支仏地
縁覚
九菩薩地
菩薩
十仏地
仏
断見惑
断欲思前六品
同上後三品
上二界思七二品
侵習気
正習俱断
断塵沙
伏無明
分真即
十住
初行
二行
三行
（乃至）
等覚
十地
等覚
妙覚
断無明
究竟即
妙覚

清浄》 眼根・耳根・鼻根・舌根・身根・意根の六根の清浄なる位を、別教の十信位、円教の六即の相似位とする。

〔8〕 権　実

(1) 権実の意

八明四悉檀權實者。四諦各辨四悉檀者。此通途說耳。

(2) 正釈

(a) 四教

釋論云。諸經多說三悉檀。不說第一義者。此指三藏。三藏多說因緣生生事相。滅色取空少說第一義。就三藏菩薩但約三悉檀明四。若就佛卽具四。雖爾終是拙度。權逗小機也。

若通敎四諦明四悉檀。體法卽眞其門則巧。故釋論云。今欲說第一義悉檀故。說摩訶般若波羅蜜經。就佛菩薩皆得有四。而約方便眞諦以明悉檀。猶屬權也。

若別敎四諦明四悉檀。約於中道此意則深。而猶是歷別。別相未融。敎道是權。此則非妙。

今圓敎四諦明四悉檀。其相圓融最實之說。故四悉檀。是實是妙。

八に四悉檀の権実を明かさば、四諦に各四悉檀を弁ずるは、此れ通途《つうず》の説のみ。

釈論に云わく、「諸経は多く三悉檀を説きて第一義を説かず」とは、此れ三蔵を指す。三蔵は多く因縁生生の事相を説くも、色を滅して空を取れば、少しく第一義を説く。三蔵の菩薩に就かば、但だ三悉檀に約して四を明かす。若し仏に就かば即ち四を具す。爾《しか》りと雖も終《つい》に是れ拙度なり、権《かり》に小機に逗ず。

若し通教の四諦に四悉檀を明かすは、法即ち真なりと体す、其の門則ち巧みなり。故に釈論に云わく、「今第一義悉檀を説かんと欲するが故に、摩訶般若波羅蜜経を説く」と。仏、菩薩に就かば皆な四有ることを得。而るに方便の真諦に約して以て悉檀を明かせば、猶お権《ごん》に属するなり。

若し別教の四諦に四悉檀を明かすは、中道に約すれば此の意《こころ》則ち深し。而して猶お是れ歴別なれば、別の相にして未だ融せず。教道は是れ権、此れ即ち妙に非ず。

今、円教の四諦に四悉檀を明かすは、其の相円融す、最実の説なり。故に四悉檀は是れ実、是れ妙なり。

第八に四悉檀の権と実とを明らかにする。四諦のおのおのに四悉檀が明らかにされているということは、此れは一般的な説なだけである。

大智度論には「いろいろな経に多く三悉檀だけを説いて、第一義を説かない」というのは、三蔵を指して云うのである。三蔵の教は多く因縁によって生ずる生滅の相を説くのであるが、色を滅して空理を取ることがあるので、わずかながら第一義を説くのである。三蔵の菩薩に就いていうならば、ただ三悉檀にことよせて四悉檀を説き明かすだけである。もし仏の場合であれば、四悉檀を備えているのである。そうと云っても終極的にはまだ拙ない済度方法なのであって、仮に小機の者に施されるだけである。

通教の四諦では、四悉檀のすべてを説き明かすのであるが、これは通教では法は真実であると体得するからであり、その故にこの法門は巧みなのである。だから、大智度論には「いま第一義悉檀を説くために、摩訶般若波羅蜜経を説く」と云うのである。この通教の仏・菩薩はみな四悉檀を保持している。しかしながら、方便における真諦という面にことよせて悉檀を明らかにしているので、まだ権の部類に属するのである。

もし別教の四諦をもって四悉檀を明かしたなら、中道にことよせているので、その意味は深くなる。しかし、またこれは歴別であって、別々の相を持っていて融合されていない。このように教道が権であるために、妙という訳にはいかない。

今、円教の四諦によって四悉檀を説けば、その教相は円融し事理の別のない最実の説となる。だから円教の四悉檀は、まことに真実であり、妙である。

《釈論云。諸経……》 大智度論巻一、縁起義（大正二五・五九c）の文による。**《釈論云。今欲……》** 大智度論巻一、縁起義（大正二五・五九b）の文による。**《教道》** 教道と證道とがあり、言語をもって表わした教とそれにもとづいて行なう修行を教道といい、悟りの真理、またそれに合致した悟りそのものといえる修行を證道という。

（b）五味

若用此權實約五味敎者。乳敎則有四權四實。酪敎但有四權。生蘇則有十二權四實。熟蘇則有八權四實。涅槃十二權四實。法華四種倶實。云云。

若し此の権実を用うるに、五味の教に約せば、乳教は則ち四権四実有り、酪《らく》教は但だ四権有り、生蘇《しょうそ》は則ち十二権四実有り、熟蘇《じゅくそ》は則ち八権四実有り、涅槃は十二権四実あり、法華は四種倶に実なり。云云。

もし、この権実を使って、五味の教にことよせてみれば、乳教（華厳教の部類）では四権（別教の四悉檀）と四実（円教の四悉檀）があり、酪教（鹿苑の部類）にはただ四権（蔵教の四悉檀）のみがあり、生蘇（方等の部類）には十二権（蔵・通・別教の四悉檀）と四実（円教の四悉檀）があり、熟蘇（般若の部類）には八権（通・別教の四悉檀）と四実（円教の四悉檀）があり、涅槃の部類では十二権（蔵・通・別教の四悉檀）と四実（円教の四悉檀）があり、法華の部類では円教の四悉檀があり、この四悉檀は倶に実なのである。

《五味》 涅槃経（南本一三、大正一二・六九〇c～六九一a、北本一四、大正一二・四四九a）に説かれる譬喩。天台はこれによって如来所説の一代の聖教の次第に当てて、一には教の次第に生ずるに譬え、一には衆生の機の次第に淳熟するのに譬えるとする。これを約教相生約機濃淡という。前者は一に乳味、初めて牛より出ずるもの。仏を牛に譬え、仏が初めて華厳経を説くのは牛が乳を出すようなものであり、この時、声聞・縁覚の機は未だ熟さず、生乳のように至って淡泊であることをいう。二に酪味、生乳から取り出したもの。華厳経の後に阿含教を説くことと、これを聞く小乗の機に譬える。三に生酥味、酪から更に製したもの。阿含の後に方等経が説かれることと、小乗の機熟して大乗通教の機となるのに譬える。四に熟酥味、生酥を更に精製したもの。方等の後に般若経を説くことと、通教の機熟し大乗別教の機となるのに譬える。五に醍醐味、熟酥を更に精製したもの。般若の後に法華・涅槃の二経を説くことと、別教の機熟して大乗円教の機となることを譬える。これを一応図示すると左のようになる。

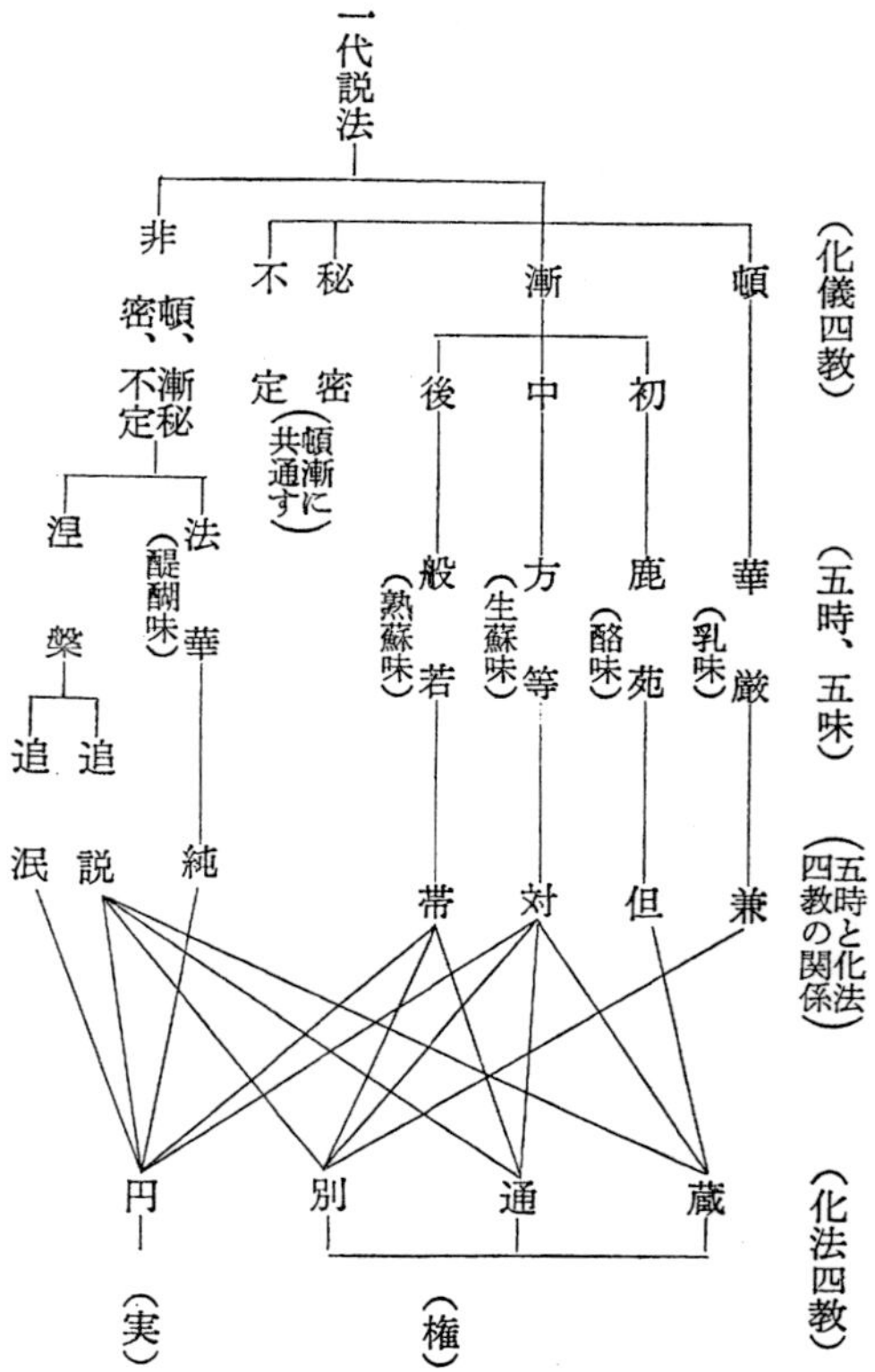

(3) 問答

問。三藏菩薩雖得四悉檀望通教但成三悉檀。今通教望別教云何。答有二義。當通是得四。望別但得三。

問。別教望圓亦爾不。答。不例。圓別證道同故。

竝日。三藏通敎俱證眞諦。亦應俱得四。答。三藏眞諦雖同菩薩不斷惑故闕一。圓別俱斷惑。是故俱四。
又竝。三藏通等雖四而三可是權。別敎四而不三。應非是權。答。三藏通敎。敎證俱是權。故但三無四。別敎敎道權證道實。從證則四。從敎則權。
又竝。證道有四敎道應三。答。若取地前爲敎道。應如所問。云云。

問う、「三蔵の菩薩は四悉檀を得と雖も、通教に望むれば但だ三悉檀を成ず。今通教を別教に望むること云何。」答う、「二義有り。当通《とうつう》は是れ四を得るも、別に望むれば但だ三を得るのみ。」問う、「別教を円に望むるに、亦た爾《しか》るや不《いな》や。」答う、「例せず、円と別とは證道同じきが故に。」竝《びょう》して曰わく、「三蔵と通教とは倶に真諦を證すと、亦た倶に四を得べしや。」答う、「三蔵は真諦同じと雖も、菩薩は惑を断ぜず、故に一を闕《か》く。円と別とは倶に惑を断ず、是の故に倶に四なり。又た竝す、「三蔵、通等は四なりと雖も而も三なり、是れ権なるべし。別教は四にして而も三ならず、応に是れ権に非ざるべし。」答う、「三蔵と通教は教證倶に是れ権なり、故に但だ三にして四無し。別教は教道は権、證道は実なり。證に従わば則ち四、教に従わば則ち権なり。」又た竝す、「證道は四有れども教道は応に三なるべし。」答う、「若し地前を取りて教道と為さば、応に所問の如くなるべし云云。」

問う。三蔵の菩薩が四悉檀を得るといっても、これを通教とみくらべたら、ただ三悉檀を成じただけとなると云われる。今、通教の四悉檀と別教の四悉檀を見比べたらどのようになるか。

答う。これには二義がある。通教においては四悉檀が具わるということになるが、これを別教に当てて考えると、ただ三悉檀を得ているというだけである。

また問う。別教を円教と見比べた場合もそうなるのであろうか。

答う。この場合は前例通りにはならない。というのは、円教と別教とは證道が同じである故である。

重ねて問う。三蔵教と通教はともに真諦を證得するというのであるから、同じように四悉檀を得るというのであろうか。

答う。三蔵教において真諦は他と同じなのであるけれども、この三蔵教の菩薩は惑を滅することがなく、仏へと進むことはないので、三蔵教では実際には第一義悉檀がない。円教と別教はともに惑を滅し、妙覚に登るのであるから、ともに四悉檀があるのである。

また重ねて問う。三蔵教・通教は四といっても、三であるため、権とされる。別教は四であって、三でないので、当然、権ではないのでしょう。

答う。三蔵教と通教は教道と證道が倶にまさしく権であるため、ただ三悉檀であって四悉檀はないのである。別教は教道は権であるが證道が実であるために、證道によれば四悉檀があるのであるが、教道によれば、三であって、則ち権なのである。

また重ねて問う。證道には四悉檀があるが、教道には三悉檀があることになるということであるか。

答う。もし初地以前をもって教道とするのであれば、当然、質問の通りであります。

《円別證道同》　別円の證道は同じく円である。すなわち、蔵教・通教は教道證道ともに権であるのに対して、円教は教道證道ともに実であるが、別教は教道は権で證道は実であるのである。そのため、円教・別教にある五十二位によれば、證道でいえば、円教の初住が別教の初地にあたり、別教初地以上の證道が円教と同じであることを、證道同円というのである。《真諦》世諦・俗諦に対して、出世間的な真理、仏教の真理に精通した出世間の人の知っている事柄を真諦という。

〔9〕開　顕

⑴　開顕の意

九開權顯實者。一切諸法莫不皆妙。一色一香無非中道。衆生情隔於妙耳。

⑵　正釈

(a)　施権

大悲順物不與世諍。是故明諸權實不同。故無量義云。四十餘年。三法。四果。二道。不合。

(b)　権実

今開方便門示眞實相。唯以一大事因緣。但說無上道。開佛知見悉使得入究竟實相。除滅化城卽是決了。皆至寶所卽是入妙。

(c)　四味に約して

若乳敎四妙與今妙不殊。唯決其四權入今之妙。是故文云。菩薩聞是法疑網皆已除。卽此意也。決酪敎四權。生蘇十二權。熟蘇八權。皆得入妙。故文云。千二百羅漢悉亦當作佛。又云。決了聲聞法是衆經之王。聞已諦思惟得近無上道。方等般若所論妙者。亦與今妙不殊。開權顯實。其意在此。

九に開権顕実とは、一切の諸法皆な妙ならざること莫く、一色一香も中道に非ざるは無し。衆生の情、妙を隔つるのみ。

大悲、物に順じて世と諍わず、是の故に諸の権実不同を明かす。故に無量義に云わく、「四十余年、三法、四果、二道合せず」と。

今、方便の門を開して真実の相を示す、唯だ一大事因縁を以て但だ無上道を説き、仏知見を開して悉く究竟の実相に入ることを得せしむ。化城を除滅するは即ち是れ麤《そ》を決し、皆な宝所に至るは即ち是れ妙に入るなり。若し乳教の四妙と、今の妙とは殊ならず、唯だ其の四権を決して今の妙に入らしむ。是の故に文に云わく、「菩薩は是の法を聞きて、疑網皆な已に除こる」とは、即ち此の意なり。酪教の四権、生蘇の十二権、熟蘇の八権を決して皆な妙に入ることを得。故に文に云わく、「千二百の羅漢悉く亦た当に作仏すべし」と。又た云わく、「声聞の法を決了するに、是れ衆経の王なり。聞き已って諦《あき》らかに思惟し、無上道に近づくことを得ん」と。方等、般若に論ずる所の妙は、亦た今の妙と殊ならず。権を開して実を顕わすは、其の意《こころ》此《ここ》に在り。

第九に開権顕実を説明する。すべての法は皆な妙でないものはなく、一色一香といえども中道実相の理でないものはない。ただ衆生の随情によって妙を隔てているだけなのである。

大悲をもつ仏は衆生の性向に順応してあえて世間の常識的見解とは諍《あらそ》いを起こさない。だからここに権実の不同が説き明かされているのである。そこで無量義経には、法華以前の四十余年間は、三法・四果・二道が合していない、という。

今、この法華経は方便の門をおし開いて、真実の相を顕示するのであって、ただ衆生を救わんがためのこの一大因縁によって、ただただ最上の道を説いて、衆生をして仏知見を開かしめてすべての衆生に究極の実相に入らしめようとするのである。法華経において、化城を除きなくしてしまうことは、とりもなおさず麁（あらいこと・粗）を切り開くことであり、すべての人が宝所に到達するは、とりもなおさず妙に入るということである。

もし教を簡別して論じるならば、乳教の四妙（円教の四実の悉檀）と、法華経の妙とに異なりがないのであるから、ただ、乳教の四権（別教の四悉檀）を切り開いて、法華経の妙に入らせるのである。だから法華の文に云う、「菩薩がこの法を聞いたなら疑惑はすべて已に取り除かれる」とはこの意である。また酪教の四権、生蘇の十二権、熟蘇の八権を切り開いて、すべて妙に入らせることなのである。故に法華経の文に「千二百の阿羅漢はみな成佛する」と云い、又、法華に「声聞の法を決定し明了にしているのであり、衆経の王であると聞きおわって、あきらかにおもいをめぐらすならば、最上の道に近づくことが出来る。」と説かれるのである。方等・般若において論ぜられる妙も、また法華経の妙と異なりはない。すなわち権を開発して実を顕示するという意味はここにあるのである。

《不与世諍》　思益経巻一、分別品（大正一五・三八b）等の文による。　**《無量義云》**　無量義経、説法品「四十余年未曾顕実。……三法四果二道不一」（大正九・三八六b）の文による。　**《三法。四果。二道》**　三法とは、四諦・十二因縁・六度。四果とは、須陀洹果・斯陀含果・阿那含果・阿羅漢果。二道とは、方便・真実の二道。　**《開方便門示真実相。……》**　法華経巻四、法師品「此経開方便門示真実相。……今仏教化成就菩薩。而為開示」（大正九・三一c）の文と、方便品「唯以一大事因縁……欲令衆生開仏知見……」（大正九・七a）の文による。《除滅化城……至宝所》　法華経巻七、化城喩品「故以方便力。権化作此城。汝今勤精進。当共至宝所。」（大正九・二七a）の文による。《文云。菩薩……》　法華経巻一、方便品「菩薩聞是法。疑網皆已除。千二百羅漢。悉亦当作仏。」（大正九・一〇a）の文。法華経が教・行・人・理の四の各々において唯一無二であり、他経よりすぐれていることを述べる内の行の最勝第一を示す文。《文云。千二百……》前注参照。《文云》　法華経巻四、法師品「若聞是深経。決了声聞法。是諸経之王。聞已諦思惟。当知此人等。近於仏智慧。」（大正九・三二a）の文による。

(3)　**料簡**（一問二答）

(a)　問

問曰。決諸權悉檀同成妙第一義。爲當爾不。

(b)　一答

答。決權入妙。自在無礙。假令妙第一義不隔於三。三不隔一。一三自在。今且作一種解釋也。

(c)　二答

イ　世界に約して

若決諸權世界悉檀爲妙世界悉檀者。卽是對於釋名妙也。亦是九法界十如是性相之名。同成佛法界性相。攝一切名也。亦是會天性定父子。更與作字名之爲兒。我實汝父。汝實我子也。

ロ　第一義に約して

若決諸權第一義悉檀爲妙第一義悉檀者。卽對經體妙也。卽是開佛知見。示眞實相。引至寶所也。

ハ　為人に約して

若決諸權爲人悉檀爲妙爲人悉檀者。卽是對宗妙也。如此經云。各賜諸子等一大車也。

問うて曰わく、諸の権の悉檀を決して、同じく妙の第一義と成す。当に爾《しか》るべしと為《せ》んや不《いな》や。

答う、権を決して妙に入れば、自在無礙なり。仮令《たと》い妙の第一義も三を隔てず、三も一を隔てず、一三自在なり。今且《しば》らく一種の解釈を作《な》さん。

若し諸の権の世界悉檀を決して妙の世界悉檀と為すは、即ち是れ釈名の妙に対するなり。亦た是れ九法界の十如是の性相の名、同じく仏法界の性相と成り、一切の名を摂す。亦た是れ天性を会して父子を定め、更に与《ため》に字を作し、之を名づけて児と為す。我れ実に汝が父、汝は実に我が子なり。

若し諸の権の第一義悉檀を決して妙の第一義悉檀と為すは、即ち経体の妙に対するなり。即ち是れ仏の知見を開して真実の相を示し、引いて宝所に至らしむるなり。

若し諸権の為人悉檀を決して妙の為人悉檀と為すは、即ち是れ宗妙に対するなり。此の経に云うが如し、「各諸子に等一の大車を賜う」と。

問うて云う。すべての権の悉檀を切り開くと同一に妙の第一義となるとすることは、正しいか正しくないか。

答う。権を切り開いて妙に入れば、自由自在になり礙《さまた》げはなくなる。たとい妙の第一義悉檀であっても他の三悉檀を隔てないし、三悉檀も一悉檀を隔てないで、一と三は自由自在となる。このようなもので、今ここでは一応一種の解釈を行なってみる。

もし、多くの権の世界悉檀を切り開いて妙の世界悉檀とすることは、まさしく釈名の妙にあたるのである。また、地獄界から菩薩界までの九法界の十如是の体性（本体）と相貌の名は、同じように仏法界の体性と相貌となって、すべての名を包括する。それはまた例えば、かの窮子と長者のように、生まれながら定まっていたものを引き合わせ、改めて父子であると定め、更にあざなを作って名づけて児とし、私は本当はあなたの父であり、あなたは確かに私の子であると名乗り合うようなものなのである。

もし多くの権の第一義悉檀を切り開いて、妙の第一義悉檀とするならば、それはとりもなおさず経体の妙にあたるのである。あたかも、衆生に仏の知見を開発させて、真実の相を顕示して究極の涅槃に至らしめるようなものである。

もし、多くの権の為人悉檀を切り開いて、妙の為人悉檀とするならば、それはとりもなおさず、宗の妙にあたるのである。法華経に云うように、「おのおの三人の子に等一の大白牛車を賜う」というようなものである。

《**九法界**》　迷悟のすべての境地を分けて、地獄界・餓鬼界・畜生界・修羅界・人間界・天上界・声聞界・

縁覚界・菩薩界・仏法界の十界とするが、その中、仏法界を除いた九界をいう。

《十如是》　一切法を摂するに、相・性・体・力・作・因・縁・果・報・本末究竟等の十種の如是を立てることをいう。これは法華経の方便品に出ているところであり、その所説は次のとおりである。「舎利弗よ、要を取って之を言わば、無量無辺未曾有の法を仏は悉く成就す、止みなん舎利弗、復た説くべからず、所以は何《いか》ん、佛の成就したまえる所は第一希有難解の法なり、唯だ佛と佛とのみ乃《いま》し能く諸法実相を究尽したまえり、いわゆる諸法の如是相、如是性、如是体、如是力、如是作、如是因、如是縁、如是果、如是報、如是本末究竟等なり」とあるのがそれであって、文に明らかなように、諸法実相の定義であり、如是の字が十あるのでこれを十如是の文ともいう。

はじめの**相**とは、万有のおのおのが具えている外面に表われたすがたで、知りやすく、見て分別することのできるものである。水と火とその相は知りやすく、人々の面色もその内を表わして一応の別がある。しかしよく人相を占う者は、一人相において十数年の後事までもよく観るように、達する者に随えば一相に一切の相を具しているのである。心もまたこれと同様で、無相ではあるがしかも一切の相を具していることを信じなければならないものである。つぎの**性**とは、同じくみずからの分として改めることなく内面的に具えているもので、これを不動性という、また彼と此の分々が同じくない、これを種性という、また究極の真理に在って改まることがないのを実性といい、また佛性という。不動性は空であり、種性は仮であり、実性は中である。竹の中の火の性を見ることはできないが、これを磨すれば火を発して物を焼くように、心もまた三諦の理に在って一切の五陰の性を具している。第三の**体**とは同じくそのものの主体的体質であって、十法界の五陰はみな心と物的要素とをもって体質としている。第四の**力**とは、はたらき（功能）であって、これが顕わに発すれば用となり作となる、今はその潜勢である。一切のものに力があるように、心にもまた如実に観ずれば一切の力を具している。第五の**作**とは事物を造作、構造する作業で、からだと言葉とこころの三つの業でなされるものなどであるが、もしまた心がなければ何の作もありえない、だから心に一切の作を具していることを知りうるのである。第六の**因**とは果を招く近い原因（親因）で、後の種となる業因である。十法界の業因はみな心より起る、心さえあれば、もろもろの業因みな具足するものである。第七の**縁**とは因を助ける補助的原因（助縁）で、たとえば五穀の種粒は因であり、雨、水、土、日光などは縁にあたる。十法界の業因を助けるものは無明や愛著の煩悩であるから、これもまた心を縁とするのである。第八の**果**とは因から生じた結果をいう。第九の**報**とは習結された因と果に酬いてきたところの結果すなわち報果で、第十の**本末究竟等**とは、本とは初めの相を指し、末とは終りの報で、この九つが落ちつくところを究竟等という。すなわち法の相、性、体、力等を一貫し統一するものである。

この十法はみな如是の字がついていて、普通に如是相、如是性などと読むのであるが、この如是の訓み方を、「是《か》くの如き相、是くの如き性、乃至是くの如き本末究竟等」と読むのを仮諦点といい、相性等を立てて不同を肯定する仮諦の意義をあらわすものとする。「是の相は如なり、是の性は如なり、乃至是の本末究竟等は如なり」と読めば、如は無差別平等の義であるから、十如の一味をあらわすものとして空諦点という。第三に「相は是に如《かな》う、強は是に如う、乃至本末究竟等は是に如う」として、如を「かなう」と訓めば、是（ぜ）は非に対するもので二辺を離れた中道実相を意味するから、十はみな中諦であることをあらわす中諦点という。これは十如是の文を一の円形に書き、如を起点として読んで仮をあらわし、是を起点として空諦をあらわし、相を起点として中諦をあらわして読んでも同じである。その他の読みかたもあるが、要は一文を三義に読んで一文が三諦を詮表するということにある、これを十如三転読と言っている。

《妙》　妙法の妙でもあり、他に比べるべきものもない最高の真実。不思議、絶対、無比の意味。《開仏

知見。示真実相》　法華経巻二、方便品（大正九・七a）の文による。　《此経云》　同、譬喩品、火宅喩（大正九・一二b〜c）参照。「舎利弗。爾時長者。各賜諸子等一大車。」（大正九・一二c）

ニ　対治に約して

若決諸權對治悉檀入妙對治悉檀者。卽是對用妙也。文云。以此寶珠用貿所須。又云。如此良藥今留在此。可用服之。勿憂不差。經云。正直捨方便但說無上道。動執生疑佛當爲除斷令盡無有餘。又云。我已得漏盡聞亦除憂惱也。

ホ　同異を分別して同を顕わす

若是分別諸權四悉檀同異。決入此經妙悉檀中。不復見同異。昔所未曾說。今皆當得聞。卽是妙不同異。卽對敎相妙也。卽如文云。雖示種種道其實爲一乘。雖分別諸同異。爲顯不同異說無分別法也。

若し諸の権の対治悉檀を決して妙の対治悉檀に入るは、即ち是れ用の妙に対するなり。文に云わく、「此の宝珠を以て、用いて所須《しょしゅ》に貿《か》う」と。又た云わく、「此《かく》の如きの良薬、今留《とど》めて此《ここ》に在り。用いて之を服すべし、差《い》えざることを憂うること勿れ」と。経に云わく、「正直に方便を捨てて但だ無上道を説く、執を動じ疑いを生ぜば、仏は当に為に除断して、尽《ことごと》く余り有ること無からしむべし」と。又た云わく、「我れ已に漏尽《ろじん》を得れども、聞きて亦た憂悩を除く」と。

若し是れ諸の権の四悉檀の同異を分別して、決して此の経の妙悉檀の中に入るに、復た同異を見ず。「昔未だ曾て説かざる所、今皆な当に聞くことを得べし」と。即ち是れ妙にして同異ならず、即ち教相の妙に対するなり。即ち文に云うが如し、「種種の道を示すと雖も、其れ実に一乗の為なり」と。諸の同異を分別すと雖も、同異ならざることを顕わさんが為に、無分別の法を説くなり。

もし、多くの権の対治悉檀を切り開いて、妙の対治悉檀に入るということは、とりもなおさず、用の妙にあたるのである。

法華の文に、「この宝珠を持って行って、必要なものと交換しなさい。」と述べられ、また「このようにすばらしい良薬を今この場所に置いておく、これを飲みたいなら服用するとよい。だから病が癒るかどうかを憂えてはならない。」と説かれるのである。また「正直に方便を捨てて、ただ最上の仏道を説くのであると示して、聞く者が自分の所有する法に執著が起き仏に対して疑いが生じるならば、仏はそれを断じ除き尽くして、たとえ少しでも残余のないようにさせるのである。」と。また「私はすでに煩悩を断じ尽くした漏尽通を得ているが、人々になやみのあることを聞けばその憂悲苦悩を取り除く。」と述べられるようなものである。

もし、まさしく、多くの権の四悉檀の同異をわきまえて、はっきりとこの経の妙悉檀の中に入り込んでしまえば、そこにはもはや同異の相を見ることはない。過去に少しでも説かれなかったことを、今に至って聞くことが出来るということ、まさしくこれが妙なのであって、同とか異とか云えないのである。これがすなわち教相の妙というものに対することである。

そこで経文に、「いろいろな仏道を示してきたが、そのことは実際には一仏乗を示そうとするためなのである。」と示されるのである。おおくの同異を分別思慮してきたのであるが、結局は同異なぞ存在しないことを顕わそうとして、無分別の法を説くのである。

《**文云。以此……**》　法華経巻四、五百弟子受記品の、自分の衣の裏に縫いこまれていた宝珠を知らず、他人に知らされるまで長い時間、道程を費やしたという衣裏繋珠の喩え（大正九・二九a）の文である。《**又云。如此……**》　法華経巻五、寿量品の良医の喩えの中の文である。非常にすぐれた医者がおり、その医者が他国に旅行している間に、その子供達が薬でない毒薬を飲んで苦しんでいると、そこに父が帰ってきて子供の苦しみを取り除くのであるが、病いが軽い者はすぐなおったが、重い者は父のだす薬さえも飲もうともしない。そこで「我今当設方便令服此薬。即作是言。汝等当知。我今衰老死時已至。是好良薬今留在此。汝可取服勿憂不差。」（大正九・四三a）と、良薬だけを残しておいて、また他国に行き、そこで方便して、父の死んだことを子供達に告げさせたので、子供達は非常にかなしんで、自分の罪をくやみ反省して、父の残した良薬を飲んで全快したという。

《**経云**》　法華経巻一、方便品「正直捨方便。但説無上道。菩薩聞是法。疑網皆已除。」（大正九・一〇a）の文と、同、序品「諸求三乗人。若有疑悔者。仏当為除断。令尽無有余。」（大正九・五b）の文による。《**又云。我已得……**》　法華経巻二、譬喩品「昔来蒙仏教。不失於大乗。仏音甚希有。能除衆生悩。」（大正九・一〇c）の文。《**昔所未曾説。今皆当得聞**》　法華経巻五、従地涌出品「当精進一心。我欲説此事。勿得有疑悔。仏智叵思議。汝今出信力。住於忍善中。昔所未聞法。今皆当得聞。」（大正九・四一a）による。《**文云。雖示……**》　法華経巻一、方便品「知第一寂滅。以方便力故。雖示種種道。其実為仏乗。」（大正九・九b）の文。《**無分別**》　能所の対立を超えた平等の境地。

〔10〕 通経

(1) 問起

十通經者。問。今以四悉檀通此經。此經何文明四悉檀耶。

(2) 答

(a) 総

答文中處處皆有此意。不能具引。今略引迹本兩文。

(b) 述

方便品云。知衆生諸行。深心之所念。過去所習業。欲性精進力。及諸根利鈍。以種種因緣。譬喩亦言辭。隨應方便說。此豈非是四悉檀之語耶。欲者卽是樂欲。世界悉檀也。性者。是智慧性。爲人悉檀也。精進力卽是破惡。對治悉檀也。諸根利鈍卽是兩人得悟不同。卽是第一義悉檀也。

十に通経とは、問う、「今、四悉檀を以て此の経を通ず、此の経の何れの文か四悉檀を明かす耶《や》。」

答う、文の中、処処に皆な此の意有り、具さに引くこと能わず。今略して迹と本との両文を引かん。

方便品に云わく、「衆生の諸行、深心《じんしん》の所念、過去所習の業、欲性精進の力、及び諸根の利鈍を知り、種種の因縁、譬喩、亦は言辞を以て、応に随って方便して説く」と。此れ豈《あ》に是れ四悉檀の語に非ず耶。欲とは即ち是れ楽欲《ぎょうよく》、世界悉檀なり。性とは是れ智慧の性、為人悉檀なり。精進力は即ち是れ破悪、対治悉檀なり。諸根の利鈍とは即ち是れ両人悟りを得ること同じからず、即ち是れ第一義悉檀なり。

第十に通経について明かす。

問う。今あなたは四悉檀をもちいてこの法華経を理解させるというが、この法華経のどこの文に四悉檀が説明されているのか。

答う。経文のいろいろな処に広くこの四悉檀の意がある。すべてもらさず引くことは出来ないが、ここに大略して迹門、本門より二つの文を示そう。

迹門の方便品には、仏は衆生の種々な行為や、奥深い思いや、過去に行なった業や、心の欲求や本来的性質や精進する能力や、勝れていたり劣っていたりする根性を知って、多くの因縁や譬喩や言辞を用いて、衆生の応じかたによって方便して説く、と述べられている。これが、どうして四悉檀の存在を示す語でないといえようか。欲というのは、楽欲（欲求すること）であり、世界悉檀である。性とは、まさしく道理を判断する智慧の性で、為人悉檀である。精進力とはまさしく悪を打ちやぶるので、対治悉檀である。諸根利鈍とは、利と鈍の人の悟りの内容が同じでないことは云っているのであって、あたかもそれは第一義悉檀である訳である。

《方便品云》　法華経巻一、方便品（大正九・九b）の文である。　《欲性》　衆生の種々の欲望とその本性。

（c）本

又壽量品云。如來明見無有錯謬。以諸衆生有種種性。種種欲。種種行。種種憶想分別故。欲令生諸善根。以若干因緣譬喩言辭種種說法。所作佛事未曾暫廢。種種性者卽是爲人。種種欲者卽是世界。種種行者卽是對治。種種憶想分別卽是推理。轉邪憶想得見第一義。

（d）結

兩處明文四義具足。而皆言爲衆生說法。豈非四悉檀設敎之明證也。

又た寿量品に云わく、「如来明らかに見て錯謬《さくみょう》有ること無し、諸の衆生に種種の性、種種の欲、種種の行、種種の憶想分別有るを以ての故に、諸の善根を生ぜしめんと欲して、若干《そこばく》の因縁、譬喩、言辞を以て種種に説法したまう。所作の佛事、未だ曾て暫くも廃せず」と。種種の性とは即ち是れ為人なり、種種の欲とは即ち是れ世界なり、種種の行とは、即ち是れ対治なり、種種の憶想分別とは、即ち是れ理を推して、邪の憶想を転じて第一義を見ることを得るなり。両処の明文に四義具足す。而して皆な衆生の為に説法すと言う。豈《あ》に四悉檀に教を設くるの明證に非ずや。

又、本門の寿量品に云うには、「如来は如実に見るので見誤ることはない。すべての衆生がさまざまな性（本来の性質）・欲・行・憶想・分別を持っていることを知って、さまざまな善根を生じさせようとして、いくばくかの因縁、譬喩、言辞を借りて、さまざまな方法によって法を説き明かすのであって、仏がなしてきたところのこの仏事は、これまでに少しも休むことなく続けられてきた、と説かれる。

種種性とはまさしく為人、種種欲とはまさしく世界であり、種種行とはまさしく対治である。憶想・分別とはまさしく真理を推し量ることである。それによってよこしまな想いが転開するのであり、そこに第一義を見ることが出来るのである。

両処の明らかな文に、法華経には四悉檀の義理が完全に備えられている。そしてさらに、すべての衆生を教化するために説法するというのであるから、どうして四悉檀をもって教を施設するという明らかな証拠とならないのでありましょうか。

《寿量品云》　法華経巻五（大正九・四二c）

参考文献

◇単行本関係

『教観綱要』天台宗務庁編纂　芝金声堂（明治四三年初版　昭和五一年再版）
『天台の教義と信仰』二宮守人著（大正一一年刊　国書刊行会　復刻）
『台学指針―法華玄義提綱』日下大癡著（百華苑　昭和一一年刊）
『天台教学概論』佐々木憲徳著（山崎宝文堂　昭和一四年刊）
『天台実相論の研究』石津照璽著（弘文堂書房　昭和二二年刊）
『天台教学』佐々木憲徳著（百華苑　昭和二六年刊）
『天台学概論』福田堯穎著（文一出版　昭和二九年刊）
『心把捉の展開』玉城康四郎著（山喜房仏書林　昭和三六年刊）
『天台学　根本思想とその展開』安藤俊雄著（平楽寺書店　昭和四三年刊）
『天台性具思想論』安藤俊雄著（法蔵館　昭和四八年刊）
『天台教学の研究』関口真大著（大東出版社　昭和五三年刊）
『天台実相論の研究』新田雅章著（平楽寺書店　昭和五六年刊）

◇編著関係

『仏教汎論下巻』「第十章　諸法実相論の法門」宇井伯寿著（岩波書店　昭和二三年八月刊）
『天台大師の研究』「附編　三諦三観思想の起源及び発達」佐藤哲英著（百華苑　昭和三六年二月刊）
『仏教における宗観念の成立』「第二章　中国における宗義とその限界」真野正順著（理想社　昭和三九年一二月刊）
『講座東洋思想　六　仏教思想Ⅱ』「第三章　中国の天台思想、第一節　初期の天台思想」横超慧日稿（東京大学出版会　昭和四二年八月刊）
『講座東洋思想　六　仏教思想Ⅱ』「第三章　中国の天台思想、第二節　天台思想の発展」塩入良道稿（東京大学出版会　昭和四二年八月刊）
『講座仏教Ⅱ　仏教の思想　二』「実相の哲学」多田厚隆稿（大蔵出版　昭和四二年九月刊）
『講座仏教Ⅳ　中国の仏教』「中国仏教の形成」結城令聞稿（大蔵出版　昭和四二年十月刊）
『大乗菩薩道の研究』「天台教学における菩薩道観」玉城康四郎稿（平楽寺書店　昭和四三年三月刊）
『法華経の中国的展開』「第一章　中国に於ける法華経研究史の研究」坂本幸男稿（平楽寺書店　昭和四七年三月刊）
『法華経の中国的展開』坂本幸男編　「第四章　法華経解釈の解釈―本迹論における開顕の層位」石津照璽稿（平楽寺書店　昭和四七年三月刊）
『法華経の中国的展開』坂本幸男編　「第三章　智顗の法華玄義・法華文句の研究」佐藤哲英稿（平楽

寺書店　昭和四七年三月刊）
『法華経の成立と展開』金倉圓照編　「第二篇　法華経の思想的研究、第一章　法華経の教理―特に十如是の解釈の変遷について―」坂本幸男稿（平楽寺書店　昭和四九年一一月刊）
『法華経の成立と展開』金倉圓照編　「第二篇　法華経の思想史的研究、第二章　大乗仏教思想よりみたる法華経、(B)大乗仏教思想史における法華経の位置」上田義文稿（平楽寺書店　昭和四九年一一月刊）
『法華経の成立と展開』金倉圓照編　「第二編　法華経の思想史的研究、第四章　中国における法華経註釈、(A)智顗による法華経解釈の問題点」日比宣正稿（平楽寺書店　昭和四九年一一月刊）
『インド思想と仏教』中村元博士還暦記念論集　「智顗における三観・三諦説の形成をめぐる一考察」新田雅章稿（春秋社　昭和四八年一一月刊）
『講座仏教思想　三　倫理学・人間学』「天台性具思想―智顗における人間悪の構造とその超克―」新田雅章稿（理想社　昭和五〇年二月刊）
『天台学論集』止観と浄土　「智顗の実相論―原始天台思想の研究」安藤俊雄稿（平楽寺書店　昭和五〇年五月刊）
『天台学論集』止観と浄土　「天台仏身観の主体的性格」安藤俊雄稿（平楽寺書店　昭和五〇年五月刊）
『仏教の実践原理』関口真大編「四悉檀義と教相論―天台三大部について―」川勝守稿（山喜房仏書林　昭和五二年一二月刊）
『仏教思想　三　因果』仏教思想研究会編　「中国天台における因果の思想」新田雅章稿（平楽寺書

店　昭和五三年二月刊)
『法華思想』横超慧日編　「第二章　法華思想の展開、第一節　法華経と天台教学」安藤俊雄稿（平楽寺書店　昭和五五年八月刊）
『仏教—論理と実践』「智顗」坂本幸男稿（大東出版社　昭和五六年六月刊）
『続・天台大師の研究』「第一編　天台以前の諸問題」佐藤哲英著（百華苑　昭和五六年一一月刊）
『法華経の文化と基盤』塚本啓祥編　「第五章　天台教学における三惑論形成の一考察」三友健容稿（平楽寺書店　昭和五七年二月刊）
『仏教思想　七　空下』仏教思想研究会編　「天台思想における空観—円融三諦としての空を中心に—」福島光哉稿（平楽寺書店　昭和五七年四月刊）
『講座大乗仏教　四　法華思想』平川彰・梶山雄一・高崎直道編　「IX　天台智顗の法華経観」塩入良道稿（春秋社　昭和五八年二月刊）

◇雑誌論文関係

「三諦思想を基調としての仮」塩入良道　印度学仏教学研究五—二（昭和三二年三月）
「法華玄義の三諦説に就いて」日比宣正　大崎学報一〇七（昭和三二年一二月）
「天台家に於ける即の思想」佐々木憲徳　顕真学苑論集五一（昭和三五年一一月）
「天台義における四諦について」塩入良道　印度学仏教学研究一二—二（昭和三九年三月）
「天台の菩提心について」新田雅章　印度学仏教学研究一二—二（昭和三九年三月）

「空の中国的理解と天台空観—中論偈の取扱いをめぐって」塩入良道　東洋文化研究所紀要四六（昭和四三年三月）
「天台教義における四門」村中祐生　印度学仏教学研究一七—一（昭和四二年一二月）
「天台における感応の論理」福島光哉　印度学仏教学研究一八—二（昭和四五年三月）
「智顗の感応論とその思想的背景」福島光哉　大谷学報四九—四（昭和四五年三月）
「法華玄義の一側面」青木孝彰　印度学仏教学研究一九—二（昭和四六年三月）
「天台感応思想の成立意義」池田魯参　駒沢大学仏教学部研究紀要二九（昭和四九年三月）
「天台智顗の時間論」池田魯参　印度学仏教学研究二〇—一（昭和四六年一二月）
「幻有と仮有」村中祐生　宗教研究二五〇（昭和四七年二月）
「法華円教にみる時間構造」池田魯参　駒沢大学仏教学部研究紀要三〇（昭和四七年三月）
「法華玄義の教相論」福島光哉　仏教学セミナー一五（昭和四七年五月）
「智顗の菩提心について」林善信　印度学仏教学研究二四—一（昭和五〇年一二月）
「天台智顗の仏身論」由木義文　東方学五一（昭和五一年一月）
「妙法としての円融三諦とその思想的背景—法華玄義研究序説」福島光哉　大谷大学研究年報二八（昭和五一年二月）
「天台智顗の宗教と五重玄義」池田魯参　宗教研究二三〇（昭和五一年一二月）
「法華玄義に於ける教相について」池田宗譲　印度学仏教学研究二五—一（昭和五二年三月）
「智顗の権実二智論」福島光哉　仏教学セミナー二七（昭和五三年五月）

「天台教相論に対する一視点」小松賢寿　天台学報二〇（昭和五三年一一月）
「衆生法について—法界の所在と構造」村中祐生　天台学報二〇（昭和五三年一一月）
「通教と別教」大島啓禎　印度学仏教学研究二七—一（昭和五三年一二月）
「天台四教判と華厳五教判—特に行位説について」秋田光兆　天台学報二一（昭和五四年一一月）
「天台相即論の特質」大野栄人　印度学仏教学研究二八—一（昭和五五年三月）
「天台大師の五重玄義について」青木孝彰　フィロソフィア五八（昭和五五年一二月）
「法華玄義における三観」野本覚成　印度学仏教学研究二九—二（昭和五六年三月）
「被接説にみられる智顗の法概念」小方文憲　大正大学大学院研究論集五（昭和五六年二月）
「天台の教判に扱われた南三北七—法華玄義を中心として」多田孝文　大正大学研究紀要六三（昭和五二年九月）
「天台大師智顗の菩提心について」武覚超　叡山学院研究紀要四（昭和五六年一〇月）
「三諦円融の論理」渡辺明照　天台学報二三（昭和五六年一一月）
「天台の蓮華釈について」武覚超　叡山学院研究紀要五（昭和五七年一〇月）

天台智者大師年譜事蹟

元号（西暦）・年齢	事蹟
大同四年（五三八）一歳	○天台大師智顗　字は徳安、江陵（荊州）華容県に生れる。誕生の夜神光が耀き棟屋を照す奇瑞が起こり、よって幼名を王道（光道）と名づける。俗姓は陳氏。父起祖は梁の武帝の皇子湘東王蕭繹の賓客に列す。母は徐氏。（顗伝・顗譜・唐伝17）
大同十年（五四四）七歳	○喜んで伽藍に詣ず。諸僧、普門品の初段を口授すると、一度聞くのみで覚え、遺失することがなかった。（統紀6・顗伝）
大宝二年（五五一）十四歳	○夏　侯景軍、王僧弁のひきいる蕭繹の荊州軍と長江上の巴陵で戦い、敗れて建康にもどる。（梁書4） ○このころ、北斉の慧文禅師、大智度論三智一心中得の文により大悟を得て、河淮に独歩し、その観法を慧思禅師に授けたという。（統紀37）
承聖元年（五五二）十五歳	○四月十八日　蕭繹と陳覇光（後の陳の武帝）の同盟軍が江南海上で侯景軍をうつ。（江志65） ○十一月十二日　蕭繹、江陵で簡文帝を継ぎ即位し元帝となる。陳起祖、侍使節・散騎常侍・益陽県開国侯に封じられる。（江志61） ○大師の出家の願いを両親は止どめる。仏像を刻み礼仏し、恍然の中に海に臨む山上から僧が手招きするのを夢みる。（顗譜）
承聖二年（五五三）十六歳	○慧思禅師、光州（河南省）開岳寺で摩訶般若経を講ずる。（思願・統紀6）

承聖三年（五五四）　十七歳

○西魏、江陵を侵し、元帝死す（孝元の敗）。大師の一家は家を失い国を失って、親族流徙する。（顗伝）

紹泰元年（五五五）　十八歳

○大師、長沙の仏像の前において沙門となることを誓う。（統紀62）

○両親のあいつぐ死没に会い、兄陳鍼に改めて出家する許可を願う。父の旧友、湘州刺吏王琳の助力を得て、母の兄弟である果願寺の沙門法緒の下で出家し、智顗の法名を受ける。（顗伝・統紀6）

○慧思禅師、光州大蘇山で摩訶衍を講ず。（思願・統紀6）

陳永定元年（五五七）　二〇歳

○大師、具足戒を受ける。律蔵に通じ大乗、禅法に詳しい慧曠律師に仕える。（顗譜）

○衡州（湖南省衡陽県）大賢山に入り法華経・無量義経・普賢観経三部を読誦し、方等懺法を修し禅悦を楽しむ。

○十一月　慧思禅師、大蘇山において金字の般若経一部を造り願文を記す。（思願・統紀6）

天嘉元年（五六〇）　二三歳

○大蘇山の慧思禅師に師事する。慧思は南豫州武津の人、徳行は十年常誦、七歳方等、九旬常坐、一時円證と称せられる。智顗に会って「昔日霊山に同じく法華を聴く。宿縁の追う所今また来れり。」と語る。大師は普賢道場にて二七日法華を読誦し、「諸仏同讃　是真精進　是名真法　供養如来」（薬王菩薩本事品）の文によって定に入り法華の妙旨を照了し、諸法の実相に達した。（顗伝）

それに対し、「汝に非ずんば證せず、我に非ずんば識ることなし。入る所の定は法華三昧の前方便なり。発する所の持は初旋陀羅尼なり。」と慧思に称讃される。

（五六〇〜五六六）

（顗伝・輔行一・顗譜・統紀6・唐伝17）

○大師、慧邈禅師と対論し「諸法実相を除いて、余は皆魔事なり。」と喝破する。

○思師、金字の大品般若を造り、自ら経題の玄義を開講し、入文判釈を大師に命ずる。大師は三三昧と三観智の解釈を思師にたずねたのみで、余は自ら裁量した。慧曠律師も巡錫の途上、この会坐に同席する。（顗伝・統紀6）

光大元年（五六七）　三〇歳

○慧思禅師、南岳衡山（湖南省）へ隠棲する決意を明かし、法を智顗に付嘱し、陳都金陵へ行くことを命ずる。（顗伝・唐伝17・統紀6）

光大二年（五六八）　三一歳

○大師は法喜等二十七人と共に陳都に至る。

陳都の老僧法済の禅證を破り心服を得て名声が広まる。（顗伝）

○開善寺に住し世俗に交らず、高風の士大忍法師の集会において先達の称詠を得る。（顗伝）

○長干寺の慧弁、師を宋凞寺に招じ、天宮寺の僧晃、牛首山の仏窟寺に請じ、禅を習うことを欲する。

○弟子法喜六十歳にして師に仕えるを尚書毛喜嘲るも、「事うる所は徳なり、豈その年を論ぜんや」との答えに、師に信を抱く。（統紀9）

○当世の文雄、尚書左僕射徐陵、夢告によって師を宿世の師範として聞法得益する。（顗伝・唐伝17・統紀6）

○慧思禅師、四十余人と共に南岳に入る。（唐伝17・統紀6）

太建元年（五六九）

○正月　安成王頊即位し宣帝と称す。皇后柳氏、皇太子世子叔宝、皇子叔陵は始興

三二歳

王に封ぜらる。（陳書5）

○四月　鐘山（金陵郊外）に普建・普成の息と共に活躍した居士、東陽大士傅翕卒す。七十二歳。徐陵碑文を撰す。（唐伝25・統紀22）

○儀同沈君理（父は元帝の小府卿で陳起祖の同僚。娘を皇太子叔宝に嫁す）、瓦官寺に住し法華の経題を講ずるを請う。宣帝勅して一日朝事を停め、僕射徐陵・光禄王固・侍中孔奐・尚書毛喜・僕射周弘正等、重臣みな法席につらなる。（顗伝・統紀6）

○小荘厳寺の慧栄、巨難を双べ構え、興皇寺の法朗、高足を遣わし論難するも、称わず。建初寺の宝瓊は路を譲り、白馬寺の警韶、定林寺の法歳、禅衆寺の智令、奉誠寺の法安など金陵の上匠は北面の礼をとる。（顗伝）

○太建年間、瓦官寺に停まること八年、大智度論を講じ、次第禅門を説く。語黙の益を蒙るもの称げて記すこと難し。（顗伝・唐伝17・統紀6・37）

太建五年（五七三）　三六歳

○九月　儀同沈君理死す。四十九歳。（陳書23）

○北斉・陳国間の戦いにより王琳囚えられ、首を金陵近郊朱雀航にさらされる。（陳書5）

○新羅の玄光、慧思に安楽行義を受ける。（統紀37・宋伝18）

太建六年（五七四）　三七歳

○六月　右僕射周弘正死す。七十九歳。（陳書24）

○北周、仏道二教を廃す。（三武一宗の法難の二）　張氏清河の人、釈法彦、周朝の法難を避け陳に至り金陵にて智顗に会い、太建七年、共に天台山に入る。（顗伝・唐伝17・統紀6・37）

太建七年（五七五）　三八歳

○大師、隠棲を決意し、場所を天台山に定める。宣帝は勅して慰留し、徐陵も引き留める。（統紀6）

○九月　遂に天台山に入山する。天台山は、周の霊王の太子王子晋が右弼真人となって居すと信じられている天下の名山で、定光禅師が三十年来、仏隴山金地嶺に草庵を構えていた。定光は師に北山の銀地嶺に住むよう指示した。（顗伝・唐伝17・統紀6）

○後に禅林寺と号す伽藍を創立した。あたかも曾ての夢告と符合する。（国序・顗伝・顗譜・唐伝17・輔行1）

太建八年（五七六）　三九歳

○華頂峯の頭陀で強軟二魔を降し、神僧に会い、得た法門は一実諦であり、般若によって学び、大悲をもって宣べるとの啓示を受ける。（顗伝・顗譜・唐伝17・統紀6）

○山は稔り少なく、師は慧綽と共に胡麻を種え、橡の実を拾って食用に当てた。（顗伝）

太建九年（五七七）　四〇歳

○二月　始豊県の調をさいて天台山の衆費に充て師を保護するよう、宣帝の勅が下される。（顗伝・国百9・唐伝17・輔行1・統紀6）

○春　北周は北斉を滅ぼし、僧尼三百余万を還俗さす。（周書6・唐伝8）

○六月　南岳大師慧思逝く。弟子信照、後を継ぎ、大智度論を講ず。（統紀6・唐伝17）

○吏部尚書毛喜、師に都近くの摂山に帰るよう信書をもたらす。（国百20）

太建十年（五七八）　四一歳
○毛喜のために六妙門一巻を撰し、金陵に送る。（止観）
○五月　徐陵の意見により仏隴の寺に修禅寺の号を下賜さる。（国百10・統紀6）
○師、在俗の菩薩はつねに繋縛の中にありながら心は繋縛されず、実相に帰し心は一切法に住す。ひとえに無為を悟り同じく正覚に登らん、との一文（証心論）を宣帝に送る。
○兄陳鍼のために方等懺を撰す。兄修習し仙人張果の予言に反し十五年延寿したという。（統紀37）
○陳郡の袁子雄、新野の庚崇、師の浄名を講ずるに会い、奇瑞を見て発心し講堂を改築する。（顗伝・唐伝17・統紀6）

太建十三年（五八一）
開皇元年　四四歳
○北周の外戚楊堅（文帝）隋を建て、仏道二教を復興する。
○師、天台山のふもとの漁民の水難と魚類を哀れみて簗一ヶ所をあがない、放生の池とする。（顗伝・統紀6）
○臨海県内史計尚児の請により江上に金光明経流水品を講ず。聞く者発心し殺生を止め簗を法池とする。（国百21・104・顗譜）

太建十四年（五八二）
開皇二年　四五歳
○正月　宣帝崩じ、後主、帝位につく。始興王の乱あり、散騎常侍の毛喜失脚す。（陳書29）

至徳元年（五八三）
開皇三年　四六歳
○普明、師の講説に値い、方等・般舟、観音懺を行ず。（統紀9）
○十月　侍中建昌侯徐陵死す。七十七歳。
○後主、徐陵の弟国子祭酒徐孝克に放生碑の撰文を命じ、師の功徳を讃す。（国百

至徳二年（五八四）
開皇四年　**四七歳**

21・統紀6）

○五月　文帝の子永陽王伯智、平東将軍・東陽州刺吏として会稽に赴任。（陳書6）

○永陽王、天台山に登り授戒を請い、七夜の方等懺法を修す。（顗伝・唐伝17・統紀6）

○王、後、落馬し絶えなんとする時、師来り観音懺を行じ、一命をとりとめる。（顗伝・唐伝17）

○八月　永陽王、陳文強を遣わし再三下山を請う。金陵高官の間に師の下山を願う気運生ず。（国百15）

至徳三年（五八五）
開皇五年　**四八歳**

○正月　陳後主、宣伝左右趙君卿を遣わし師の下山を促すが、出都を辞退する。

○二月　主書朱宙を、また龍宮寺道昇を遣わし、下山を促す。

○三月　後主、永陽王に師の出都の斡旋を依頼する。

○三月下旬　師、遂に下山を決意し金陵に出発する。（国百11）

○摂静寺慧拯のもとで修行し具足戒を受けた章安灌頂、天台山に登山の途中師の出谷に会い、同道することを請う。（涅玄）

○三月下旬　後主に遣わされた黄宝吉の出迎えを受け、主書陳建宗の案内で至敬寺に止まる。（国百11・12）

○四月　至敬寺から霊曜寺に移り、大極殿に護国を祈り大智度論を開題し、寺にて続講し夏安居に入る。（国百12・統紀6・37）

○九月　国家の大祭仁王会が大極殿にて開かれ、仁王経を講ず。陳主百官席にのぞみ、僧正慧暅・僧都慧曠・長干寺慧弁等、勅を奉じ難問す。難は冬の氷にして解くこと夏の日のよく消すごとく、七日七夜の講了る。（顗伝・国百12・唐伝14・17・統紀6・37）

○後主の僧尼沙汰の質問に、たとえ経典を数多く読誦できなくとも正しい修行に励むということが大切であると答う。（顗伝）

至徳四年（五八六）開皇六年　四九歳

○三月　霊曜寺から光宅寺に移る。（顗伝・唐伝17）

○皇后柳氏、師より「海慧」の菩薩号を授かる。（国百13）

○四月　梁武にならい、後主光宅寺に捨身供養す。師、為に仁王経を講ず。（国百12・顗伝）

禎明元年（五八七）開皇七年　五〇歳

○正月（二月）　皇太子淵、千僧斉を設け、師より菩薩戒を受く。法会の後、改元し禎明とする。（顗伝・国百14・統紀6）

○光宅寺で法華文句が講説さる。（顗譜・統紀6・37）

○「二十七にして金陵において聴受し、六十九にして丹丘において添削す」と灌頂記す。（文句）

禎明二年（五八八）開皇八年　五一歳

○八月　後梁、隋に併合され、揚子江北岸は隋の支配となる。（隋書1）

○十月　隋、兵五十万、揚子江上下流から陳を攻める。（隋書2）

禎明三年（五八九）開皇九年　五二歳

○正月　陳後主以下文武百官捕虜となり、長安に送らる。（隋書2）

○師は乱を逃れ、荊湘（湖北・南）の地へ向かう。（統紀6・涅玄）

開皇十年（五九〇）
五三歳

○途中、廬山に止まり、慧遠をしのぶ。（顗伝・唐伝17）
○十二月　隋文帝第三子揚州総管秦孝王俊、書を送り師を招ずるも、赴かず。（国百23）

開皇十一年（五九一）
五四歳

○正月　文帝、師に仏法護持を盟い、協力を願う勅を下す。（国百22）
○五月　秦王俊、帰依の至情を示し、師に屈請状を下す。師、揚子江を下ろうとするが大風に会い、また高智慧等の反乱が興り、はたせない。（国百23）
○秋　秦王俊に代わり揚州総管となった晋王広（後の煬帝）、禅衆寺を修理し、師の招致を準備する。（国百24・25）
○十一月　師、揚州に行く。晋王広、千僧斉を設け、師より菩薩戒を受けて「総持」の菩薩号を受け、王は師に智者の号を捧げる。揚広二十三歳。（顗伝・国百26）

開皇十二年（五九二）
五五歳

○西上の願いは遺留され、四十余僧と共に禅衆寺に止まる。（国百27・28・29・30）
○二月　陳瓦解後の混乱から寺塔を保護されることを願う蔣州奉誠寺慧文等の要請を受け、師、王に書を呈し、三月許される。（国百32・33・34）
○三月　西行するに当り、王、駕を貴州に麾き江に臨んで奉送す。師、再び廬山に到る。風を聞きて至る者はなはだ多し。（顗伝）
○慧遠の遺蹟たる東林・峯頂二寺は駅道に近く、乱の影響を受けて清浄道場たり難く、よって三月、師、王に東林寺・禅閣寺・峯頂寺の廬山三寺の檀越たらんことを請い、許される。（国百35・36）
○七月　王、主簿王灌を廬山に遣わし慰問する。（国百39）

開皇十三年（五九三）五六歳

○八月　衡山に行き、師慧思の恩に酬いる。慧思没後十有五年、顕徳碑の建立を想う。（国百40）
○十月　王、書を廬山に遣わすも、師留守のため、慧日道場を建立して照禅師を、法雲道場を建立して潭州（長沙）の覚禅師を置き、功徳を営んで、師の帰都を願う旨の書を遣す。（国百40）
○十一月　王の遺書潭州に至る。（国百41）
師、王に、南岳慧思の創立した潭州大明寺の檀越主となることを請う。（国百65）
○十二月　荊州に至り地恩に答う。万に及ぶ道俗が戒場・講座に参集した。荊州の十住寺を修治し、暫住の処とする。（国百55）
○当陽県の玉泉山に精舎を創建する。信心の檀越、積善の通人、ことごとく一材を施し、倶に一瓦を投じ、この衆力によって神功のごとく日ならずして成飾する。（国百94）
○勅額を賜わって一音と号する。（顗伝・唐伝17・統紀6）
○二月　晋王長安に入朝する途上、陝州より使人を遣わし、荊州の師を慰問する。（国百42・統紀6）
○五月　弟子智邃を遣し晋王に玉泉伽藍図を上り、慧思禅師の碑文を撰するよう求める。（国百43・統紀6）
○春より夏にかけ天大干す。師、請雨して験あり。（顗伝・統紀6）
○七月　晋王、師の創寺を奏し、文帝、玉泉寺の名額を賜わる。（顗譜・国百44・統

紀6・唐伝17）

開皇十四年（五九四）　五七歳

○八月　道因寺の恵厳、十住寺の道臻法師等、法華の講義を請い、また恵厳、菩薩戒弟子陳子秀たちと「荊州道俗請講法華疏」を師に呈する。（国百98・99）

○夏　法華玄義開講される。章安筆受す。（顗譜・統紀6・39）

○九月　後梁主蕭琮・前の陳領軍蔡徴・長安興国寺曇暹等、書を呈して徳風を慕う。（顗伝・国百95・統紀6）

○九月　晋王、京より書を致す。（国百45）

○春　晋王、重ねて使を遣わす。（国百45）

○四月　玉泉寺にて摩訶止観を説く。一夏に敷揚し、二時に慈霔す。章安筆受す。（止観1・輔行1・顗譜・統紀6・39）

○師、嶽州（湖北）の刺吏王宣武に大乗戒法を授ける。（統紀6）

○学士曇捷、金光明経の講説を請う。聞法の徒衆感化を受け、一郡五県一千余所、殺業を捨てる。（統紀6・39）

○八月・十月　晋王、文帝の泰山奉禅の事業を進めるかたわら東嶽の路より師に書を致す。（国百46）

開皇十五年（五九五）　五八歳

○正月　晋王、文帝の泰山行幸に随従して、後、揚州に還るに当り、使を遣して奉迎す。（国百47）　師、東下するに、荊州の人々遙かに礼す。揚州の禅衆寺に止まる。（国百47・統紀6）

○六月　晋王、師の指導により完成した菩薩の天冠を喜び、禅慧を学ばんことを求

め、浄名経の疏の述作を請う。師、山僧の本懐は天台山にありと述べ、経疏の述作を辞退する。（顗伝・国百48・50）

○王、重ねて維摩経の疏の述作を、柳顧言を遣して依頼し、七月、師、浄名経の疏を著わす。初巻を王に奉る。（国百51・輔行1・顗譜・統紀6）

○七月　王、法事を営み、五沙弥を出家させ師の弟子とする。（国百56）

○王に、荊州玉泉寺・十住寺の檀越たらんことを請う。王これを許し、書を荊州総管達奚儒に送る。（国百53・統紀6）

○王、維摩玄義の述作に謝意を表し、天台山に還ることを遺留する。（国百52）

○師、天台は寄終の地なりと、棲霞寺滞在の勧めを断り、王に天台山寺修造の檀越たらんことを願い、許される。（国百53）

○八月　蔣山棲霞寺の保恭、本寺の田園を奉納して師の来居を請うも、赴かず。（国百100）

○九月　王、師を迎え、城に入り謁す、辞して東嶺（天台山）に帰る。晋王、重ねて長安に入朝する故に敢えて留めず。（国百60）

○秋　天台山の旧所に戻る。至徳二年の秋、山を出て永陽山の請に赴いてよりおよそ十二年、人蹤久しく絶えて、旧所は荒廃の竹樹林となる。師もとより泉石を好む、杖を負うて閑遊す。歎じて曰く「人間に在りと雖も山野を忘れず、幽々たる深谷、愉々たる静夜、神を澄し、自ら照す、豈に楽しからずや」と。（顗伝・統紀6）

開皇十六年（五九六）　五九歳

○師、再び山上の人となるや山衆は急増する。天台山の僧徒の修行規範である立制法十条（行道・参禅行道者・礼仏行道者・別行行者・知事人・食事の心得・魚肉辛酒、諍論、謗誣の禁・懺悔）を定める。（国百1・統紀6）

○陳末の乱を避け、吉蔵が天台山の近く会稽の嘉祥寺に居住す。門人智照を遣わし師を慰問する。（国百102）

○禅師波若（高麗人）、仏隴に至り禅法を求む。師、これを華頂に居せしむ。（統紀9・15）

開皇十七年（五九七）　六〇歳

○四月　晋王、使を遣わして入山参問す。師、書を致し、秋に覿えんことを約す。（国百61）

○維摩経疏、玄義六巻、文句八巻の第二回目の献上が行われる。（国百61）

○秘書官柳顧言、第二回の献上本を研究し、秋、師の講説を聴受せん旨の書を師に送る。（国百101）

○八月　吉蔵、禅衆一百余僧とともに師に法華の演暢を請うも、師、疾と経疏の改治のため招請に応ぜられず。（国百62・統紀6・10）

○予章で静養していた章安が、法華玄義と摩訶止観の整理本をもって天台山に帰る。師はこれを参照し玄疏の修治と文疏の口授を行う。（涅玄）

○九月　王、使を遣わし下山を求むるも、赴かず。（国百62）

○一夜、皎月、独り坐して法を説く、時に梵僧現じ、機縁の尽きたるを告ぐ。南岳と法喜禅師とを夢み、わが死想現ぜりと感得し、自ら方墳の峯を示して、白塔を建て、見る者をして菩提心を起さしめんと遺言す。

また、吾れ敏ならずと雖も狂子悲しむべしと、口ずから観心論を授ける。語に随いて疏成る。（顗伝・統紀6）

○十月　王行参の高孝信、師を奉迎す。即日、什物を散施し、翌日、使とともに下山し、維摩経疏献上の旅に上る。（顗伝）

○剡嶺を過ぎ山の西門にある石城寺に着くが、疾重く臨終の近きを知る。衣鉢道具を等分し、一つを石城寺の百尺の弥勒像に献じ、一分を羯磨に充てる。（顗伝・国百63）

○十一月　呉県の維衛・迦葉の二像の修復と、鄮県の阿育王塔寺の修復と、剡県の弥勒像に関する発願疏文と新伽藍の寺基の決定を知らせ、その造営と寺額の下賜を遺嘱するなど、晋王への遺書を口授し後事を託す。（国百64・統紀6）

○弟子智越に最後の用心を命ず。

「吾れ衆を領せずんば必ず六根を浄めん。他の為に己を損す。位は只是れ五品の位のみ。吾が師友観音に侍従し、みな来りて吾を迎う。波羅提木叉は是れ汝が師なり。四種三昧は、是れ汝が明導なり」と。

○侍者をして法華・無量寿経を唱えしめ最後の聞思とし、香湯をもとめて口を漱ぎ、十如・十法界等の法を説く、一一の法門一切の法を摂し、皆、能く心に通じ清涼池に到る。弥勒の石像、光明を発し山に満ち房内に入る。維那に誡めて曰く、人の命、将に終らんとするに鐘磬の声聞けば其の正念を増す。唯長く唯久しく気尽くるを期とせよと。世間の哭泣・著服、皆、応に為すべからず。言い訖りて跏趺し、三宝の名を唱え三昧に入るがごとし。（顗伝・統紀6）

○十一月二十四日　未時、入滅す。春秋六十、僧夏四十。跏趺安坐し外に在ること十日、道俗焼香散華す。後、禅龕に入るに汗を流して身に遍ねし。仏隴に帰る。（顗伝・統紀6・唐伝17）

開皇十八年（五九八）

○五月　灌頂・普明、先師の遺書浄名疏三十一巻等を奉じ揚州に赴く。晋王、先師の遺嘱に加護を誓い、王使の司馬王弘を派遣して仏隴峯頂で千僧斉を営む、と共に天台指画の地に寺塔を造立する指示を出す。（統紀6）

開皇十九年（五九九）

○十一月　先師滅後二年、晋王、典籤呉景賢を遣わし追福の法会を営む。五百人の僧衆が集まる。（統紀6）

開皇二十年（六〇〇）

○十一月　晋王広皇太子となる。灌頂・智璪、祝賀使として派遣される。（統紀7）

仁寿元年（六〇一）

○十月　智越、皇太子に天台山の伽藍の完成を告げる。（国百74・統紀7）

○皇太子、張乾威を遣わし、灌頂・智璪同道し「皇太子敬霊龕文」「皇太子於天台設斉願文」「皇太子令書与天台山衆」を持参し、先師舎利の龕前に施物を陳べ、千僧斉が設けられる。霊龕が開かれると遺体は安坐のままであったと報告される。（国百75・76・77）

仁寿四年（六〇四）

○七月　隋文帝崩じ、皇太子広は帝位に即く。智越の慶祝文を持し智璪長安に行く。（国百82）

大業元年（六〇五）

○一月　智璪入内、天台の寺に五百段の施物が下賜され、先師の風望を損うこと勿

れとの勅旨を受く。（国百83）

○八月　煬帝、皇帝として初めて江都を巡撫す。僧使智璪江都におもむき、国清寺の寺額の下賜を申請した。（国百85）

○十一月　先師の忌を卜して千僧斉が設けられ、四十九人を度し施物二千段・米一千斛・薫陸香二斛を布施する。（国百89・90・統紀6）

○王使盧政力に命じ先師の龕を開かしめたが、舎利を見ずとの報告あり。この際、章安灌頂の著した先師の行状一巻「天台智者大師別伝」が献上される。（国百91・統紀6）

索　　　　　引

本索引は要語を人名・典籍，術語に分類して採録した。
要語の配列順序は，人名・典籍，術語の順に各々五十音順に配列し，チ・ヅはジ・ズに統一した上で，同一首字の音の同じものを一箇所に集めた。
記号説明　〔　　〕文字省略のある部分　→　～を見よ
　　　　　『　　』典籍　　　　　　　⇨　～をも見よ

◇人名・典籍◇

◇術　語◇

ア　行

カ　行

サ　行

タ　行

ナ　行

ハ　行

マ　行

ヤ　行

ラ・ワ行

◇サンスクリット語他◇

著者略歴

多　田　孝　正 ただ　こうしょう

昭和13年2月27日，神奈川県秦野市に生まれる。

昭和36年，大正大学仏教学科卒業，昭和50年，東京大学大学院印度哲学（文博）修了。

現在，大正大学教授。博士（文学）東京大学

〔主要論文〕「天台智顗における法」（南都仏教35）
「次第禅門所出の北国諸禅師の通明観」（宗教研究228）
「十乗観法と十地について」（東方学56）
「天台仏教とキリスト教」（共著、春秋社）
「東アジア仏教思想Ⅱ」（共著、春秋社）
「天台仏教と東アジアの仏教儀礼」（学位論文）

一九八五年五月一日　初版発行
二〇〇二年四月一〇日　新装初版

《仏典講座26》
法華玄義

検印廃止

著者　多田孝正
発行者　石原大道
印刷所　富士リプロ株式会社
〒150-0022　東京都渋谷区恵比寿南二-十六-六　サンレミナス二〇二
発行所　大蔵出版株式会社
TEL〇三(六四一九)七〇七三
FAX〇三(五四六六)一四〇八
http://www.daizoshuppan.jp/

ISBN 978-4-8043-5439-2 C3315

仏典講座

遊行経〈上〉〈下〉	中村　元
律　蔵	佐藤密雄
金剛般若経	梶芳光運
法華経〈上〉〈下〉	田村芳朗 藤井教公
維摩経	紀野一義
金光明経	壬生台舜
梵網経	石田瑞麿
理趣経	宮坂宥勝 福田亮成
楞伽経	高崎直道
倶舎論	桜部　建
唯識三十頌	結城令聞
大乗起信論	平川　彰
浄土論註	早島鏡正 大谷光真
摩訶止観	新田雅章
法華玄義	多田孝正
三論玄義	三枝充悳
華厳五教章	鎌田茂雄
碧巌集	平田高士
臨済録	柳田聖山
一乗要決	大久保良順
観心本尊抄	浅井円道
八宗綱要〈上〉〈下〉	平川　彰
観心覚夢鈔	太田久紀